中國學術思想 研究輯刊

二 六 編

林 慶 彰 主編

第 12 冊

孫過庭書學思想淵源考

向 淨 卿 著

花木蘭文化事業有限公司

國家圖書館出版品預行編目資料

孫過庭書學思想淵源考／向淨卿 著 — 初版 — 新北市：花
木蘭文化事業有限公司，2017〔民 106〕
目 4+244 面；19×26 公分
（中國學術思想研究輯刊 二六編；第 12 冊）
ISBN 978-986-485-174-4（精裝）
1.（唐）孫過庭 2. 學術思想 3. 書法
030.8   106014201

ISBN-978-986-485-174-4

9 789864 851744

中國學術思想研究輯刊
二六編　第十二冊　　　　　　ISBN：978-986-485-174-4

孫過庭書學思想淵源考

作　　者　向淨卿
主　　編　林慶彰
總 編 輯　杜潔祥
副總編輯　楊嘉樂
編　　輯　許郁翎、王　筑　美術編輯　陳逸婷
出　　版　花木蘭文化事業有限公司
社　　長　高小娟
聯絡地址　235 新北市中和區中安街七二號十三樓
　　　　　電話：02-2923-1455 ／傳眞：02-2923-1452
網　　址　http://www.huamulan.tw 信箱 hml810518@gmail.com
印　　刷　普羅文化出版廣告事業
封面設計　劉開工作室
初　　版　2017 年 9 月
全書字數　225335 字
定　　價　二六編 12 冊（精裝）新台幣 22,000 元
版權所有・請勿翻印

孫過庭書學思想淵源考

向淨卿　著

作者簡介

向淨卿，四川瀘州人。2016 年畢業於中國人民大學哲學院，獲哲學博士。現爲海德堡大學東亞藝術史研究所博士後。

作品曾入選全國第八屆新人新作展，獲全國第四屆宋璟碑顏體書法展三等獎。論文入選全國第六屆文字發展論壇，潘天壽國際學術研討會，中國書協主辦懷素草書論壇，首屆陸維釗書學研討會等。

多篇論文發表於《中國書法》、《中國美術研究》、《造型藝術》以及《書法研究》等。研究方向爲唐代書學、中國哲學與美學、中西方文化與美學思想比較等。

提　要

朱熹謂讀書要「透徹看文字」，以切身己要，花工夫去推理，做到「與天地同其廣大」，從而放得脫離，方爲要義。伽達默爾認爲，傳統詮釋學工作是儘量重現作者的創作過程；而詮釋學要獲取藝術家精神的出發點（Anknüpfungspunkt），從而完全理解一部藝術作品的意義。不論在朱熹還是伽達默爾看來，其實都要尋找文本的出發點，在文本還原與現代闡釋之間尋找平衡點。本文正是基於這樣的平衡點而展開「理解和解釋」的。

徐復觀認爲，古代思想家很少有意識地、有組織地、結構化地表達他們的思想，中心論點分散。所以需要做文獻梳理，貫通文本，儘量以全面的視角來看待傳統文本。本文的邏輯過程是：背景考察，語言分析，用典檢視，思想解析，模塊分拆，系統梳理以及理論構建。既繼承章句注疏之說，忠於文本，又貫通前後，梳理思想脈絡，系統化古典文本。

經考察，中國傳統哲學與文化是孫過庭書學思想的出發點。從哲學與文化的角度出發，可以恰當地解釋《書譜》中很多疑難問題。涉及到的具體哲學與文化視角是：經學、易學、道家以及文學。本文的觀點是：宗經思想是孫過庭的理論基調，易學思想則爲其審美意象的主要來源，道家爲其形上取法依據，傳統書學是其主要內容來源，而文學則是其理論得以建構的工具。

目

次

前　言

　　當前對於古代書論的研究，文獻方面多，美學方面少。對於古代書論的探討，成體系性的美學理論的研究更不多見。對《書譜》的理論研究文章數不勝數，也有對其美學進行闡發的，但未成體系。本文獨闢蹊徑，從思想與理論淵源角度探討孫過庭書學思想及其結構，以期窺探中國哲學與文化對於書法美學的影響機制。

　　本文是作者的博士論文《孫過庭與張懷瓘書學思想淵源考》一文的前半部分。原博士論文論述以孫過庭為代表的唐初和張懷瓘為代表的唐中期的書學思想，欲通過考察二人的思想內在結構及其變化，來揭示從唐初到唐中期的書學思想的轉向。作者原初的打算是對唐代的書論進行整理與研究，但限於題目過於龐大，未能在博士階段完成，遂以《孫過庭與張懷瓘書學思想淵源考》一文提交答辯稿，在雙向匿名評審中，獲得專家們的一致肯定。而唐中後期的書學有待將來一併再行深入研究。

　　此次整理出版，將涉及到張懷瓘部分的具體內容一併剔除，打算下一步再行單獨出版《張懷瓘書學思想淵源考》。原因有幾方面，其一，張懷瓘部分在寫作之時，思考的時間過於短暫，不太成熟。因為其時除了撰寫博士論文外，還花較長時間準備去海德堡大學求學的材料與研究計劃，時間和精力各方面都還沒有滿足精細化思考和邏輯化撰寫的要求。張懷瓘的道家思想部分，作者確信已經比較完備，但是牽涉到經學與文學部分，稍嫌不足，俟將來一併完善。其二，作者在準備博士後的研究材料的時候，發現關於儒學與道家在藝術上的關係問題、藝術美學的情感、倫理、自由與法度問題，都需在中西的語境下進行深入分析；因此，現在修改出版《張懷瓘書學思想淵源

考》時間不允許，時機不成熟，如果先對以上問題深入研究一段時間，對於張懷瓘的思想研究則具有很大的促進作用。所以，暫緩出版《張懷瓘書學思想淵源考》一文。當然，還有一部分原因是，作者也正在思考中國書法或者中國藝術的標準問題，主要從哲學與美學、藝術心理學等角度對中國藝術的標準進行重新思考，如此的學術興趣的轉換也對唐代書學思想的研究有延遲作用。

本文的行文邏輯是：經學的理論基調、易學的審美意象、道家式取法模式、前代書學本體內容、文學式理論建構。該結構並一定非常完善，但卻是作者冥思苦想，幾經周折，反覆修改的結果。從基調、意象、取法到內容與架構，在作者的眼中，算是一個比較合理的順序與結構。至於具體所指及能指，希望讀者能夠在讀完全篇之後給予批評指正。

第一章 概 論

一、孫過庭書論的歷史地位

在中國書學史上，唐代的書法理論高度超越了前代。在他們之前的書法理論例如漢代趙壹《非草書》、晉衛恒《四體書勢》、南朝宋羊欣《採古來能書人名》、南朝宋虞龢《論書表》、南朝齊王僧虔《論書》、南朝梁蕭衍《觀鍾繇書法十二意》、南梁庾肩吾《書品》、南梁庾元威《論書》、以及傳爲衛夫人的《筆陣圖》、王羲之的《題〈筆陣圖〉後》等，都是歷史性、專題性或感歎式的，沒有唐代書論那麼強的體系性與哲學性。唐以後至清代也未曾有像唐代孫過庭、張懷瓘那樣的書學成就。清代晚期，方才在碑學興盛的背景下產生包世臣、康有爲這樣的傑出書學理論家。

唐初的書學以歐陽詢、虞世南、李世民以及孫過庭、李嗣眞爲代表。歐陽詢的書學著作有《八訣》、《三十六法》、《傳授訣》以及《用筆論》等，一方面不載於《法書要錄》，見於宋以後，其中《三十六法》有高宗、東坡之語，可信度不高，另一方面其內容主要以技術爲主，沒有較高的書法美學理論高度。虞世南有《筆髓論》與《書旨述》，其中《筆髓論》又與唐太宗李世民的《筆法訣》相重複，故可眞實性存疑，其中內容雖有心手關係，自然機發的理論，但多注重技術層面。《書旨述》載於《法書要錄》，記述書法發展演變史，沒有超出《四體書勢》的範圍，篇幅短小。李世民尚有《王羲之傳論》，見於《晉書》，贊王羲之書法之「裁成之妙」，是爲對書聖個人的書法讚述。到了孫過庭，以宏大的篇章從書法總論、書體、創作以及品評等各方面展開論述，並且以易學理論中的概念移作書法之審美意象，是其非常重要的書法

理論創見，整個行文以文學式的結構作爲構建，也是書法對文學理論的學習和模仿。其次，對前代書論技術、藝術理論的繼承與推進，爲其重要的理論貢獻。與孫過庭幾乎同時代的李嗣眞有《書後品》一文，作者以文學的體式，道家自然的觀念對書法史進行十品的劃分，也是一篇體系性的書論著作。

唐中期的書學以張懷瓘、竇臮、蔡希綜、徐浩、顏眞卿、韓方明、林蘊以及韓愈等爲代表。張懷瓘司職翰林院，是爲專業的書畫家，其書論作品有《書斷》、《文字論》、《六體書論》、《書議》、《評書藥石論》、《書估》等，尤其以《書斷》名重於世，在文字學等領域也有較大影響。其書論以三品品評方式集中論述了歷代書家的書法，是爲通史。其餘作品如《書議》等以道家自然觀念爲據，將書道上升到道家哲學的高度，以性分、無、象、神等道家玄學觀念對書法進行闡釋，言之鑿鑿，建立起了龐大的書論體系，其內容涵蓋書法史、書法基礎理論、書法創作與書法批評各個方面。其後的竇臮《述書賦》同樣從道家思想出發，以更加文學式的「賦體」重論書法史，一方面無復張懷瓘的哲學高度，另外一方面過於強調書論的文學性質，對於書法的說理力度傷害較大，流於語言形式之美。但也有值得注意的地方，其思想有從法度向自由過度的趨勢，強調「不規不矩」，「……筆墨無在，眞率天然……」，反對「禮法」規矩。蔡希綜有《法書論》傳世，《法書要錄》不載此文，見之於《書苑菁華》，眞僞相雜，是比較平實的書法史作品，與張懷瓘的《書斷》不可比擬。徐浩傳世有《論書》一文，亦僅見於《宣和書譜》，眞僞不明而且篇幅小，內容從《書斷》也可見到影子，創見不多。顏眞卿有《述張長史筆法十二意》，見於《書苑菁華》，主要以技術分析爲主，並非美學理論的見解與闡釋。

因此可見，分別生活於「貞觀之治」與「開元盛世」時期的孫過庭與張懷瓘在理論體系和美學高度上成爲唐代書學界最爲閃耀的「明星」。他們的理論體系博大，內容涵蓋方方面面。

另外一方面，孫、張二人書學思想有一個共同特點：結合中國文化之儒道與文學來論述書法史學與書法美學；集前代書論之大成，開創了嶄新的書法理論論述範式——搭建起了最爲異彩紛呈、最爲博雜的書學理論體系。他們將創作、品評等思想觀念上升到哲學高度，進行深層次地闡釋；以中國文化與哲學高度，賦予書法「道」的地位——「禮樂」觀與「書道」觀。

二人書論具有書法與文化性、哲學性相融合的特點，當我們不從傳統文

化角度而僅就書法理論本身去詮釋他們的時候，會遇到許多難題。唐代儒釋道三教融合，唐代書論家們，自覺不自覺地就會將中國文化、文學與哲學等觀念訴之於筆端。他們天生就是「跨學科」的理論家，從小熟讀五經、先秦諸子、《文選》等傳統經典，是我們當代人所不能比擬，不能想像的。當我們從今天因細分學科而形成的教育背景、知識結構及分裂的思維方式去閱讀他們的著作的時候，自然就會有比較大的障礙——我們沒有那樣的知識結構、理論背景與思維方式，我們也沒有其時開放的政治本體意識，〔註1〕沒有其時思想的自由性以及視野的開闊性。在孫過庭這裡，最大的問題就是語言，其用典之多（包括語言的文學性），難以想像，思維也非常跳躍。可惜我們現在看不到《書譜》整篇，只有《書譜序》流傳至今。單看《書譜序》，文學性格、哲學性格與書法理論的交融特點非常明顯，在書法本體的分析中同時交織著文學、經學與易學等思想。在張懷瓘這裡，文字書法的產生與發展，總是同《周易》的產生發展聯繫在一起。「書道」也是張懷瓘所推崇的概念，由「書道」出發，張懷瓘沿著道家思想路線構建出一套特殊的書法理論架構，對於書法的哲學認知與「高度」令人難以「想像」，不僅如此，他還有諸多如「本無論」、「性分論」等玄學思想的應用。就古代書論而言，可與孫過庭相比勘的就數張懷瓘。

　　本文因篇幅與結構所限，以及考慮到探討問題的深度與體系性等方面，先從哲學與文學等文化背景入手，分析孫過庭的思想淵源，進而揭示其書學思想的深層次結構。作者正在著手修改《張懷瓘書學思想淵源考》，進而探討從初唐到中唐，書學思想的理論轉向問題，以及中國書法美學、中國藝術與美學中的自然、法度、情感與自由等核心理論課題。

二、從哲學與文化角度研究書學思想淵源的學術意義

　　本文屬於基礎性的研究，主要以思想淵源的考證爲核心，其學術意義是在哲學上與文化等層面去闡明以孫過庭爲代表的唐代書學美學範式、思想結

〔註 1〕在野士人可以通過科舉把書本上學得的知識與文化理想訴諸於現實生活的運作層面，士人們的理想是「修身，齊家，治國，平天下」，文人士子可以隨意指點江山，他們很具有流動性，社會爲他們提供了各種晉升的通道。他們往往以浪漫或者激動的心情對待生活的方方面面，因此唐人具有「人」的覺醒意識，這些大大的豐富了人們的情感形式。見冷成金：《中國文學的歷史與審美》，中國人民大學出版社，2012 年 1 月，142 頁。

構，發現其間的深層次理論課題，爲書法美學、藝術美學的理論研究奠定基礎。

孫過庭書學的主張有其哲學淵源、文學淵源，比如剛柔並重是源自《周易》，五乖五合來源於《周禮‧考工記》，書論篇章結構的形成源自文學作品；而孫過庭之後唐中期的張懷瓘，其自然觀、形神論是起源於道家甚至於魏晉時期的玄學思想，其書論的邏輯結構的完成源自道家思想。儒道的傳統深深地注入到古代書法家的思想理念裏面去了。唯有研究到這個程度，才有可能真正理解古代書家們的眞實想法，才能領會到古代書法家所秉承的理念與傳統。對於孫過庭剛柔合體、五乖五合、情深調合等理論，對於張懷瓘的書道論、自然觀、玄冥思想、性分論等思想，以及在這些基礎之上建立起來的風神骨氣理論和神、妙、能品評方法，我們不僅能夠知其然，而且還能夠知其所以然；如果以本文爲邏輯基礎，就不會盲目地就某個議題作簡單論述，而是可以由此作深化處理。比如孫過庭的五乖五合說是可以商量的，不必盲從，而情深調合理論緣於文學中的「緣情論」，其與衛夫人所謂的「緣情棄道」之間的關係就可以梳理清楚。其實這樣的議題，在文學作品、文藝美學中早就已經處理過——比如緣情與言志的關係。因此就可以此爲基礎作美學的理論發揮。剛柔並重與陰陽思想、黑白疏密的關係情況也是類似。張懷瓘的書學思想被評價爲中國歷史上的最高峰，但是究竟是如何達到的，還需要仔細研究。道家哲學是其理論建構的最高層次，從形而上之「書道」到法自然、性分論、無與無爲論，再到言、意、象，法象的理論構造過程，是其哲學昇華的體現，從而在理論層面、哲學分析層面將張懷瓘的思想剖析清楚。如此就在根本上解決了「歷史最高峰」的理論問題。當然張懷瓘的書學肯定也有易學、經學等各方面的影響，這些只不過是他在去往哲學理論美學規劃路途上的「養分」而已。由此觀之，書法上神、妙、能三品，神可以歸結爲「書道」的境界，而妙與能則是爲技的境界。因此可見，從哲學與文化的角度去觀察古代書論家們的書學理論與思想，不管是對於張懷瓘還是孫過庭，都會有很大的啓示意義。

有關於書法本體的論述，孫過庭的技法理論、歷史用典都是自古代書論而來，比如「執、使、轉、用」都可以從古代書論找到理論根據，精熟論、心手關係等亦莫不如此；而張懷瓘的書論，尤其是《書斷》則是從閱讀古代書目之後的體會而來。

因此，不論從文化淵源還是書法本體的淵源去研究古代書學的思想基礎，都具有基礎性的學科意義，是古代書法理論美學與批判研究這個下一層次研究對象的前提。

從另一個層次來看，如此的研究範式，也能闡明中國書法審美的文化性成爲一個判斷標準的原因。該標準直到今天仍然是某種判斷的尺度。所謂文人書法在某種程度上就體現在這種審美的方面；當然，這也在書法的形式美原理構成上給我們比較深的啓示。

正如前述提及的，本文是基礎性的研究，以本文爲基礎，可以進行如下學術拓展：

其一、促進對形成原因的探討──歷史溯源

本書研究的是形成規律，前述已經闡發了其基礎性學術意義。當我們研究清楚唐代書法美學的思想淵源之後，我們還需要探討其形成原因，比如南北文化的融合是如何影響諸如書法等文化藝術的，書法至少是彼時文化繁榮的代表，研究書法美學、書法理論與實踐主張的起源問題，也能對當時的美學思潮的研究起到幫助作用。有研究認爲，唐代包容、博大、宏闊、多樣性與開放性（比歷來任何時代美學思潮都突出）的特徵與南北融合中「北」的因素更爲緊密。〔註2〕那麼後續，就可以以本文的詳細考察爲基礎來探索包括孫過庭、張懷瓘在內的思想裏面對這類意識的索求與趨勢。或者從以上包容、博大等特徵角度出發去研究孫、張二人的書論特點，也可以有所啓示。比如二人都儒道（甚至釋）各家混雜，各種理論盡顯其中，包羅萬象。

再比如，還有認爲，唐代的審美觀念，評價標準注重主體精神的建立，〔註3〕「比較起來更加重視審美主體的想像力和創造性」，〔註4〕亦即傳統美學多籠罩在儒家正統觀念（經學）爲中心的審美價值尺度與形態之下，而唐代美學則更多「審美主體在美的關照過程中的主觀能動作用」，也更加符合「藝術精神」的本質。〔註5〕非常好的印證就是孫過庭所說的「志氣和平」屬於傳

〔註2〕公木（張永年）語。見霍然：《唐代美學思潮》，長春出版社，1990 年 12 月，4 頁。

〔註3〕龔鵬程：《唐代思潮》，商務印書館，2007 年 9 月，304 頁。

〔註4〕公木（張永年）語。見霍然：《唐代美學思潮》，長春出版社，1990 年 12 月，5 頁。

〔註5〕公木（張永年）語。見霍然：《唐代美學思潮》，長春出版社，1990 年 12 月，5 頁。

統儒家，而「風規自遠」屬於繼承「玄學清談」的主觀能動性審美價值尺度。
彼時甚至當今的時代仍然也逃不脫儒家價值尺度的「枷鎖」，所以他們能做的
就是在儒家審美價值尺度基礎之上，額外地賦予或悠遠神思（孫過庭）的清
淡平風，或剛拔峻峭（張懷瓘）的陽剛之氣。當然，如果孫、張二人看到今
天我們能看到的北朝野逸古樸的碑刻雄風，或許思緒會為之一變，猶如康有
為一般，顛覆端莊秀麗的傳統帖學或規整齊平的唐代刻碑。康有為雖多論政
治與文化，但藝術的「叛逆」上似乎比歷史上的任何書家或理論家都要走得
遠──至少在理論創建上是如此。當今對於康有為書學的研究還遠遠沒有深
入。這就引出下一個話題，研究唐代書學思想淵源，形成規律之後，需要將
唐代書學與唐之後的書法作縱向的比較。

其二、對後代的影響──歷史縱向的書法理論比較

探討唐代書學思想淵源，如果說形成原因是其上限，那麼對於唐以後的
書學理論的研究也可以此為基礎進行探討。姜夔有《續書譜》，可以與《書譜》
做比較；明代項穆有《書法雅言》，也可以與《書譜》的語言進行比較，當對
《書譜》的語言來龍去脈清楚後，再去分析項穆倫理化的藝術主張，就有道
可尋，甚至很輕易就能將項穆的行文方式吃透。五代文字學家徐鍇在《說文
解字繫傳》中也有間接引用《書譜》的。〔註6〕這樣的研究可以擬名叫「後《書
譜》時代書論的比較研究」。這種歷史前後期的比較研究對於深化認識書法理
論的發展非常有意義，更能夠完善書論書學的研究形態，對於書法理論的歷
史研究有很大的推進作用。目前書法的研究偏重書法史的個案以及考證，對
於書法理論史的邏輯演進、美學史的發展以及書法美學的架構還很薄弱。

跳出《書譜》的圈子，將唐代的書論與後代做比較，後代能夠與其相抗
衡的應該只有阮元、包世臣以及康有為形成的以碑學運動為基礎的書論體系
（尤其以康有為《廣藝舟雙楫》為中心的理論）。

有觀點認為，張懷瓘「書法理念也替宋代文學開了先路」，〔註7〕而黃惇
以為張懷瓘開啟了尚意書風的先河，〔註8〕但也有觀點認為，唐代雖然近啟宋

〔註6〕「矩折如中繩墨，蕭何題署張芝章草，筆跡輕重，著在纖細，而後之學者，
棄本逐末，爭求點畫之妙，不測布置之由，乃至刪除點畫，加減隨意，是有
柂幹之才，而不得棟宇之法」。（五代）徐鍇《說文解字繫傳》類聚卷三十七，
四部叢刊景述古堂景宋鈔本。
〔註7〕龔鵬程：《唐代思潮》，商務印書館，2007年9月，342頁。
〔註8〕黃惇：《書法神采論》研究，載《書法研究》，1986年第3期。

明，但未見「理學苗頭與僵化的端倪」，〔註9〕因為唐代還是比較有生命力、活潑以及自由度的。因此唐代的美學思想與後代尤其宋代的比較也顯得尤為重要。唯有當具有代表性、典型性的個案美學思想研究透徹之後，才可以用這樣的大概念來表述時代與時代之間的差異和相同之處，否則猶如「空對空」，很難以理服人。而且這類判斷往往是太過於「迅速」、「粗糙」，真正有意義的事情是在做縱向比較的過程與內容，「比較表」一出，一切自然明瞭——結果常常是各種線路交錯，而不是簡單的「是」與「非」的問題。這是方法論層面的意義。

　　其三、書法美學的研究

　　劉笑敢提出「反向格義」的問題，許多情況下不能用西方的概念屬性來直接解釋中國的。但是有關美學的問題，就不得不重新審視自古典哲學以來建立的美學理論體系，其中的情感理論問題、美學倫理化問題、天才論（例如張懷瓘之「天人神縱」）、性分論以及自然觀念等等，都是中西方美學中集中討論的議題，西方美學已經經歷了數百年的發展，對於剛剛開啓萌芽階段的中國美學來說具有借鑒意義。比如「情感理論」，孫過庭有「情深調合」觀，由情入理理論。在中國美學領域「情感理論」實際上還沒有得到徹底的清理，可以以此為契機作學術理論與創作之間關係的梳理。而「情感」又是否受到「倫理化」的影響？情感是自由表達的結果，需要「順其情」，那麼自由與法度之間的關係如何處理，與自然之間是什麼關係？這就在書法本體、儒家與道家之間產生了「糾纏不清」的聯繫。

　　沃爾海姆的《藝術及其對象》〔註10〕以及三卷本的《情感理論》與唐代書論中的情感問題可以進行一些比較。當然梅耶爾的《情感的理論原則》〔註11〕也可以作為參考，因為情感是理解書論、畫論甚至文學從道德到美學的紐帶。

　　康德認為自由的美與倫理之間並沒有關係，但是黑格爾精神現象學以及伽達默爾對於藝術之「倫理教化」作用（精神的離異）的再思考與詮釋都可以作為參照。〔註12〕門德爾松在《哲學的寫作》〔註13〕一書中提出的四個軸

〔註9〕　公木（張永年）語。見霍然：《唐代美學思潮》，長春出版社，1990年12月，5頁。

〔註10〕　（美）沃爾海姆：《藝術及其對象》，傅志強，錢崗南譯，光明日報出版社，1990。

〔註11〕　Georg Friedrich Meier, Theoretical Doctrine of the Emotions, 1744.

〔註12〕　（德）伽達默爾：《詮釋學 I——真理與方法》，洪漢鼎譯，商務印書館，2011

的完善理論可以幫助我們研究審美領域的道德倫理的應用，〔註14〕會有參考意義。實際上，中國美學領域情感問題的清理是急需著手的。歷史上曾經對柳公權「心正則筆正」的理論有過無數的糾纏不清的解說，而張彥遠「成教化，助人倫」，張懷瓘「藝成而下，德成而上」面臨類似的話題。

自然觀中，孫、張二人的自然觀是否完全一致，對藝術的啓示有哪些，與西方的野獸派的區別在哪兒？赫爾德《論峨相》關於反對力量，〔註15〕贊成自然美，可以與孫、張把自然當作是審美的至上法則相比較。〔註16〕

此外，孫、張二人的比喻手法，以自然萬象的類比來表達書法之意象，這與哲學中對新領域的探究所使用的「隱喻」的手法很類似，也很值得研究。西方的隱喻思維或許可以是中國傳統經典立象觀的一個參照。二者都是用已知世界去揭示未知的領域，這在康德看來是一個反思性的判斷。〔註17〕

「天資神縱」是張懷瓘的藝術主張，其中的「神」按照陸維釗的說法是：「其一屬於心靈的，要看其人想像力之高下；如其對模糊剝落之碑板，不能窺測其用筆結構者，其想像力弱，其學習成就必有限。其二屬於肌肉的，要看其人手指上神經之靈敏不靈敏……故不得於心者，根本不能學書；得之於心而不應手者，往往大致粗似，不能達到絲絲入扣之地步。」〔註18〕在他看來天資有兩方面，一是心的想像力，一是肌肉的自動反應，達到得心應手，心手雙暢的境界。其實這裡面有藝術「天才」的理論問題，是藝術領域一個

年3月，121～131頁。

〔註13〕 Moses Mendelssohn, Philosophical Writings, 1761.

〔註14〕 審美經驗中完善的四個軸：1、審美經驗的對象的完善，特別是被藝術作品所描繪出來的完善；2、在體驗一個對象時我們知覺能力的完善（「perfection of sensible cognition」）；3、身體狀態的完善，該狀態在精神狀態的作用下在我們的身體中產生。這一點是沃爾夫派理性主義理論所缺乏的。4、對對象進行生產的藝術性（技藝，artistry）的完善，包括藝術作品生產中的、人的技藝的完善，也包括自然的美的生產中的、神性的技藝。沃爾夫也有關於美是完善的（Beauty is perfection）概念。Gottsched 有完善的道德判斷力的概念。

〔註15〕 Johann Gottfried von Herder, Auszug aus einem Briefwechsel über Ossian und die Lieder alter Völker, 1774.

〔註16〕 赫爾德對原始感性，力量感的贊美（趣味），對文明與教化持批判的態度，這是尼采對酒神精神強調的根源。赫爾德爲早期浪漫派的先驅，他有《關於語言的起源》（1772）一文，是浪漫語言觀的重要文獻。他認爲：越文明的語言，越死板；原始語言是活的語言。盧梭也有《關於語言的起源》一文。

〔註17〕 Immanuel Kant, Kritik der Urteilskraft, Der Philosophischen Bibliothek Band 39 (Lepzig, 1922), p2.

〔註18〕 陸維釗：《書法述要》，浙江古籍出版社，1985年7月，5頁。

非常大的論題。

　　張懷瓘提出的「無聲之音，無形之相」，〔註19〕「風神骨氣者居上，妍美功用者居下」，〔註20〕是一種形神論的體現。赫爾德是第一個反視覺化的美學家，反視覺化又與形神論，以及情感理論應該有密切的關係。這些都是中西方之美學中會通的地方。

　　另外，張懷瓘也提出了「性分論」的概念，天生下來的「性分」能力，是否後天能夠改變，是非常值得藝術領域、美學研究領域探討的問題。

　　唐代的書法理論問題涉及到了至今在中國美學領域沒有去澄清和解決的問題，而這些問題的清理，則是建立在某一門專門美學基礎之上（比如書法美學）的，唐代的書論是中國書法美學不可能繞過去的坎，所以研究唐代的書法美學意義重大。書法美學的理論研究，可以在跨文化視野下借助於西方美學、哲學的理論，但如何借用，其可能性有多大，需要深入思考和研究。

　　總之，研究唐代書論的思想淵源是個基礎性的工作，其一，可以開啟認識唐代的書論形成規律的大門；其二，在此基礎之上，可以探索形成原因、形成背景，可以與後代的書學理論做相應的比較研究，亦可以為書法美學、藝術美學研究提供理論性的準備工作。

三、傳統詮釋學與本文的切入視角

　　其一、中國傳統義疏與詮釋

　　據上文分析，對於唐代書論的詮釋就不能像嚴格的傳統注疏學那樣，以詞義注釋、翻譯為主。傳統的注疏與詮釋，是中國一門大的學問；尤其是其中以經學為線索，按照周予同的說法可以分為三個大的階段，西漢今文經（微言大義、孔子定經）、東漢古文經（章句注疏、名物訓詁）、宋代理學（孔子為哲、六經載道）。〔註21〕而宋代則有朱熹為首的歸納派、陸九淵為核心的演繹派以及陳傅良為代表的批評派。宋代對於經典的詮釋方法可謂開先河，按照余英時的觀點，他們尤其是朱熹的讀書與解釋方法與今天西方所謂的「詮釋學」方法有許多相同之處。〔註22〕「『詮釋學』所分析的各種層次，大致都

〔註19〕張懷瓘：《書議》，（唐）張彥遠《法書要錄》，（明）毛晉校，津逮秘書本。
〔註20〕張懷瓘：《書議》，（唐）張彥遠《法書要錄》，（明）毛晉校，津逮秘書本。
〔註21〕見周予同序，（清）皮錫瑞：《經學歷史》，中華書局，1959年12月，2～3頁。
〔註22〕余英時：《怎樣讀中國書》，載何俊編：《余英時學術思想文集》，上海古籍出版社，2010年10月，101頁。

可以在朱子的《語類》和《文集》中找得到。」〔註 23〕這是因爲當代的詮釋學應對的挑戰與宋明新儒學起於對佛教的回應基本上是類似的。〔註 24〕余英時也提到重點應該讀讀《朱子語類》中《總論爲學之方》與《讀書法》。觀朱熹所論，首先是要「透」，「看文字，須要入在裏面，要透徹，方能得脫離」，〔註 25〕再次，「學問，就自家身己上切要處理會方是，那是讀書底已是第二要義」，〔註 26〕還有「聖門日用工夫，甚覺淺近。然推之理，無有不包，無有不貫，及其充擴，可與天地同其廣大。」〔註 27〕朱熹所論大致以「聖人」、《大學》之類爲目的。然就其求眞求知的角度而言，實爲不虛，首先讀懂，讀透，再就是結合自己的貼身體會，自己要推理，得其典要。可見朱熹的確是很重視詮釋的，余英時先生所論不虛。劉笑敢教授在《詮釋與定向》一書中專章論述朱熹在「語孟學庸」以及二程思想之間的徘徊、調和與創構等問題。〔註 28〕（定向與現象，是一種理論自覺意識的區分。）

其二、西方伽達默爾詮釋學

詮釋學在西方最開始用途是：正確解釋《聖經》中上帝的語言。至德國哲學家施萊爾馬赫（1867～1834）與狄爾泰（1833～1911）發展爲專門理解和解釋的系統理論（主要專注於神學解釋學和法學解釋學），在伽達默爾（1900～2002）《詮釋與眞理》達到高峰，至此，始作爲一種哲學詮釋的方法（die philosohpische Hermeneutik），有其專門的意義。〔註 29〕伽達默爾分別從藝術經驗裏的眞理問題（美學）、精神科學的理解問題（歷史）以及能被理解的存在就是語言（語言）等三方面去展現哲學詮釋學的理解與眞理（解釋）問題。〔註 30〕其核心思想是藝術作品或藝術作品文本只有被表現、理解和解釋時才

〔註23〕 余英時：《怎樣讀中國書》，載何俊編：《余英時學術思想文集》，上海古籍出版社，2010 年 10 月，101 頁。

〔註24〕 余英時：《〈中國思想傳統的現代詮釋〉自序》，載何俊編：《余英時學術思想文集》，上海古籍出版社，2010 年 10 月，186 頁。

〔註25〕 （宋）黎靖德編，王星賢點校：《朱子語類》，中華書局，1986 年 3 月，163 頁。

〔註26〕 （宋）黎靖德編，王星賢點校：《朱子語類》，中華書局，1986 年 3 月，140，161 頁。

〔註27〕 （宋）黎靖德編，王星賢點校：《朱子語類》，中華書局，1986 年 3 月，130 頁。

〔註28〕 劉笑敢：《詮釋與定向》，商務印書館，2009 年 3 月，208～233 頁。

〔註29〕 洪漢鼎：《譯者序言》，（德）漢斯～格奧爾格・伽達默爾著，洪漢鼎譯：《詮釋學I——眞理與方法》，商務印書館，2011 年 3 月，1～3 頁。

〔註30〕 案：伽達默爾的出發點是，有別於康德的以自然科學（數學和物理）爲認識

有意義，但首先要從他的起源和發祥地出發方可被理解，「詮釋學的工作就是重新獲得藝術家精神中的出發點（Anknuepfungspunkt），這個出發點將使一部藝術作品的意義得以完全理解，這正像詮釋學通過努力複製作者的原本創作過程而對本文所做的工作一樣」。〔註31〕在歷史觀中，他說「當文本每次都以不同方式被理解時，文本才可以說得到理解。這也正表明了歷史詮釋學的任務，即它必須深入思考存在於共同事情的同一性和理解這種事情所必須要有的變遷情況之間的對立關係。」〔註32〕因而「理解者和解釋者的任務就是擴大自己的視域，使它與其他視域交融」，〔註33〕洪漢鼎以爲此即伽達默爾所謂的「視域融合」（Horizontverschmelzung）。〔註34〕此外，伽達默爾認爲語言與世界之間是摹本與原型的關係，「語言觀就是世界觀」（與維特根斯坦所說「語言的世界就是思維的邊界」具有類似的內涵），世界本身是從語言中得以表現的。而「科學所認識並據以保持其固有客觀性的對象性乃屬於由語言的世界關係所重新把握的相對應」。〔註35〕「詮釋學現象通過揭露其語言性而獲得絕對普遍意義。」〔註36〕

其三、中國當代詮釋學舉隅

在中國大力倡導詮釋學方法的是山東大學洪漢鼎教授。〔註37〕而在中國哲

出發點去發現眞理，而是代之以「藝術」，從藝術的發生、感覺、審美乃至美學各方面來認識「精神現象」的眞理性問題。比如在康德那裏審美和道德是分開的，是自由的。而根據黑格爾精神現象學，則審美具有教化作用，是「離異了的精神」。據此展開，伽達默爾從如上三個方面來對眞理進行追求——理解和解釋的規律與運用方法。

〔註31〕 （德）漢斯—格奧爾格・伽達默爾著，洪漢鼎譯：《詮釋學 I——眞理與方法》，商務印書館，2011 年 3 月，244 頁。

〔註32〕 （德）漢斯—格奧爾格・伽達默爾著，洪漢鼎譯：《詮釋學 I——眞理與方法》，商務印書館，2011 年 3 月，437 頁。

〔註33〕 洪漢鼎《譯者序言》，（德）漢斯～格奧爾格・伽達默爾著，洪漢鼎譯：《詮釋學 I——眞理與方法》，商務印書館，2011 年 3 月，437 頁。

〔註34〕 劉笑敢以爲：「對『視域融合』理論的簡單化和庸俗化的理解縱容了對哲學經典的主觀隨意的解說。」見《詮釋與定向》，商務印書館，2009 年 3 月，90 頁。

〔註35〕 （德）漢斯—格奧爾格・伽達默爾著，洪漢鼎譯：《詮釋學 I——眞理與方法》，商務印書館，2011 年 3 月，12 頁。

〔註36〕 （德）漢斯—格奧爾格・伽達默爾著，洪漢鼎譯：《詮釋學 I——眞理與方法》，商務印書館，2011 年 3 月，568 頁。

〔註37〕 著有：《理解的眞理：解讀伽達默爾眞理與方法》，《詮釋學——它的歷史和當代的發展》，《詮釋學史》，以及《當代分析哲學導論》等，譯著：《眞理與方

學領域比較突出的代表是香港中文大學劉笑敢教授，他著有《詮釋與定向》一書，其中對中國傳統詮釋的方法，西方詮釋學的「中用」提出了批判，隨後作者提出詮釋的兩種定向——面向文本和歷史的客觀性，以及面向當下和現實的主觀性定向。〔註38〕並稱其實兩種定向是在同一理解下相互推移糾結，進而可以認爲「其詮釋作品就成了兩種定嚮之間的衝突、融合與妥協的結果……一部詮釋作品就是兩種內在定向相互作用而產生的思想化石」。〔註39〕

中國傳統的詮釋思維與方法，比如朱熹所謂的「透徹看文字」，以切身己要而花工夫去推理之，做到「與天地同其廣大。」〔註40〕從而放得脫離，方爲讀書要義。文字工夫自然是中國傳統的學問之根本，而切身己要就是伽達默爾所說的「深入思考存在於共同事情的同一性和理解這種事情所必須要有的變遷情況之間的對立關係。」〔註41〕同樣都是「擴大自己的視域，使它與其他視域交融」。〔註42〕其實與伽達默爾的哲學詮釋學有許多相通之處——這在之前也提到，余英時先生曾說也曾做過比較。包括伽達默爾說的「詮釋學的工作就是重新獲得藝術家精神中的出發點（Anknuepfungspunkt），這個出發點將使一部藝術作品的意義得以完全理解，這正像詮釋學通過努力複製作者的原本創作過程而對本文所做的工作一樣」，〔註43〕這一點與劉笑敢所論及的朱熹在「語孟學庸」以及二程思想之間的徘徊、調和與創構〔註44〕是一致的，都是在尋找其思想根源與脈絡，只不過都是在文本還原與「現代闡釋」這一主觀性之間尋找一個平衡。

傳統的學問都是以傳箋注疏爲主的章句之學，而當今的學問，余英時先

　　　法》兩卷本。而相應的在語言哲學領域有陳嘉映，其著有《語言哲學》等，譯著有：海德格爾：《存在與時間》，三聯書店 1987 年第 1 版，1989 年第 2 版，以及維特根斯坦：《哲學研究》，上海世紀出版集團 2001 年。

〔註38〕　劉笑敢：《詮釋與定向》，商務印書館，2009 年 3 月，227 頁。

〔註39〕　劉笑敢：《詮釋與定向》，商務印書館，2009 年 3 月，227 頁。

〔註40〕　（宋）黎靖德編，王星賢點校：《朱子語類》，中華書局，1986 年 3 月，130 頁。

〔註41〕　（德）漢斯—格奧爾格·伽達默爾著，洪漢鼎譯：《詮釋學 I——眞理與方法》，商務印書館，2011 年 3 月，437 頁。

〔註42〕　洪漢鼎《譯者序言》，（德）漢斯～格奧爾格·伽達默爾著，洪漢鼎譯：《詮釋學 I——眞理與方法》，商務印書館，2011 年 3 月，437 頁。

〔註43〕　（德）漢斯—格奧爾格·伽達默爾著，洪漢鼎譯：《詮釋學 I——眞理與方法》，商務印書館，2011 年 3 月，244 頁。

〔註44〕　劉笑敢：《詮釋與定向》，商務印書館，2009 年 3 月，208～233 頁。

生說「應對接於西方思想的挑戰，這是現代詮釋的起點。」〔註45〕

其四、本文詮釋學的視角

本文的基本切入視角正是以理解和解釋——現代詮釋爲「前理解」的。當然在邏輯上看是首先對文獻文本的本體進行分析，這樣的分析在形式上是與其思想來源的理解與解釋——學術背景考察、語言分析以及用典檢視是相融於一體的（因爲基於孫過庭與張懷瓘的文獻的注疏之學、翻譯研究——文獻文本分析，已經不在少數，儘管有這樣那樣的問題或不足，所以本文無意於如此重複的文獻注釋工作。）對學術背景、語言與用典等的分析、表現、理解與解釋，是爲本文分析思想來源第一步。這一步在形式上看與傳統的注疏之學章句之學並沒有太大的差異，但是在本文裏，則會貫通所有的文本，把所有的文本結合在一起，統而視之。徐復觀在《中國思想史論集》中提到：「但中國的思想家，很少是意識的以有組織的文章結構來表達他們思想的結構，而常是把他們的中心論點，分散在許多文字單元中去；同時，在同一篇文字中，又常關涉到許多觀念，許多問題。即使在一篇文章或一段語錄中，是專談某一觀念某一問題；但也常只談到某一觀念，某一問題對某一特定的人或事所須要說明的某一側面，而很少下一種抽象的可以概括全斑的定義或界說。」〔註46〕所以需要做文獻梳理，貫通文本，採用詮釋學的方式，儘量以全面的視角來看待傳統的文本。比如對張懷瓘的道家思想淵源的研究中有關「書道」的哲學高度的提法，會把其中所有有關「書道」的表達提煉出來，進而闡述其前因後果、形成原因，澄清其主張的意義及其創見——一種「創構」性的詮釋方式。這樣的一個過程同時也包含了思想解析、模塊分拆、系統梳理的過程，再和「自然」、「性分」、「無爲」等一起形成張懷瓘的道家理論的構建的動態過程。

學術背景考察，語言分析，用典檢視，思想解析，模塊分拆，系統梳理以及理論構建動態過程是一個用以考察書學思想淵源，形成邏輯創建的過程。既繼承了章句注疏之說，忠於文本本體即書法理論家自身的思想的體系，還貫通前後文本，梳理思想脈絡，以「當今的學問」——詮釋學之思維與方法，以及學術規範與邏輯思維的構造能力去系統化古典文本中靜態的「死板

〔註45〕余英時：《〈中國思想傳統的現代詮釋〉自序》，載何俊編：《余英時學術思想文集》，上海古籍出版社，2010年10月，186頁。
〔註46〕徐復觀：《中國思想史論集》，臺灣學生書局，1959年10月，2頁。

的」語言模式。這其中，尤其是值得學習的是德國海德堡大學教授瓦格納（Rudolf G. Wagner）的《王弼〈老子注〉研究》研究方法。﹝註47﹞瓦格納教授對於王弼的研究深受西方分析語言哲學的影響。本文的處理也從中受啓示。

結合本文所觀察到的朱熹的讀書方法，有「透」，「看文字，須要入在裏面，要透徹，方能得脫離」；﹝註48﹞「學問，就自家身己上切要處理會方是，那是讀書底已是第二要義」；﹝註49﹞「聖門日用工夫，甚覺淺近。然推之理，無有不包，無有不貫，及其充擴，可與天地同其廣大。」﹝註50﹞就本文而言，文中多用文獻引徵與考據，個別地方還有比較繁複的文獻考證，應該就是所謂的「透」「透徹」的思維方式。而切身己要與推理並用，這從上述論證中已經得以闡明。因此，學術背景考察，語言分析，用典檢視等屬於文字語言學問之「透」，而思想解析，模塊分拆，系統梳理以及理論構建則屬於切身己要與推理工夫之範疇。

而伽達默爾所謂的「詮釋學的工作就是重新獲得藝術家精神中的出發點（Anknuepfungspunkt）」，﹝註51﹞也正是本文主題——研究唐代書學思想淵源的一個起點。本文的主旨就是希望使得唐人的書論著作能夠通過詮釋的方法盡量通過複製其寫作過程，而讓其被後人儘量完全地理解。當然，這種理解可能在不同時期不同方式下會有不一樣的答案。所需要做的是擴大自己的視域，處理好摹本（語言，詮釋）與原型（世界，眞知）的關係，盡可能用當前語言去構架彼時的「世界觀」。

當然，劉笑敢所倡導的面向文本和歷史的客觀性，以及面向當下和現實的主觀性定向其實也正是本文努力的方向，先從文本入手，解決語言基礎層面、語源問題，進而以此爲基礎，對唐代書學理論進行邏輯性的構造，以期能夠從哲學文學等角度還原到唐代書論家們本身「混融」的思想狀態中去。

﹝註47﹞ （德）瓦格納（Rudolf G. Wagner）：《王弼〈老子注〉研究》，楊立華譯，江蘇人民出版社，2009 年 5 月。

﹝註48﹞ （宋）黎靖德編，王星賢點校：《朱子語類》，中華書局，1986 年 3 月，163頁。

﹝註49﹞ （宋）黎靖德編，王星賢點校：《朱子語類》，中華書局，1986 年 3 月，140，161 頁。

﹝註50﹞ （宋）黎靖德編，王星賢點校：《朱子語類》，中華書局，1986 年 3 月，130頁。

﹝註51﹞ （德）漢斯─格奧爾格·伽達默爾著，洪漢鼎譯：《詮釋學 I——眞理與方法》，商務印書館，2011 年 3 月，244 頁。

四、哲學與文化的研究視角及相關方法

　　本文的基本切入視角爲：文字的梳理——傳統注疏學方法，以及理論構建——詮釋學的基本出發點。文字梳理與理論構建沒有做形式上的區分，而是將前者隱藏於後者之中。上文所謂切入視角也應該是本文最爲綱領性的研究方法，其中包括文獻梳理，貫通文本與詮釋學的方法相結合。

　　其一、中國哲學與文學的研究視角

　　在以詮釋爲基本要義與切入點的前提下，必然涉及到中國哲學儒、釋、道的視角，儒學表現爲經學、易學等（漢代經學有五經，《詩》、《書》、《禮》、《易》、《春秋》，後來又有七經、九經、十三經，易學屬於經學的一種；本文將易學從經學中獨立出來，是因爲易學對於孫過庭有非常突出的影響，遠超一般意義上的經學。故而本文易學思想淵源的考察是獨立成章的，而將易學之外的其他經學思想綜合起來另成一章，是爲體例之說明），道就是道家，釋即佛教，當然還有文學以及書學等藝術觀念、審美意象等問題。余英時先生認爲，西方的概念，在中國文化裏面是找不到相當的東西，中國有許多特別東西，讀中國書最怕用西方的觀念穿鑿附會，他進一步主張「20 世紀以來，中國學人有關中國學術的著作，其最有價值都已最少以西方觀念作比附的」。〔註52〕而劉笑敢也不贊成盲目中的以西方概念思想反向格義中國學問，「這樣會陷入方枘圓鑿的困境」。〔註53〕因爲西方多是二元對立，中國概念多是相反相成。所以本文的文本分析方法屬於傳統式的，貫通而用之，而框架結構的搭建則是完全建立在中國哲學與文化的基礎之上，只不過邏輯結構的完成以理論構建爲出發點。整個思維方式看是詮釋學的，這是從最高層面亦即哲理（理解與解釋）是人類共通的東西來看的：都是意欲還原作者文本的邏輯原點，做歷史的重構與闡釋，闡明摹本與原型。而本文的框架與邏輯結構之基礎則是以儒釋道等爲基本的「教義」。

　　經學與道家這類本土哲學的影響，是理所當然在唐代書學思想裏面可以看到的。而佛學，在孫過庭那裏並不明顯，到了中唐以後，尤其是張懷瓘那裏，「一相」、「觀照」等佛學用語則潛藏於其文中（融化一般，比如當我們現在說覺悟、大千世界等已經感覺不到是佛教用語了）。〔註54〕文學思想的影響

〔註52〕何俊編：《余英時學術思想文集》，上海古籍出版社，2010 年 10 月，103 頁。
〔註53〕劉笑敢：《詮釋與定向》，商務印書館，2009 年 3 月，97～121 頁。
〔註54〕張懷瓘的思想主幹還是儒道，本文的姊妹篇《張懷瓘書學思想淵源考》的立

在孫過庭這裡體現得十分明顯，孫過庭幾乎以文學語言爲基本的表達工具，甚至其行文結構都源自文學作品。所以本文的分析除了中國哲學儒道等外，還有文學思想淵源，也作爲重要的考察視角。

其二、文獻、考據與文獻學的方法

孫過庭有大量的古文獻引用及用典之例，所以在貫通文本之時，自然就要用到文獻梳理的方法。其中有考據考證，比如「功宣禮樂」還是「功定禮樂」，「埏植」還是「挻植」，「感會徇知」中「徇」的注解等。當然最大的文獻耙梳工作應該是對於語言表達方式的搜索與獲取，這是最大工作量的地方，需要閱讀《周易》、《論語》、《周禮》、《老子》、《莊子》、以及《詩經》等「經」、「傳」與注疏中大量的篇章，還有《文選》、《文心雕龍》中許多文本及注釋，如此才能發現其中的語言規律與特點，發現其語言來源，進而濾清思想結構與框架、表達緣由，準確理解其原意文本與出發點。比如孫過庭說「猶挻埴之罔窮，與工爐而並運」，〔註55〕如果不知道其原始出處，以及道家思想的相關內容，則很難理解孫過庭的用意。再比如「消息多方，性情不一」，如果不從《周易》入手，則也不容易透徹理解其與剛柔遲速，變化萬千的關係，尤其是「情」應理解爲「實情」（essence），不可做「感情」解（emotion）。

關於孫過庭與張懷瓘的身世與活動背景環境的探索，也大量用到了文獻之間比較、徵引的方法。孫過庭與李善，據本文的推測，應該有交遊，就算沒有交遊，同時同事東宮，以李善《文選注》的歷史地位，孫過庭也應該受到《文選》比較大的影響，這從其行文特徵、用語習慣（例如「非訓非經」中選擇標準那段的用語與《文選序》非常相似）可得到佐證。

孫過庭（啓功以爲其生卒年約 627～687，從陳子昂的「四十見君，遭讒慝之議……志竟不遂」，〔註56〕「所恨君者，枉夭當年」〔註57〕等可見其孫過庭活至六十的可能性不大）《書譜》完成於垂拱三年即 687 年。李嗣眞的活動年限與孫差不多（？～696），其任職則天永昌（689）中官御史中丞及知大夫事等，《後書品》估計作於此前（因後受酷吏所陷害，故作於任此官前可能性較大）。其所錄初唐四家入品列外，還有比他與孫過庭稍早的殷令名也錄入下

足點將還是主要基於本土哲學——儒道，佛學的影響只在總結之中捎帶提及，不做爲重點探索的對象，這也符合張懷瓘書論文章的特點。

〔註55〕孫過庭：《書譜》，臺北故宮博物院藏墨蹟本。下文中凡未特別指明，皆同。
〔註56〕（唐）陳子昂，《陳伯玉集》卷六，四部叢刊影印明刻本。
〔註57〕（唐）陳子昂，《陳伯玉集》卷七，四部叢刊影印明刻本。

上品。〔註58〕孫過庭沒有被錄入李嗣真《後書品》，一則其時孫過庭或許不負盛名，其二則是因爲二者是同時代人，李嗣真或比孫過庭稍早。因此，孫過庭《書譜》與李嗣真《書後品》屬於同時代作品。〔註59〕

如上基本是運用文獻徵引互證考據的辦法來作爲思想淵源背景或思想來源的研究路徑。其中也有文獻學中校勘學的運用，比如「埏植」還是「挻植」的考證（《書譜》墨蹟本反而是《老子》早期流傳本「挻植」的佐證）。

其三、類比法

類比的方法在孫過庭的研究之中，最爲突出，比如與《詩譜》的產生與作用進行比較，進而對《書譜序》與《書譜》的關係予以判讀與想像，再次對《書譜》中的許多關鍵的詮釋問題給予澄明。比如孫過庭說「妍蚩雜糅，條目糾紛」，是針對過去的書法理論著作的簡單列示法，其意涵就是自己要將這種列示法進行糾正，《書譜》就是這樣的著作。孫過庭想做的也是總結經典之大成，避免當仁者「罕陳其要」，想學者又「雖述猶疏」的問題，希冀能夠效經典之所明，啓「將來器識」，讓大家能夠「睹跡」而「明心」。

本文還將《書譜序》的結構與《文心雕龍》做了比較，從總論、書體論、創作論以及批評等方面去劃分與概括其思想內容，也是一種全面理解孫過庭思路中的有益嘗試。

其四、表格比較法

表格比較的方法，主要適用於孫過庭的語言與文學作品引證之間的關係問題。他的大量語言與表達方式都是直接或間接從文學作品之中來，因此，表格化後就會更加清楚地明白孫過庭「思緒飛揚」的特點。

其他如在貫通文本過程中，還有歸納法、演繹法等，屬於常見論文的寫作方法，於此不做贅述。

五、有關孫過庭的研究現狀與文獻綜述

本文從思想淵源的角度去考察唐代孫過庭書學的理論性，這個切入的視角本身就是一種研究方法。該視角與方法，目前只是零星的散落於各家的注

〔註58〕 其所書丹的《隋故益州總管府司馬裴君碑銘並序》，唐貞觀十六年（637 年）十月立。是故知其早孫、李一輩人。該碑載錄於：（宋）趙明誠《金石錄》，後世碑刻文獻基本皆錄。宋人《寶刻類編》，（清）翁方剛《復初齋文集》，（清）郭尚先《芳堅館題跋》，（清）葉昌熾《語石》，（清）楊守敬《學書邇言》等。

〔註59〕 叢思飛博士論文：《唐代書法文獻研究》也有考證，結論一致。

疏與今譯之中。亦即對於唐代書論的系統性研究目前主要以注釋、翻譯爲主，體系性地從思想淵源角度出發的文化性、哲學性的考徵層面研究，實屬鳳毛鱗甲。

近年來書法學的研究，尤其是在高校領域取得了很大的進步，但是主要都是圍繞書法史學來展開，以書法美學爲核心的研究極爲少見，更不用談有關藝術美學與哲學角度的研究了。而有關哲學領域的專家卻又對書法文本關注不多，其原因之一不屑一顧，或是術業有專攻，原因之二是隔行如隔山，技術方面的缺憾，可能會導致偏離書法本體。

有關唐代的書學研究，以及思想性的專門著述，是本文的研究基礎。其中亦有對書學思想有專門論述的。

其一、考證類著作與論文的研究現狀

《書譜》的研究，應該是啓功的《孫過庭〈書譜〉考》一文最爲典型與集中，〔註 60〕後面有關唐代書法文獻的專門研究，包括博士碩士論文在內都處於該篇論文的範疇之內。啓功研究關於孫過庭的生平、事蹟、以及《書譜》的流傳過程，刻帖版本的情況，還有與本文有關的相關字詞的釋讀。其中思想層面的涉及不多。有關於《書譜》的研究，主要有清代包世臣《藝舟雙楫》裏面三篇文章，〔註61〕《刪定吳郡〈書譜〉序》把其中的奇巧比況去除，《〈書譜〉辨誤》與《自跋刪擬〈書譜〉》則說明一些原委與考證事實，比如臨行題壁的典故是假託的，思想的考察微乎其微。民國以來的研究有朱建新《孫過庭〈書譜〉箋注》〔註62〕（多用後代的文獻去闡發前代的文案，是爲不妥），馮亦吾《〈書譜〉解說》，〔註 63〕二者的共同點都是注釋翻譯，涉及到思想層面不是很多，也不成體系，而且沒有溯及淵源，考其源流。此外，馬國權也有《書譜譯注》一書，序中有部分考證，正文以注釋和翻譯爲主。當代的學者鄭曉華有《書譜》一書出版，〔註 64〕也主要關注於注釋和翻譯，其中有些涉及到有關於思想源流的考證。臺灣國立中興大學博士洪文雄有《論中國歷代對孫過庭〈書譜〉的評價與詮釋》一文，〔註 65〕主要從後代的批評出發闡

〔註60〕 啓功：《啓功叢稿・論文卷》，中華書局，1999 年 7 月。
〔註61〕 （清）包世臣：《藝舟雙楫》，世界書局，1936 年。
〔註62〕 朱建新：《孫過庭〈書譜〉箋注》，中華書局上海編輯所，1963 年 4 月。
〔註63〕 馮亦吾：《〈書譜〉解說》，國際文化出版公司，1993 年 3 月。
〔註64〕 鄭曉華：《書譜》，中華書局，2012 年 7 月。
〔註65〕 洪文雄：《論中國歷代對孫過庭〈書譜〉的評價與詮釋》，載《逢甲人文社會

明後《書譜》時代的論題。

當代朱關田研究主要關注唐代書法，其著有《唐代書法家年譜》，〔註66〕主要集中在書法史料的搜集上，沒有孫過庭或張懷瓘的論述，在其另外一個著作《唐代書法考評》中涉及到孫過庭的生平事蹟，〔註67〕書法論文的考評，限於史料問題，也只做了一般性的引述而已，更沒有深入到思想層面去著力。

而意大利漢學家畢羅（Pietro De Laurentis）著有 *The Manual of Calligraphy by Sun Guoting of The Tang*（《唐代孫過庭〈書譜〉》）一書。〔註68〕其書分爲三個部分，第一個部分是孫過庭生平以及社會生活時代的考辨，第二部分是翻譯，第三部分是寫作構思與《書譜》內容的總結。其中涉及到關於「書譜」起名與「工」、「用」的相關思考，對本文也有一定的啓發意義。

在日本學界，《書譜》的研究比較普遍，例如有西林昭一解說的《書譜》，〔註69〕桃山艸介注釋的《孫過庭書譜》，〔註70〕二者有共同點：翻譯爲主，分篇論之，以朱建新之《孫過庭〈書譜〉箋注》爲底本。尤其是桃山艸介還按照《書譜》的行文順序注出了許多語言來源與典故，有一些尋求思想淵源的意味。西林昭一則分爲上下兩卷，共六篇。桃山艸介將《書譜》分爲七篇（含跋語）。可能西林昭一、桃山艸介是認爲《書譜》中「撰爲六篇，分成兩卷」就是指現存墨蹟的內容。若果如此，則失乎其實。其實中國學界已經有公認，現存《書譜》墨蹟只是序，不是《書譜》正文。本文亦會有考證與說明。

最近的博士碩士論文中，有吉林大學叢思飛博士論文《唐代書法文獻研究》，〔註71〕主要從純文獻研究的方法著手，也涉及到唐代書法的文學形式問題；西北師範大學張存良碩士論文《書譜研究》直承傳統文獻的梳理方法，以注釋爲主，兼及思想的溯源性，雖爲碩士論文，亦以考辨作者生平、作品流傳爲主，在思想層次上走得稍遠，限於是碩士論文，以及研究方法的限制，

學報》，第 20 期，2010 年 6 月，143～185 頁。

〔註66〕朱關田：《唐代書法家年譜》，江蘇教育出版社出版，2001 年。

〔註67〕朱關田：《唐代書法考評》，浙江人民美術出版社，1992 年。

〔註68〕Pietro De Laurentis: *The Manual of Calligraphy by Sun Guoting of the Tang*, IL TORCOLIERE · Officine Grafico-Editoriali d'Ateneo, Università degli studi di Napoli L'Orientale, finite di stampare nel mese di Dicembre 2011, pp 66～68.

〔註69〕（日）西林昭一：《書譜》，株式會社二玄社，1988 年 2 月。

〔註70〕（日）桃山艸介：《孫過庭書譜》，株式會社マール社，1985 年 3 月。

〔註71〕吉林大學 2013 年博士論文。

還是在書法的本體論、風格論、批評論、修養論等方面展開，沒有在思想層次上走得更遠。其他還有數篇博士碩士論文，由於其研究範式差不多，而且水平也無出其右，茲不贅論。

其二、史論與美學性質的研究現狀

鄭曉華十餘年前出版《古典書學淺探》（博士論文的增刪版），將孫過庭闡述爲理論的全面鋪開者（孫過庭書學分爲藝術基本原理，創作實踐，藝術批評等等），張懷瓘爲集盛唐書學之大成者（分爲基本原理理論，藝術實踐，藝術批評理論等），竇臬與亞棲爲變法之風的興起者。主要著重於古典書學的特徵化、體系化歸納，以及轉型的研究。其中尤其提到《書譜》揉合儒道，徵經宗聖，而張懷瓘則以「哲學家般的冷峻、尖銳的思維觸角和精光內斂、充滿睿智的文風，把中國書學理論的思辨性，推向了一個新的高度」。〔註72〕業師在課堂上對於孫、張二人的詳細講解（對張懷瓘的研究，至今未成專著出版），對於本書的撰寫起到了非常大的引導與啓示作用。其中有許多知識史的部分，更有藝術理論的歸納與總結——比如關於孫過庭的語言來源，創作思想中有藝術心理學影響等等，都是本文寫作的思想源泉。業師還有《第三條道路——張懷瓘書學理論初探》一文，於道家學說之自然對於書法理論書法美學的影響之深度頗有研究，〔註73〕對於本文在思路上也有很大的啓發。

非書法界的研究學者中，專著有北京大學中文系龔鵬程教授《唐代思潮》，其對書法藝術品鑒（分藝術美的確立與體勢的講究，從形式美的掌握到價值的評估，評價的標準與主體精神的注重，各種書品與書評）與文字藝術的辯證（獨立的書法評論家，筆法論的形成與發展，書法：文字藝術的規範，藝術對文字的反抗，自然無爲的創作觀，知音冥契的鑒賞論，歷史關鍵時期的書論家）等問題進行綜述，作者的立場是以文藝美學的構架來分析書法美學中的各類問題。〔註74〕其中自然無爲的創作觀與知音冥契的鑒賞論中的內容涉及到法道、天資、靈感神遇、心契（不可言宣）以及形神、言意、文質等張懷瓘關鍵性美學問題的構建等。其還提及「正因爲書法理論的發展，使

〔註72〕鄭曉華：《古典書學淺探》，社會科學文獻出版社，1999 年 5 月，116 頁。

〔註73〕鄭曉華：《第三條道路——張懷瓘書學理論初探》，載《書法研究》，2000 年第 5 期。

〔註74〕龔鵬程：《唐代思潮》，商務印書館，2007 年 9 月，298～351 頁。又見龔鵬程：《張懷瓘書論研究》，載《漢學研究》，民國 78 年 12 月，第 7 卷第 2 期，341～374 頁。

得中國繪畫逐漸類化於書法，而書法理念也替宋代文學開了先路」。〔註75〕但究竟是如何展開的，是需要論證的（後文將論及）。中國社會科學院哲學所葉秀山研究員書法論文集《說「寫字」》中有《中國書法美學引論》提到「唐代之氣度」，但主要以書法實踐爲主進行論述。〔註76〕

在國外，也有有關對傳統書論尤其是唐代進行梳理的與分析的。例如美國 Queens University of Charlotte 的 Eric C. Mullis 的《The Ethics of Confucian Artistry》一文便從倫理學的角度去分析了孫過庭書法有關於主張「志氣和平」「風規自遠」的理由與內涵。對本文在倫理學方面（經學）的思考具有參考作用。韓國任光彬有《張懷瓘書法美學的哲學基礎》雜糅儒、釋、道，〔註77〕先有觀念而行，再找證據支持的論述方式。以本文作者分析，佛教的影響在張懷瓘這裡並不是主要內容；其次，其論證的邏輯性方面也存在一定的問題，亦即究竟中國哲學是如何影響張懷瓘書學思想的，沒有被系統地演繹與推理。

德國科隆大學東亞藝術館榮譽館長郭樂知（Roger Goepper）在 1974 年出版了有關孫過庭的專著：Shu P'u Der Traktat zur Schriftkunst des Sun Kuo-ting，〔註78〕該書長達五百餘頁，是目前爲止所知的專門研究孫過庭的體量最大的學術著作，從引用材料看，主要參考文獻源於日本學界。在中國學界幾乎沒有人注意（可能或許是德語出版物，沒有多少人關心的緣故）。該書有少部分考證，即關於孫過庭其人與《書譜》的版本問題，但核心還是對於《書譜》的理論分析，如藝術的優先性（形式與內容），書法何以成爲藝術，書寫風格、特徵以及掌控問題，環境因素——五乖無合，書寫技術的四大概念，王羲之書法以及其情感因素，書法藝術的研究以及其他帶來的問題，書寫的速度，書寫藝術的基礎價值、個性風格的形成等等各個孫過庭涉及到的理論問題都逐一進行了闡釋。其次，該書一半內容還以《書譜》爲例闡釋書法的技術問題與書法何以成爲書法。在《書譜》的本體分析方面，應該是目前最爲全面的著作。

所以綜上，在書學領域進行哲學尤其是儒道傳統的闡釋的研究，幾乎是

〔註75〕 龔鵬程：《唐代思潮》，商務印書館，2007 年 9 月，342 頁。

〔註76〕 葉秀山：《說「寫字」》，中國人民大學出版社，2013 年 4 月，110～126 頁。

〔註77〕 （韓）任光彬：《張懷瓘書法美學的哲學基礎》，載《理論學刊》，1999 年第 3 期。

〔註78〕 Roger Goepper: *Shu P'u Der Traktat zur Schriftkunst des Sun Kuo-ting*, Franz Stener Verlag GMBH・Wiesbaden, Band II, 1974.

非常少。

其三、本文的參考文獻

如上是基於當前研究現狀的文獻綜述，本文的立足點是從儒道、文學以及書法本體的角度去研究孫過庭書學的思想淵源，所以需要具備的基本傳統文獻就較爲繁雜。本文所面對的是古籍與古籍文獻之間的關係問題，沒有現成的答案與線索可以參考。

第一個層次：書學理論，也是本文研究的文本本體，孫過庭《書譜》、李嗣眞《書後品》等等，當然如趙壹《非草書》、庾肩吾《書品》以及虞龢《論書表》、庾元威《論書》等先唐重要著作也不例外。

第二個層次：中國哲學與文學經典，如儒家《周易》、《周禮·考工記》、《論語》、《孟子》、《禮記·樂記》等（以「阮元校勘十三經注疏」爲主要閱讀藍本），道家經典《老子》、《莊子》、王弼《老子注》、郭象《莊子注》等，文學上有《文選》（含《文選序》）、《文心雕龍》等。當然還有史書中如《史記·樂記》也是本文的重要參考文獻。另有《說文解字》大徐本以及段玉裁《說文解字注》也作爲基礎的文獻作爲參照。

第三個層次：有關中國文化和哲學的學術著作，比如湯用彤《魏晉玄學論稿》、朱伯崑《易學哲學史》、徐復觀《中國思想史論集》等等。

第四個層次：西方哲學著作，尤其是美學方面，梅耶爾《情感的理論原則》、門德爾松《哲學著作集》、赫爾德《論峨相》，康德《判斷力批判》，沃爾海姆《藝術及其對象》等等。

第五個層次：其他當代的比較哲學或比較視野的著作，當然在儒家和道家的研究上，有非常多的文獻可以參考，比如美國夏威夷大學的安樂哲的孔子哲學思微》提供了一種比較哲學的思維來研究中國儒家的方法，〔註 79〕而德國海德堡大學瓦格納教授（Rudolf G. Wagner）的《王弼〈老子注〉研究》一書則提供了方法的樣本及可能性。〔註 80〕

總之，本文的立論思維是以中國哲學與文化和美學的關係作爲中心，文獻上比較多的是以原典爲主。

〔註79〕　（美）郝大維，安樂哲著，蔣弋爲，李志林譯：《孔子哲學思微》，江蘇人民出版社，2012 年 1 月。

〔註80〕　（德）瓦格納（Rudolf G. Wagner）：《王弼〈老子注〉研究》，楊立華譯，江蘇人民出版社，2009 年 5 月。

六、本文創新點

　　本文的最大創新點就在於以哲學與文學的視角切入去研究唐代書法理論、思想淵源以及理論構成等問題。如此的研究具有一定的難度，既要熟讀唐及唐以前幾乎所有書法理論著作，又要閱讀傳統經與子類相關文獻，還要閱讀集部文學類相關著作。唯有如此，才能進入古人的讀書意境，用古人讀書的方法去讀書，再用所讀的書目的思想內容與書論思想內容做比較，這樣才是最眞實的、最爲貼切的研究方法。〔註81〕

　　其次，本文使用貫通文本的方法來闡釋各家各方面的思想（詮釋學）。〔註82〕語言分析再加上貫通思想的方法，才能使本文的思路邏輯得以成型。

　　另外，《書譜》與文學作品的類比法、表格的比較法也是本文的一個創新。類比的方法能夠更加對「《書譜》是序文」有一個明確的認識，也能夠對其文章結構有整體的理解，對其行文邏輯更加清楚。表格比較法則對於思想的來源有一個直觀的把握，可見其與文學作品的關係。

　　最後，在孫過庭書論思想淵源上，本文提出了全新的理解：以經學爲基調；易學是審美意象的來源；道家思想是孫過庭的技法的取法手段；傳統書學爲其思想本體內容；文學是理論體系得以完成的形式框架和結構來源。

〔註81〕　古典經籍尤其是先秦經學與子學，哪怕通讀、精讀一本，其實也是很了不起的，也已經屬於大學問家。本文也只是在相關聯的章節有精讀，其餘都是瀏覽獲取信息爲主。然而這也是困難的，因爲一方面古典經籍的語言與用典比較難以尋找，另一方面是其時的思想已經與今天差之甚遠。

〔註82〕　本文的詮釋學是一種通過語言分析以達到理解、解釋書學文本的目的。實際上，解釋說明古典書論的有效模式就是貫通文本的方式。這也是中國哲學裏面常用的一種方法，詳見前述徐復觀先生對於研究方法的說明。德國漢學家瓦格納研究王弼《老子注》常用的也是此方法，而香港中文大學劉笑敢教授在《詮釋與定向》中《定向今例》與《現實取向》篇中對於老子之「雌性」，「自然」與「道」的詮釋，採取的也是這種方法。事實上，貫通文本的方法在中國哲學詮釋裏面非常常見。比如，梁濤《郭店竹簡與思孟學派》中有關於「人性」與「仁」學的詮釋使用了這種方法。梁濤：《郭店竹簡與思孟學派》，中國人民大學出版社，2008 年 5 月。

第二章　唐初文化之復興

第一節　唐初三教融合與經學復興

一、儒釋道三教的大融合

唐初的文化，呈現出多元格局，儒釋道三家並重。

從官方看，唐太宗時期，儒、釋、道時有爭寵之事，「今可老先，次孔，末後釋宗。當時相顧，莫敢酬抗。」〔註1〕記錄者爲佛家唐代律僧道宣，可見三教的大融合特徵。

《經典釋文》的作者陸德明在儒、釋、道三方面都通曉，「後高祖親臨釋奠，時徐文遠講《孝經》，沙門惠乘講《波若經》，道士劉進喜講《老子》，德明難此三人，各因宗指，隨端立義，眾皆爲之屈。高祖善之，賜帛五十匹。」〔註2〕可以想見當時三教並立，無所不包的社會大文化背景。

這個時期成玄英疏郭象《莊子注》，並載於《舊唐書·經籍志》，〔註3〕這個版本成爲後來研究莊子思想、玄學思想、道家思想的經典。

對唐初書學，比如孫過庭的思想，影響最大的是儒學、經學，道家次之，佛家思想的影響體現得並不明顯。

〔註1〕事在武德八年（625年），（唐）道宣撰：《集古今佛道論衡·高祖幸國學當集三教問僧道是佛師事第二》，大正藏卷52。

〔註2〕《舊唐書》卷一百九十六，《列傳第一百三十九·儒學上·陸德明》。

〔註3〕《舊唐書》卷五十一，《志第二十七·經籍下》。

二、經學復興——《五經正義》爲代表

　　隋代的統一，結束了中國長達 400 餘年的分裂局面。隨後唐代貞觀（627～650 年）之治開啓了前所未有的繁榮格局。此間修訂的《五經正義》在傳承中國文化方面起到了非常重要的作用。經學史上，唐代的地位主要是傳承，創造性不足。牟宗三將儒學分爲三期，持三期說，〔註4〕沒有漢唐之經學。李澤厚則認爲「三期說抹殺荀學，特別抹殺以董仲舒爲代表的漢代儒學」〔註5〕。原因是以牟宗三爲代表的新儒家以心性爲本，忽略以董仲舒爲代表的漢代儒學。漢代至唐代的儒學或經學，是一脈相承的，所不同的是唐代繼承了南北朝時期興起的繁雜的章句之學。在唐代，「唐太宗以儒學多門，章句繁難，詔國子監祭酒孔穎達與諸儒，撰定五經正義。」〔註6〕唐初孔穎達等修《五經正義》，以此爲科舉考試內容；從東漢到南北朝的幾百年間的南北分據後，〔註7〕使得傳統經學得到重新恢復與繁榮。所以唐代的經學在歷史上不可被忽視，可以看作是在官方倡導下，經學與儒學，或者說傳統政治哲學的進一步深化。這就使得文化界、思想界的根基更深一步紮根於經學體系。

　　唐太宗永徽二年（651 年）至四年（653 年），大約兩三年，孔穎達等人就已經將《五經正義》編纂成功，頒佈天下。〔註8〕主要是據魏晉南北朝以來如劉焯、劉炫等人的章句之學芟夷而成（唐初顏師古據南北朝注疏之學編纂有《五經定本》，是爲《五經正義》的母本），今天讀來其中重複、繁蕪、錯訛的地方很多。但是當時是由官方推行，作爲科舉教材，在社會上的影響是

〔註 4〕孔孟是第一期，孟子之後直到宋明理學才發揚心性理論，成爲儒學第二期。有清三百年後直至熊十力傳至牟宗三、唐君毅，才有第三期。轉引自李澤厚：《歷史本體論・己卯五說》。又具載於《牟宗三全集》之《牟宗三未刊遺稿》及《學思年譜》等篇。

〔註 5〕李澤厚：《歷史本體論・己卯五說》，三聯書店，2003 年 5 月，131 頁。

〔註 6〕（清）皮錫瑞：《經學歷史》，中華書局，1959 年 12 月第一版，198 頁。同見《舊唐書・本地紀三太宗下》。

〔註 7〕（清）皮錫瑞：《經學歷史》，中華書局，1959 年 12 月第一版，198 頁。

〔註 8〕例如《周易正義》《尚書正義》由孔穎達疏，《毛詩正義》由孔穎達等正義，《周禮注疏》《儀禮注疏》由賈公彥疏，《禮記正義》由孔穎達疏，《春秋左傳正義》由孔穎達疏，《春秋公羊傳注疏》由徐彥疏，《春秋穀梁傳注疏》由楊士勳疏。剩餘四經中，唐文宗開成年間，又立《論語》《孝經》《爾雅》，合爲十二經，並且刻經上石。南宋紹熙年間，《孟子》始入經部，十三經遂成。唐代的經學理論著作多限於注疏本體，雖然沒有如兩漢、後來的宋明理學及清季考證之甚夥，但在思想上的影響，可以說對後世來說極其重要，阮元所校十三經中五經由唐初修經而定型。這些經，一直傳至清代，作爲科舉考試的內容。

壓倒性的。

在「五經」之外，南北朝時期繁縟的但又不失爲讀書入門的注疏之學，在唐代依然非常盛行。孫過庭某些用語甚至與南朝梁皇侃的《論語義疏》有一定的淵源關係。這將在後文得到證明。

孫過庭大約的活動年限（約 627？～687？）正是位於貞觀中後期間，可謂親自經歷這種時代文化的大轉換與大統一。雖然他官位僅九品左右，也應該參與過類似科舉的考試，對於經藉是想當精通的。

第二節　文學的繼承與復興

唐初無論是從皇帝以致下層官吏，對於文學都有極大的興趣。唐太宗李世民親自作《陸機傳》，〔註9〕而李善注《文選》進獻還得賜絹一百二十匹的嘉獎，並藏諸秘閣。

一、李善及《文選注》

李善，出生於貞觀四年即 630 年，卒於載初元年即 689 年。明慶中年，任職太子內率府錄事參軍、以及崇賢館直學士，兼沛王侍讀。〔註10〕明慶中就是唐高李治顯慶年號，是後世爲避唐中宗李顯而改。顯慶中年任職太子內率府錄事參軍，即 656 至 661 年。

據《舊唐書》記載，唐初曹憲爲太宗之師，著《文選音義》，爲時所重。而且江淮學者皆本之於憲。許淹、李善、公孫羅等都爲曹憲弟子，精研文選。許淹有《文選音》十卷，李善注《文選》十卷，當然以後還有五臣注《文選》。〔註11〕在李善做官時，還將其《文選注》獻之皇帝，得賜絹一百二十匹，後來《文選注》便藏諸秘閣。李善後來以教授《文選》爲業。《新唐書·列傳第一百二十四·儒學中》記載馬懷素即爲其門人。杜甫詩《宗武生日》有言：「精熟文選理，休覓彩衣輕」，〔註12〕宋人有：「文選爛，秀才半。」〔註13〕這些

〔註9〕（後晉）劉昫等撰《舊唐書》之《列傳第十六·房玄齡傳》卷六十九，清乾隆武英殿刻本。

〔註10〕（後晉）劉昫等撰《舊唐書》之《列傳第一百三十九·儒學上·李善傳》卷一百八十九上，清乾隆武英殿刻本。

〔註11〕呂延濟、劉良、張銑、呂向、李周瀚。

〔註12〕蕭滌非主編，廖仲安，張忠綱，李華副主編：《杜甫全集校注》，人民文學出版社，2014 年 1 月，2647 頁。

都說明《文選注》這部著作的影響非常深遠。

二、孫過庭與李善關係以及對孫的影響考略

　　據啓功推論，孫過庭大約生於貞觀二年（627），六十餘歲生平，卒於大約 687 年，〔註14〕曾任職右衛冑曹參軍，從八品下，率府錄事參軍，從八品上。二者都是太子東宮一種左右廂之周衛。〔註15〕據《舊唐書・職官志》冑曹參軍只有太子左右衛率府有此職，率府錄事參軍則在太子左右衛率府、太子左右司禦率府、太子左右清道率府、太子左右監門率府、太子左右內率府等都有此職。〔註16〕但據《唐六典》則二者在各府都有。〔註17〕《唐六典》前三個率府冑曹參軍爲從八品下，率府錄事參軍爲從八品上；後二個率府則低一品，冑曹參軍爲從九品下，率府錄事參軍爲從九品上。可見孫過庭的官職低得不能再低，僅爲一介「武夫」，只不過從冑曹參軍升職到了率府錄事參軍，可能應在同一率府所升，且從「武職」升到了記錄一類的「文職」官員。陳子昂《陳伯玉集》中所載《率府錄事孫君墓誌銘並序》：「值凶孽之災，四十見君，遭讒慝之議」。〔註18〕其四十見君（遭讒慝），因此推斷，孫過庭見君之前應在東宮事職，否則遭讒慝之後是不能再事東宮的。根據啓功先生對於其出生年限的推測，孫過庭四十歲時即 667 年，是爲唐高宗李治儀鳳二年，亦即所見之君爲李治。即在 667 年之前，應爲右衛冑曹參軍與率府錄事參軍，皆爲東宮太子府之職。

　　而李善於公元 656 年至 661 年司職太子內率府錄事參軍，時李善 26 歲至31 歲，而孫過庭 29 至 34 歲，孫過庭與李善很有可能是在同時間段或是有交叉時間段，司職於東宮太子府，而且官職都是率府錄事參軍，只不過不知孫

〔註13〕　（宋）陸游撰，李劍雄，劉德權點校，《老學庵筆記》卷八，中華書局，1979年 11 月，100 頁。

〔註14〕　啓功：《啓功叢稿・論文卷》，中華書局，1997 年 7 月，82～84 頁。也有不同意見者認爲孫過庭「四十見君，遭讒慝之議……志竟不遂……天竟不遂子願……」「枉天當年」，所以孫過庭在四十歲後不久就鬱鬱而終。啓功先生的依據是：年紀過輕則不會有「人書俱老」的體會。

〔註15〕　（後晉）劉昫等撰《舊唐書》，中華書局，1975 年 5 月，1912 頁。

〔註16〕　皆爲東宮武官。（後晉）劉昫等撰《舊唐書》，中華書局，1975 年 5 月，1911頁。

〔註17〕　（唐）李林甫等撰，陳仲夫點校《唐六典》，中華書局，2014 年 7 月，715～721 頁。

〔註18〕　（唐）陳子昂《陳伯玉集》卷六，《四部叢刊》景印明刻本。

過庭是在哪個府，而李善於太子左右內率府。孫過庭職級從從九品下，升至八品上，而李善則因在太子左右內率府，爲從九品下。

因此可以推斷，孫過庭與李善極有可能相互認識，並且有交遊。那麼李善《文選注》對於孫過庭的重大影響，在外部環境看，就順理成章了。而且從孫過庭《書譜》所引的有關文學作品的遣詞造句以及從《文選》而來的文藝思想可見，孫過庭對於《文選》是非常熟悉的（此會在文學淵源一章會詳細論述）。孫過庭的生活背景中，《文選》爲重要的學習文本。

第三節　唐初書法的繁榮

唐初修《晉書》，唐太宗親撰《陸機傳》外，還有《王羲之傳》也是有其親力而爲，《舊唐書・列傳第十六・房玄齡傳》記載房玄齡編纂《晉書》的經過，其中載明「太宗自著宣、武二帝及陸機、王羲之四論，於是總題云御撰。」〔註 19〕可見唐太宗對於書法與文學的重視程度相當。唐太宗本人對於書法尤其是王羲之的推崇，是歷史上極其罕見的；其本人也善書法，「太宗工王羲之書，尤善飛白，嘗宴三品已上於玄武門，帝操筆作飛白字賜群臣，或乘酒爭取於帝手，洎登御座引手得之。」〔註 20〕唐太宗本人不僅善書法，還達到如此沉迷的程度，會宴乘酒，以書作樂。據傳唐太宗大肆搜集王羲之的書法，巧奪辯才和尚《蘭亭序》，其死後還將大部分王羲之眞跡陪葬昭陵。

而群臣之中，更有善書者多家，例如有楷書初唐四家：歐陽詢、虞世南、褚遂良與薛稷。唐太宗除了讓馮承素雙鉤摹《蘭亭序》外，還讓各大臣臨摹。其中傳世的有虞世南與褚遂良本，在今天看來代表了那個時代的盛世書風。

唐代還實行「四才三實」職官選拔制度。「四才，謂身、言、書、判。其優長者，有可取焉。三實，謂德行、才用、勞效，德均以才，才均以勞，勞必考其實而進退之。」〔註 21〕即科舉考試過關後，六品以下官員不能直接授官，還需經過書言身判等的考察。對於書法的標準是「楷法遒美」，〔註22〕這

〔註 19〕　（後晉）劉昫等撰《舊唐書》之《列傳第十六・房玄齡傳》卷六十九，清乾隆武英殿刻本。

〔註 20〕　（後晉）劉昫等撰《舊唐書》之《列傳第二十四・劉洎傳》卷七十七，清乾隆武英殿刻本。

〔註 21〕　（後晉）劉昫等撰《舊唐書》之《志第二十三・職官二》卷四十七，清乾隆武英殿刻本。

〔註 22〕　（宋）歐陽修，《新唐書》卷四十五，《志第三十五・選舉志下》，清乾隆武英

在一定程度上也促進了書法的繁榮。

因此唐初的書法非常繁榮，這對於孫過庭來講是一個極具養分的環境。

從孫過庭行文內容看，他也看過較多的先唐書論著作，比如所傳的王羲之的《題〈筆陣圖〉後》（孫論王羲之不可能有此低水平的書論）、虞龢的《論書表》（孫論及「搜秘將盡」、「惠侯好偽」、「老姥請書」、「書之斐几」等典故俱見此文）以及江式《論書表》（孫所論「龍蛇雲露」、「龜鶴花英」，「巧涉丹青」等俱見於此文）等；再比如，有關於王羲之乃至四賢書法的評論的幾乎所有引語都可以從《法書要錄》中先唐書論部分尋找得到。加之，今天所能看到的大多數張彥遠《法書要錄》中的先唐書論，與張懷瓘的《書斷》中的內容匹配度極高。因此可以推測，在孫過庭的年代也應該有所傳的歷代書論的本子，只不過今天沒有流傳下來。所以先唐的書論也具有很大的影響力，不可忽視。

唐初從皇帝到眾臣，都好尚書法；唐代流傳的唐以前的書論也甚為流行。可見孫過庭所處時代具有濃鬱的書法實踐與書學理論的氛圍。

總而言之，唐初的文化大融合、大繁榮，處在「古今」交融之際，書學、經學、文學等各種理論在這裡會合，〔註23〕融化在孫過庭的書學觀念之中。

殿刻本。

〔註23〕唐初年間的類書編撰也能說明一定的問題，比如有歐陽修編的《藝文類聚》。唐中期有徐堅編的《初學記》（唐玄宗時期）。而唐之前則有《修文殿御覽》、《文思博要》等類書，對於《文選注》等著作也有極為重要的作用。

第三章　源於經學的「宗經」理論基調

第一節　導言

　　經學作爲一種政治學問，古代士人一是皆以「天下爲本」，其思想就會不可避免的深深影響到士人們的生活實踐。經學也肯定會滲透到包括美學文藝思想等在內的各個方面。

　　有學者說：「就儒家而言，較多地注重美與善的聯繫，他們對美學的貢獻主要在審美倫理方面；而道家，則較多地注重美與眞的聯繫，他們的美學的貢獻主要在於審美認識論方面。」〔註1〕的確如此，儒學尤其是經學思想對於傳統文藝理論的影響滲透到方方面面。儘管或許這種思想的影響從歷史來看是一種對於藝術的約束。

　　傳統經學的思想會潛意識地滲透到士人們的行爲、語言以及價值判斷當中去，這就理所當然的影響到藝術理論的價值取向與審美判斷。典型如張彥遠的「成教化，助人倫」理論，就是經學觀念之下的產物；因爲在傳統儒家看來，藝術的最大作用是要以教育人們的思想。早在周代時的禮樂文化，就深深地爲中國的文化藝術審美意識注入非常強烈的政治意識形態。人們的服飾、衣著等都根據身份等級而定。審美的偏好來自於政治，服務於政治，而不是屬於個人。〔註2〕這種文化與禮儀指向，雖然對藝術審美本身有著反向的

〔註 1〕陳望衡：《中國古典美學史》，湖南教育出版社，1998 年 8 月，30 頁。
〔註 2〕孫燾：《中國美學史・先秦卷》，葉朗主編，朱良志副主編，江蘇人民出版社，2014 年 1 月，64 頁。

作用，但是卻儼然是理解中國傳統審美文化、審美意識的前提。而這些審美文化與意識卻恰恰構成了後來經學家們津津樂道，用終身之力來研究的經學的精髓和靈魂。所以包括書畫在內的藝術形式都需要滿足意識形態的需求。

孫過庭的思想就是這樣，深深地沉浸在一種經學爲綱的境地裏。

他的許多語言描述及思想直接取材於經學或儒學，例如在說書法的定位時，他認爲書法與「對弈」與「垂綸」不同，似「功定禮樂」般，可「妙擬神仙」，此類用法多採自《禮記‧樂記》或《史記‧樂書》。在闡釋書法的變化性質時，他使用的諸多詞語「書契之作，適以記言」，「醇醨一遷，質文三變」，「文質彬彬，然後君子」等等或取自《論語》，或源自《禮記》、《尚書》等。在說明書法的某些特徵時，孫過庭取譬的首選是音樂，如「將貽嘽緩之奏」、「八音之迭起，感會五方」、「和之以閑雅」等，都是源自《禮記‧樂記》或《史記‧樂書》。在理解書法的取法時，使用「近取諸身」一詞，而此詞在《易經》中有特殊的含義，表示取「乾爲首，坤爲腹，震爲足，巽爲股，坎爲耳，離爲目，艮爲手，兌爲口。」（《易經‧說卦傳》）在評判王獻之與王羲之的技藝水平高低時，孫過庭使用了孝的標準，「立身揚名，事資尊顯」，「勝母之里，曾參不入」。

凡此種種，都可見經學思想對於孫過庭書學理念的滲透，或者說孫過庭對於經學思想的移植。如果沒有深入理解這些語言在經學當中的具體含義，就很難準確把握孫過庭的書法思想眞諦。抑或曰如果沒有理解經學思想本身，也不可能理解了孫過庭的內在邏輯。比如，孝如何能否成爲評判書法的標準，如果憑感覺說，每個人都有每個人的意見，但是孝在傳統經學中的地位是不一樣的，有其特殊的含義，孝在經學世界裏構建的是家庭的基本秩序，能夠遵守家庭的秩序的人也能夠遵循社會的秩序，這是古代經學儒學的基本要義。所以《論語》開篇就說：「其爲人也孝悌，而好犯上者，鮮矣；不好犯上，而好作亂者，未之有也。君子務本，本立而道生。孝悌也者，其爲仁之本與！」（《論語‧學而》）孝是基本禮儀。制禮作樂可「內聖開外王」，內心的仁就是體現。﹝註3﹞內心仁是一切社會行爲的評價標準，這樣就能夠轉換爲書學上面的評判標準。但是具體如「立身揚名，事資尊顯」的邏輯比這個要複雜得多。而且要從經學義理上闡釋清楚孝的道義的具體社會格局定位與社會結構問題，需要專門的經學意義上的細論，以及與孫過庭書學思想的關聯

﹝註3﹞李澤厚：《歷史本體論‧己卯五說》，三聯書店，2003 年 5 月，116 頁，

推理。

　　本章立足於經學的視角，試圖通過其語言特色與美學思想來對其思想淵源進行深層次的考釋與論證；以期能夠從傳統解經的角度出發，對孫過庭的思想及方法作經學意義的探索，從而拋磚引玉，更好地對傳統書論經典進行解讀。

　　詮釋學自伽達默爾始成為哲學義理闡釋之重要方法，〔註4〕而中國哲學的詮釋學者劉笑敢先生在《詮釋與定向》〔註5〕一書中定下兩種基調，其中之一是還原歷史、文本的取向（其二是面向當下和現實的主觀性定向）。本文也正是使用此方法，試圖從經學視角詮釋並試圖還原孫過庭的審美思想及理論基調。

　　有關剛柔陰陽遲速之立本的美學思想及通變觀，會從《周易》的角度專門論證，本章所論的核心內容在於一種尊經的經學視角，凡《周易》章將論及，本章不論或少論。〔註6〕

第二節　書法宗經

一、若「功定禮樂」——宗經的地位

　　其一、功定禮樂與功宣禮樂？

　　由於《書譜》原文本為草書，「詎若」後面是「功定禮樂」還是「功宣禮樂」，尚有歧義。

　　啟功以為：「功宣禮樂」是也。其一因為字形宜隸定為「宣」，證據是卷中「互」字的寫法同「恆」中的「互」；其二是因為「功宣」文獻有徵，《宋書·武帝紀》有「功宣於德」等，《晉書·陶侃傳》有「功宣一匡」等等。〔註7〕馬國權《書譜譯注》也隸定為「功宣禮樂」。證據是《說文解字序》有：

〔註4〕　（德）伽達默爾：《詮釋學I——真理與方法》，洪漢鼎譯，商務印書館，2011年3月。

〔註5〕　劉笑敢：《詮釋及其定向》，《中國哲學與文化》（第3輯），廣西師範大學出版社，2008年11月。

〔註6〕　《周易》也是「經」，所以在此專門排除出去，《周易》的思想淵源會專章論述。

〔註7〕　啟功：《孫過庭書譜考》，載《文物》，1964年2期。後收入《啟功叢稿》，論文卷，中華書局，1997年7月，112頁。

「言文者宣教明化於王者朝廷」一句。馬國權所作《書譜譯注》在一九六四年十月，啓功《孫過庭書譜考》發表時間在一九六四年初，前後差半年。

而朱建新一九六三年四月出版的《孫過庭書譜箋證》則認爲應是「功定禮樂」。傳統版本多釋爲「定」，例如宋刻沉思《書苑菁華》，明代百川學海本《書譜》，明唐順之《荊川稗編》，〔註8〕明張丑《清河書畫舫》，〔註9〕清卞永譽《式古堂書畫彙考》〔註10〕等等。日本寬政年間刻本也很明顯爲「功定禮樂」。〔註11〕

啓功所說的「宣」字下半部分與「恒」字類同，其實也有問題，二字下半部分上下兩橫寫法不盡相同，「恒」字上下兩橫明顯帶有橫的趨向，同字形的還有「宜」字，橫向的趨勢很明顯。而所說的「宣」字上下「兩橫」都不太像「橫」，第一「橫」似點，第二「橫」似反捺，所以從字形判斷不足爲證。

考徵文獻，據《五經通義》：「天子立辟雍者何？所以行禮樂，宣教化，教導天下之人，使人士君子，養三老，事五更。與諸侯行禮之處也。」〔註12〕《白虎通義》也有「天子立辟雍者，所以行禮樂，宣教化」〔註13〕的說法。所以行禮樂之處，有辟雍，有明堂，可以宣教而化天下。讀作「功宣禮樂」，就表示如禮樂般，書事能夠宣示教化，教導天下之人。因爲，經義由文字出，書事定文字，就像許愼所說「言文者宣教明化於王者朝廷」。〔註14〕理所當然，書事的意義重大。如此看來，亦有可通之理。馬國權說「功宣禮樂」來自於東漢許愼的「言文者宣教明化於王者朝廷」〔註15〕一語，這實際上沒有解決「禮樂」之「宣功」的問題，只解決了文字書事的教化功能，甚而至於「詎若」二字也沒有解釋，直接從「功宣禮樂」躍至「功宣文者」了。〔註16〕

讀作「功定禮樂」也有據可查。司馬遷〔註17〕《史記·樂書》中第一段

〔註8〕　（明）唐順之《荊川稗編》卷七十八，明萬曆九年刻本

〔註9〕　（明）張丑《清河書畫舫》卷三上，清文淵閣四庫全書本。

〔註10〕　（清）卞永譽《式古堂書畫彙考》卷七書七，清文淵閣四庫全書本。

〔註11〕　早稻田大學圖書館藏《書譜》刻本。

〔註12〕　（漢）劉向《五經通義》，載《漢魏遺書鈔》第四集，嘉慶三年刻本，清王謨輯。

〔註13〕　（漢）班固：《白虎通義》，文淵閣四庫全書本，子部。

〔註14〕　（漢）許愼：《說文解字·序》，見段玉裁《說文解字注》，經韻樓藏版。馬國權《書譜譯注》曾引此語。

〔註15〕　（漢）許愼：《說文解字·序》，見段玉裁《說文解字注》，經韻樓藏版。

〔註16〕　馬國權：《書譜譯注》，紫禁城出版社，2011年7月，60頁。

〔註17〕　司馬遷爲今文經學的代表。見崔適《史記探源》，中華書局，2004年1月。

有言「傳曰『治定功成，禮樂乃興』」〔註18〕，「王者功成作樂，治定制禮」。〔註19〕事俱見《尙書》傳中鄭玄注《洛誥》與王肅注《金縢》篇。〔註20〕司馬遷此處，乃講周公攝政周成王時，制禮作樂，社會安定，人民和睦，入太平之盛世。根據鄭玄注：「功成治定同時耳，功主於王業，治主於教民」。〔註21〕讀作「功定禮樂」含義就是功成之後制定禮樂，以教化生民，以此安定民生。

《論語・泰伯》有「興於詩，立於禮，成於樂」一語，意即發意於詩歌這樣的藝術，可以觀覽古人之志，可興起自己的志向，而學禮可以立身，學樂可以成性，皇侃說「備聽八音之樂，和可以終身成性」。〔註22〕王弼說先詩爾後禮，再後樂，這都是學習爲政的次序，皇侃說「輔嗣之言可思」，〔註23〕大意是贊成。其一說明，制禮作樂是爲政之道，其二說明這個順序的目的在引導民心，教化民眾。

孫過庭引用此說，認爲書法不僅不是類似詩詞歌賦之類的小道，而且應該如「禮樂」般，有助於建立國家基本的社會組織機構與制度，能夠安定民眾。

所以「詎若功定禮樂」意思就是「對弈」與「垂綸」不具備禮樂這樣的功能，而書法則有。書與禮、樂同屬於六藝之類，所以倂入《周禮》之六藝，《周禮・地官・保氏》篇載有「六藝」：「五禮、六樂、五射、五馭、六書、九數。」〔註24〕正如本章下一節所說，這就可以消解掉「毫釐」「翰墨」與修身立本的表面矛盾。

「功宣禮樂」與「功定禮樂」，從文獻來看，都有據可查。從意義看，都文從字順。只不過「功宣禮樂」重點在宣示與教化，而「功定禮樂」則重在

〔註18〕 《史記・樂書》，中華書局，1959 年 9 月第一版，第 1175 頁。

〔註19〕 《史記・樂書》，中華書局，1959 年 9 月第一版，第 1193 頁。

〔註20〕 （唐）孔穎達：《尚書正義》，（清）阮元校刻《十三經注疏》，整理本，北京大學出版社，2000 年 12 月。

〔註21〕 （南朝・宋）裴駰《史記集解》曾引此語。原文見《禮記・樂記》鄭玄注文。（唐）孔穎達疏《禮記正義》，（清）阮元校刻《十三經注疏》，整理本，北京大學出版社，2000 年 12 月，1271 頁。

〔註22〕 （梁）皇侃撰，高尚榘校點：《論語義疏》，中華中局，2013 年 10 月，193 頁。

〔註23〕 （梁）皇侃撰，高尚榘校點：《論語義疏》，中華中局，2013 年 10 月，193 頁。

〔註24〕 （唐）賈公彥：《周禮注疏》，（清）阮元校刻《十三經注疏》，整理本，北京大學出版社，2000 年 12 月，416 頁。

「禮樂」之類對於治國之功的穩定作用——安定民生。最終的功用一致，前者在強調宣教，後者強調安定。所以無論「功宜禮樂」還是「功定禮樂」都可讀通。如下，爲方便目的，以傳統版本釋爲「定」來行文。

其二、「詎若功定禮樂」——書法的地位與作用

孫過庭使用「詎若」一詞的含義究竟是何意？需要詳細考察。因爲一般而言，詎若之前都應該有主語。根據王引之《經傳釋詞》的解釋，《廣韻》注「詎，豈也」，「詎」字有時作「距」，有時作「巨」，《漢書・高祖紀》：「沛公不先破關中，公巨能入乎？」再如《孫寶傳》：「掾部渠有其人乎？」顏師古注說「渠讀曰詎」。另如《莊子・齊物論》：「庸詎知吾所謂知之非不知邪？」《故訓匯纂》「詎」條注釋幾乎同《經傳釋詞》。〔註25〕所舉三例前二例「詎」前都有主語，唯有《齊物論》看似沒有，其實在「庸詎」之前還有一句：「吾惡乎知之，雖然常試言之」，意即也有主語「吾」。「詎」的句式一定是主語加上「詎」再加上後面的邏輯判斷，這樣才能構成一個完整的句法結構。

回到「詎若功定禮樂」，在「詎若」之前就一定應該有主語。結合上下文的行文邏輯，從立身修本的人身論，到反問「況復⋯⋯淪精翰墨」，是在追問人生應該學習「大學」之道，那爲什麼還要沉淪於書法這樣的「毫釐」之道呢？他說「對弈」與「垂綸」（這樣更不如「書事」的事情），都能有「坐隱」與「行藏」的名聲和樂趣，此二者豈（難道）像（書事那樣）「功定禮樂」般的地位，能夠有妙擬神仙的作用？意思就是此二者沒有象書事那樣具有功定禮樂的地位。這樣就回答了之前提出的問題，人生本來是應該學習大學之道，這個沒有任何問題，但是書法亦並非小道，亦並非僅僅是「毫釐」的工作，而是也具備禮樂一般的地位，能夠經天倫之義，盡地緯之道。所以，「詎若」前面的主語應是「對弈」與「垂綸」，而「若」後面應該是根據句式字數的需要，講翰墨或書道、書事，而「書事」——這個「功定禮樂」的主語省略掉了。所以，完整來看應該是「詎若（書之）功定禮樂，妙擬神仙？」如此才能完整理解孫過庭的行文邏輯。

但是爲何書法能夠有「禮樂」般的功能，孫過庭心中應該是有個邏輯體系，在行文中時有流露，但並未系統性闡明。

其三、功定禮樂的緣由

〔註25〕宗福邦，陳世鐃，蕭海波主編：《故訓匯纂》，商務印書館，2003 年 7 月，2105 頁。

正如下一節所說，孫過庭一直在消解「毫釐」「翰墨」與修身立本的表面矛盾。「若功定禮樂」就是一種說理的論證過程。「若功定禮樂」，原因在於書事與禮、樂同屬於六藝，《周禮·地官·保氏》篇載有「六藝」:「五禮、六樂、五射、五馭、六書、九數。」〔註26〕

《論語·八佾》說「射不主皮，爲力不同科，古之道也。」意即古代的射藝並不主要在射中靶心，而是同時要關注射藝的其他方面，馬融說的「和志」、「和容」、「主皮」、「和頌」、「興武」，「射」之外，更要追求修養，要達到「和」，「中」，這樣才能達到除了練藝外，還要教化目的。「君子無所爭，必由射乎。揖讓而下，而飲。其爭也君子。」（《論語·八佾》）皇侃疏:「形容合體，節奏比樂，而中多者」〔註27〕更可見射藝還是禮的體現。與「射」同作爲「六藝」的「書」同理也具有類似的功能。

孔子說「興於詩，立於禮，成於樂」，皇侃疏「《內則》（《禮記·內則》）明學次第:十三舞勺，十五舞象，二十始學禮，惇行孝悌，是先學樂，後乃學禮也……後備聽八音之樂，和之以終身成性，故後云樂也」，〔註28〕學「樂」成就個人之性。《禮記·學記》曾說:「不興其藝，不能樂學。」藝術給人帶來快樂，幫助學習，安於學業，可見藝術的重要性。書事也或許可以像樂這樣能夠帶來學習的動力。

東漢許愼也說「蓋文字者，經義之本，王政之始，前人所以垂後，後人所以識古，故曰本立而道生。知天下之至嘖而不可亂也。」〔註29〕在許愼看來，文字更是經義之本，能夠教人們識經義，懂學問，這是「通經致用」的門徑;懂文本，識古方能求本立道，修身，齊家，治國，平天下。檢四庫文獻，包含《說文解字》在內字書都在經部文獻小學類，〔註30〕就足以說明「文字書法」的重要性。「言文者宣教明化於王者朝廷」，〔註31〕本身文字就有宣教化的作用，這同之前所說同「射」的效果類似，而且文字更能夠直接宣示

〔註26〕（唐）賈公彥:《周禮注疏》，（清）阮元校刻《十三經注疏》，整理本，北京大學出版社，2000 年 12 月，416 頁。

〔註27〕高尚榘校點，南·梁皇侃撰《論語義疏》，中華書局，2013 年 10 月，第 54 頁。

〔註28〕高尚榘校點，南·梁皇侃撰《論語義疏》，中華書局，2013 年 10 月，第 193 頁。

〔註29〕（漢）許愼:《說文解字·序》，見段玉裁《說文解字注》，經韻樓藏版。

〔註30〕（清）永瑢等:《四庫全書總目》，清乾隆武英殿刻本。

〔註31〕（漢）許愼:《說文解字·序》，見段玉裁《說文解字注》，經韻樓藏版。

教育，讓人們懂得禮樂，爲政爲人之本。當然書事與文字、字義、文義，在現代看來，是有區別的，但在古人看來，可能渾然不可分割。這從科舉考試中書法的重要性就可以窺見一斑，比如唐代「身言書判」制度。

把書法與禮樂聯繫起來，顯然書法的地位得到了很大的提升，那麼《書譜》的選擇標準也就需要非常重視了。

二、選擇標準──「非訓非經、宜從棄擇」

「宗經」，書法可比於「禮樂」，具有禮樂的地位和作用，是孫過庭的美學主張。在選取書法作品，在判斷書法水平上，孫過庭也遵循「宗經」這一原則。看到傳世的《羲之與子敬筆勢論十章》並非經典，孫過庭認爲其「文鄙理疏，意乖言拙」，所以明確表明「非訓非經，宜從棄擇。」此處孫過庭借用儒家思想傳統的「訓」與「經」來說明他的選取標準。

「訓」有學者解釋爲「訓詁」。﹝註32﹞如果做「訓詁」講，語序上應該是把經放在訓的前面，即應爲「非經非訓」，而不是「非訓非經」。另外，作訓詁講，不能成爲所「棄擇」的對象，意即「訓詁」或「訓解」之概念來不能說明他的《書譜》的取捨標準與範圍，從邏輯上看也不合理：訓詁應是在「經」的下一個層面，不能與「經」平行而論。所以此處「訓」不宜訓爲「訓詁」。

「訓」在此有別的含義。檢視經典，「訓」的初始意義就是先聖的訓示，訓典。「訓」在這個意義上可以與「經」並用：「訓」指「訓典」；「經」指「經典」（「經」具體應該指經學中的「五經」）。

根據《國語·楚語》，申叔時談到教育王室方法與態度時提到：

> 教之《春秋》，而爲之聳善而抑惡焉，以戒勸其心；教之《世》，而爲之昭明德而廢幽昏焉，以休懼其動；教之《詩》，而爲之導廣顯德，以耀明其志；教之禮，使知上下之則；教之樂，以疏其會合而鎮其浮；教之《令》，使訪物官；教之《語》，使明其德，而知先王之務用明德於民也；教之《故志》，使知廢興而戒懼焉；教之《訓典》，使知族類，行比義焉。

其中列舉了九種文獻：「春秋」、「世」、「詩」、「禮」、「樂」、「令」、「語」、

﹝註32﹞鄭曉華認爲訓爲訓詁之意。鄭曉華：《書譜》，中華書局，2012 年 7 月第一版，130 頁。馬國權認爲「非訓非經」是「不合乎經典」的意思，其一沒有直接注解「訓」與「經」，其次，「不合乎」不如直接注釋爲「不是經典」即可。見馬國權《書譜譯注》，紫禁城出版社，2011 年 7 月，86 頁。

「故志」、「訓典」。韋昭注《國語》說「世」爲先王之世系，「令」是先王之法令，「故志」是所及前世之成敗，「語」爲治國之善語，而「訓典」是五帝之書。〔註33〕

另外，《尚書》有《伊訓》篇，爲伊尹所作以教導太甲之篇目，劉勰說「商周之世，則仲虺垂誥，伊尹覆訓，吉甫之徒，並述詩頌，義固爲經，文亦師矣。」（《文心雕龍・才略》）清華簡有《保訓篇》爲周文王對太子發的遺訓。〔註34〕劉勰還說：「孫盛，干寶，文勝爲史，準的所擬，志乎典訓，戶牖雖異，而筆彩略同」。（《文心雕龍・才略》）所以足可證「訓」就是一種訓示之文體。

《文心雕龍・原道》：「爰自風姓，暨於孔氏，玄聖創典，素王述〔註35〕訓。」《宗經》：「三極彝訓，其書言經。經也者，恒久之至道，不刊之鴻教也。」《正緯》：「經顯，聖訓也。緯隱，神教也。……經足訓矣，緯何豫焉？」在劉勰看來，經爲文本，訓爲經的作用——訓示。

由此可見，孫過庭所引「訓」與「經」應在一個層次上，都是文獻的來源。「訓」原爲「訓典」之意；而「經」則是「經書」。孫過庭所言「非訓非經」，是將「訓」與「經」並舉，同等看待，他用傳統的儒家文獻的「訓」與「經」，以比方其《書譜》的選擇是立足於「訓經」一類的經典。這也體現他「宗經」的思想。

除了以上宗經的思想與選擇標準以經典爲主外，還有一些地方也透露出孫過庭經學爲綱的理論構建基調，如把「志於道」的思想（「得器不如得志」）和孝經學的倫理化帶入書法的學習與創作之中。「志於道」本身是立天地之間，所謂人文士大夫的志向，與書藝的關係在今天看來並沒有直接的關係。但孫過庭卻說「得時不如得器，得器不如得志」，「得志」成爲了書法創作的最高境界。孝道也是一樣的道理，這種倫理化的思想與純粹「自由藝術」的審美理念表面看來並無「瓜葛」，但已經成爲孫過庭判斷（王獻之）書法的標準之一。因此，「志於道」與孝經學的思想也是爲宗經思想的體現。

〔註33〕　見韋昭注《國語》，又見陳來：《古代思想文化的世界——春秋時代的宗教、倫理與社會思想》，三聯書店，2009 年 4 月，202 頁。

〔註34〕　清華大學出土與文獻保護中心編，李學勤主編：《清華大學藏戰國竹簡（壹）》（上冊），中西書局，2010 年 12 月，142 頁。

〔註35〕　正如《論語》之「述而不作，信而好古」之「述」一樣，當訓作因循、承繼。據《爾雅》「律、遹，述也」條。

三、「志於道」的儒學思想

其一、儒家「志」的內涵

孔子說：「吾志在春秋，行在孝經。」〔註36〕皇侃《論語義疏》：「志者，在心嚮慕之謂也。〔註37〕」朱熹「志者，心之所之之謂。」〔註38〕經學的「志」是寄予於內聖而後能夠外王的「王制」。「志」則是一切行為準則規範運行的一個內在指導思想。故而《論語・述而》有言「志於道，據於德，依於仁，游於藝。」此處正好將「志」與「樂」和「書」等藝術門類聯繫一起，「志」是處於首位的，人要面向「人道」，取法「天道」的。所以孔子說「人能弘道，非道弘人」（《論語・衛靈公》）。儒家所講的「道」則是基於「誠」與「中庸」而法自然之天道以行人道（《禮記・中庸》），具體而言就是讓天下百姓過上平安幸福的日子。所以孔子曾把伯夷、叔齊等人分為三類：「不降其志、不辱其身」、「降志辱身矣，言中倫，行中慮」、「隱居放言，身中清，廢中權」（《論語・微子》）。說明這類「志向」在政治、社會、乃至個人生活中的倫理性至高位置。

王逸在《楚辭注》中說屈原：「凡百君子，莫不慕其清高，嘉其文采，哀其不遇，而愍其志焉。」〔註39〕亦可見在傳統文化當中「為天地立心，為生民立命，為往聖繼絕學，為萬世開太平」〔註40〕的士大夫君子的輝煌形象。

是故「志」是人們一切行為準則的座標原點。

其二、「志氣」需「和平」的內在義理

經學觀念中的「志」氣需要和平，廣樂而成其教，不能弱，不能濫淫，否則就會：「鄭音好濫淫志，宋音燕女弱志，衛音趨數煩志，齊音敖辟喬志。此四音者，皆淫於色而害於德，是以祭祀弗用也。」（《禮記・樂記》）和平能夠「道洽」而「政治」，《左傳・昭公二十年》：「先王之濟五味、和五聲也，以平其心，成其政也。」「柔能遠邇，以定我王，平之以和也」。〔註41〕可見

〔註36〕 （漢）何休《春秋公羊傳注疏》監本，注疏序，清嘉慶二十年南昌府學重刊宋本十三經注疏本，〔漢〕何休解詁，〔唐〕徐彥疏。

〔註37〕 皇侃《論語義疏》，中華書局，2013 年 10 月第一版，第 156 頁。該版採用的是日本懷德堂本為底本，校以知不足齋叢書本，四庫全書本，具有較大的文獻價值。

〔註38〕 （宋）朱熹《四書集注》，嶽麓書社，1985 年 3 月第一版，120 頁。

〔註39〕 王逸《楚辭注》中《離騷經章句第一・離騷》。

〔註40〕 （宋）張載《張子語錄》中，四部叢刊景宋本。

〔註41〕 （晉）杜預注，（唐）孔穎達正義《春秋左傳正義》卷第四十九，清嘉慶二十

平和是爲政之道的核心目標。這就是孫過庭「志氣平和」的經學義理所在。

在孫過庭看來，唯有志氣和平，才能叫做從心而不逾矩，到達一定的自由度，自然而然地，不激不厲地，達到風規自遠的悠然天地之境。在他看來，「志氣和平」是王獻之沒有達到的，故情調不合，「神情懸隔」。就算工夫到家，亦只可勉強鼓努成章，思慮不通，這成爲王獻之不及王羲之的一個最爲主要的原因。

其三、「志」的導向型作用

「志」是處於德行與六藝，五行（仁、義、禮、智信）之前的，具有導向性的意志。「禮以道其志，樂以和其聲，政以一其行，刑以防其奸。禮、樂、刑、政，其極一也。」（《禮記・樂記》）「是故君子反情以和其志，廣樂以成其教。樂行而民鄉方，可以觀德矣。」（《禮記・樂記》）

志氣、志向對於人生的行爲、思想乃至藝術觀念起著重要的導向作用。《史記・樂書》有志向或志氣對於音樂以至於社會的制度體系的影響的邏輯推理：

> 夫人有血氣心知之性，而無哀樂喜怒之常，應感起物而動，然後心術形焉。是故志微焦衰之音作，而民思憂；嘽緩慢易繁文簡節之音作，而民康樂；粗厲猛起奮末廣賁之音作，而民剛毅；廉直經正，莊誠之音作，而民肅敬；寬裕肉好，順成和動之音作，而民慈愛；流辟邪散狄成滌濫之音作，而民淫亂。

由此可見，志向或志氣會影響「心術」形成過程及結果，「志微焦衰」則「思憂」，「嘽緩慢易」則「康樂」等等。因此「志」對於音樂尚且如此重要，對於書法也是有非常重大的導向作用。

孫過庭在五乖五合的論述中強調得時不如得器，而得器卻又不如得志。「五合」的書學理想境界，得志優於得器，得器優於得時。孫過庭的五乖五合思想是沿著以「志」爲核心的路線行走的。

具體來講，就是「偶然欲書」的志趣比「紙墨相發」之工器來得重要，而「紙墨相發」的「得器」又比「時氣和潤」這樣的外在客觀時機與「神怡務閑」與「感惠徇知」這樣的內在主觀時機重要。而「情怠手闌」顯然就是了無志趣，沒有志向，與「偶然欲書」相對。「紙墨不稱」和「風燥日炎」與「紙墨相發」和「時氣和潤」相對。「心遽體留」和「意違勢屈」與「神怡務

_____

年南昌府學重刊宋本十三經注疏本。

閑」和「感惠徇知」相對。

　　神怡務閑、感惠徇知與偶然欲書實際上都是一種「志」的過程體現。〔註42〕

　　「神怡」用法亦見之於嵇康《兄秀才公穆入軍贈詩十九首・詠歎》：「長寄靈嶽，怡志養神」。〔註43〕「感惠」見張景陽《七命八首》：「於時昆蚑感惠，無思不擾。」李善注：「《毛詩序》曰：文王德及鳥獸昆蟲焉，《說文》云：蚑，行也。凡生之類行皆蚑也。《毛詩》曰：無思不服。應邵《漢書注》：擾，馴也」。〔註44〕「徇知」中的「徇」，有學者解釋爲順從，依從之意，〔註45〕是從「徇私枉法」推論而出，據孫過庭上下來，這種釋讀比較牽強。若釋爲順從，偏向「循」之訓，〔註46〕「徇知」則爲「順從知遇」還是順從什麼呢？語義上看起來比較奇怪。觀《說文解字》，沒有收錄此字，不知何故。按：《史記・五帝本紀第一》有「徇」的用法，「……姓公孫名曰軒轅，生而神靈弱而能言，幼而徇齊，長而敦敏成而聰明」。〔註47〕裴駰《集解》引用徐廣的話說墨子「年踰十五，則聰明心慮無不徇通矣」，並且認爲徇爲疾之意，齊即速也，即所言「聖德幼而疾速也。」司馬貞《索隱》則認爲，徇、齊都是一種德性也。但司馬貞有三解，其一，「徇」通「濬」，「濬」，深之意，並認爲亦可通；其二，或當把「徇」讀作「迅」，「迅」與「疾」在《爾雅》中俱訓釋爲「疾」；其三，《爾雅》：「宣，徇，遍也」，「濬，通也」。「遍」與「通」義相近。其實，最後一種是比較接近「徇」之一般意的。〔註48〕檢晉郭璞《爾雅注》，注「宣，徇，遍也」爲「皆周遍也。」〔註49〕宋刑昺《爾雅疏》「徇旬音義同」。〔註50〕

〔註42〕鄭曉華在其《書譜》一文的注釋之中，只明顯提到「器」是指「紙墨」，「時」指「時氣」，沒有說明「志」究竟什麼，本文試圖從傳統經學的角度去破解此意。因爲從上下文來看，如前所述，志必然應該指向五合中的內容，否則在「得時不如得器，得器不如得志」後面，就不能再出現五乖五合之類，比如「五乖同萃」，「五合交臻」的闡釋。

〔註43〕（三國）嵇康《嵇中散集》卷一，四部叢刊景明嘉靖本。

〔註44〕（南北朝）蕭統《文選》卷三十五，胡刻本。

〔註45〕鄭曉華：《書譜》，中華書局，2012年7月，93頁。

〔註46〕確有此訓釋意。如《管子・四時》，「五政徇時」，集校引孫星衍語。徇時，謂循其時序。黎鳳翔撰，梁運華整理：《管子校注》，中華書局，2004年6月，864頁。

〔註47〕《史記》卷一，清乾隆武英殿刻本。

〔註48〕《史記》卷一，清乾隆武英殿刻本。

〔註49〕（晉）郭璞《爾雅注》卷上《釋言第三》，四部叢刊景宋本。

〔註50〕（宋）刑昺《爾雅疏》卷第三，清嘉慶二十年南昌府學重刊宋本十三經注疏本。

清邵晉涵《爾雅正義》認為「徇通句」，文獻來源是《毛傳》「徇，遍也」，《說文》云：「徇，遍也」。〔註51〕王念孫《廣雅疏證》：「徇，巡也。」〔註52〕所引用文獻為《左傳》：「莫傲使徇於師」，是用一聲之轉而訓特定文本中的通假字，非為本意，亦不可以訓釋上文之「徇通」或「徇齊」之「徇」。《故訓匯纂》：「徇，遍也。《大戴禮記・五帝德》『幼而慧齊』」。〔註53〕是故，「徇通」即周知，遍知，與「速」「疾」關係不大。而「幼而徇齊」即解釋為年幼時已經遍知多事，反應敏捷快速。〔註54〕這樣看來「感惠徇知」，就是對於恩惠有所感悟，周知遍知某些道理，有兩層並列含義。類似用例有：「感知己而披肝膽，徇聲名而立節義者，況於束帶立朝致位卿相所務者，非特匹夫之信所感者，非徒知己之惠所狥者，豈聲名而已乎」。〔註55〕

神怡務閑，是一種神情怡靜、閑暇狀態，似為道家之虛靜；而感惠徇知，是一種感動而生悟，且遍知某些道理，如一種情之動的狀態。二者同為「志」之來源。

如本文關於「五乖五合」的思想淵源考論中所提到，「五」的數目來自傳統經義，第一合、第二合與第五合有重複的嫌疑，是從不同側面來描述和講解「志」的幾種可能性內涵。

四、孝經學的思想

其一、「立身揚名，事資尊顯」

孫過庭在評價王獻之時，使用了孝經為本的經學思想，「敬雖權以此辭折安所鑒，自稱勝父，不亦過乎！且立身揚名，事資尊顯，勝母之里，曾參不入。」孫過庭從孝道等社會的秩序性角度出發對王獻之的行為進行否定性的評價，進而認為「孝」就影響了王獻之的書藝水平。

「立身揚名，事資尊顯」語出《孝經・開宗明義第一章》：「復坐，吾語女：『身體髮膚，受之父母，不敢毀傷，孝之始也。立身行道，揚名於後世，以顯

〔註51〕（清）邵晉涵《爾雅正義》卷三，清乾隆刻本。
〔註52〕（清）王念孫《廣雅疏證》卷五上，清嘉慶元年刻本。
〔註53〕宗福邦，陳世鐃，蕭海波主編：《故訓匯纂》，商務印書館，2003 年 7 月，745頁。
〔註54〕按：《史記》諸家注中，「齊」無疑義，為「疾速」，「迅速」之意。《尚書大傳》中引鄭注亦如此解「齊」字。
〔註55〕（晉）陳壽《三國志》卷十六魏書十六，百衲本景宋紹熙刊本。

父母，孝之終也』。」〔註56〕孫過庭引用的這兩句話意思是說在下輩成名立業後，就可以證明是父母教導有方，這樣父母就得到了好的名聲，好的社會評價。

因此父母的尊貴顯赫需要靠下輩人通過立身而後揚名爭取來的。孫過庭引用「立身揚名，事資尊顯」這種孝德，應該是代表了一種過去經學世界裏的孝文化。「有子曰：『其爲人也孝悌，而好犯上者，鮮矣；不好犯上，而好作亂者，未之有也。君子務本，本立而道生。孝悌也者，其爲仁之本與！』」（《論語‧學而》）有子的這段話表明，如果社會每個人都有孝道，則上下層級關係清楚，下不犯上，上下和睦，則就沒有作亂的人了，因此社會就可治了。由此可見孝在古代經學世界裏面被認爲與人的一切行爲有關。〔註57〕

根據《孝經》語：「夫孝始於事親，中於事君，終於立身。冊強致仕，是立身爲終也。」〔註58〕敦煌出土文獻中《孝經》手抄本，可以看到立身實際上的理解是已經「卸甲歸田」，在鄉里開堂講學，啓蒙後學，獲得立身與揚名的身份。〔註59〕所以孫過庭對孝道的引用指的是孝的第三層含義「終於立身」。也就是說作爲王獻之來講，已經成人致仕，爾後應該在人身的最後一階段體現出孝道來，這樣才能夠獲得完滿的人生價值。根據孫過庭的解釋，王獻之由於未能尊長，沒有做到「立身揚名，事資尊顯」，況其「假託神仙」，〔註60〕試圖脫離其「技爲家傳」的陰影，所以其人格不完美，內在仁心有所缺乏，則人性之本不通，〔註61〕故「神情懸隔」，書法就不及王羲之，

〔註56〕（清）皮錫瑞：《孝經鄭注疏》，光緒乙未師伏堂刊本。

〔註57〕當然《孝經》有《天子章》、《諸侯章》、《卿大夫章》、《士章》、《庶人章》，分別針對不同階層的「人」（此人之概念是現代意義，包括庶民在內）制定了相應的「法」，此法是一種原理，可以指導人們的實踐，也可以指導法的制定。如《諸侯章》就有關於「在上不驕，高而不危」的説法，按照鄭玄的注解，「諸侯在民上，故言在上敬上愛下，謂之不驕。」故孝經學並不僅僅在於侍奉父母這一種行爲，而是以「孝」爲座標原點的幾乎一切個人的社會行爲都要符合孝經學的要求。在縱向上包括從下到上，也包括從上至下。孝經學相關深層理論見陳壁生《經學、制度與生活：〈論語〉「父子相隱」章疏證》，華東師法大學出版社，2010年1月。

〔註58〕（清）皮錫瑞：《孝經鄭注疏》，光緒乙未師伏堂刊本。

〔註59〕敦煌出土文獻經部。見張湧泉主編審定：《敦煌經部文獻合集》，許建平撰：第四冊《群經類孝經之屬》，中華書局，2008年8月，1883頁。

〔註60〕「假託神仙」的典故並不可靠，孫過庭的理論思路是先找到不孝的證據，從而從義理上予以推定王獻之的心神不通、性情不暢，故書藝水平也會受到限制。孫過庭有先入爲主之嫌。

〔註61〕李澤厚：《論語精讀》，三聯書店，2004年3月第一版，28頁，37頁。

「無或疑焉」。〔註62〕而通觀《書譜》全篇，孫過庭寫作的原因就在於當時的書壇並沒有理解書法作為一種文化現象，應該做到「情深調合」，「合情調於紙上」，所以他要寫作《書譜》，告訴人們書法的秘訣即在於此。而恰恰王獻之的問題就是內在的人性有所缺乏，人性不通，故影響到了書法的技藝水平。

其二、「勝母之里，曾參不入」

「勝母之里，曾參不入」一語出自《鹽鐵論・晁錯》：「文學曰：『孔子不飲盜泉之水，曾參不入勝母之閭』。名且惡之，而況為不臣不子乎？」《鹽鐵論》是當時儒家與法家或者說純儒家與雜儒家之間的論戰集。晁錯效法商鞅，上書建議實行一系列變法，最終因建議征伐諸侯，加強中央集權，遭到非難與陷害，被漢景帝棄之東市。上文提到的「文學」即後來的經學，亦即政治哲學。《鹽鐵論》這一章實際是在總結晁錯的得失，意即「春秋不以寡犯眾，誅絕之義有所止」，要求國家大事需要有理有據，需要遵循傳統經義。《鹽鐵論・晁錯》一章引用「曾子不入勝母之閭」是即使具體講孝道對於國家，個人行為的重要性。

又《淮南子・說山訓》：「曾子立孝，不過勝母之閭。墨子非樂，不入朝歌之邑；曾子立廉，不飲盜泉。」其大意與《鹽鐵論・晁錯》相類。

《史記・魯仲連鄒陽列傳》亦引用此典：「臣聞盛飾入朝者不以利污義，砥厲名號者不以欲傷行，故縣名勝母而曾子不入，邑號朝歌而墨子回車。今欲使天下寥廓之士，攝於威重之權，主於位勢之貴，故回面污行以事諂諛之人而求親近於左右，則士伏死堀穴岩之中耳，安肯有盡忠信而趨闕下者哉！」此處司馬遷並沒有以孝道比附於魯仲連本人，而是說像魯仲連這樣的「蕩然肆志，不詘於諸侯，談說於當世，折卿相之權」行為，與曾子的因為勝母這個里名有辱孝道而不屑於或不敢於入「里」這樣的行為具有類似的性質。但絕不會以孝道來比擬魯仲連的。其後，《漢書》亦曾用此典。

綜上，「曾子不入勝母之里」在傳統經學中是個很常見的用以取譬言孝的典故。孫過庭用此典無非是在加強「立身揚名，事資尊顯」的、孝為基本行為規範的經義條目。

因此，孝為人性之本，孝道不通，人性不通，則「神情懸隔」，「既失其情，理乖其實」。

〔註62〕傳統經學或儒學，是在以孝為出發點的、形塑整個社會文化心理結構的政治哲學。情感，人性之本，是建立其基本理論的根基。

五、小結

孫過庭將書法比作「禮樂」般，有如功定國家大事的作用。原因在於書事與禮、樂同屬於六藝，《周禮·地官·保氏》說「六藝」：「五禮、六樂、五射、五馭、六書、九數。」《論語·八佾》說「射不主皮，為力不同科，古之道也。」射藝不在乎射中靶心，而是如馬融說的「和志」、「和容」，要追求修養，要達到「和」、「中」等教化目的。孔子說「興於詩，立於禮，成於樂」（《論語·泰伯》），《禮記·學記》曾說：「不興其藝，不能樂學。」藝術給人幫助學習，安於學業，給人帶來快樂。書事亦如此。許慎說「蓋文字者，經義之本，王政之始，前人所以垂後，後人所以識古，故曰本立而道生。知天下之至嘖而不可亂也。」〔註 63〕文字更是經義之本，人們識經義，懂學問，由小學而大學的通路。「言文者宣教明化於王者朝廷」，〔註 64〕本身文字就有宣教化的作用。從而可見孫過庭將書法比作「禮樂」的緣由。

宗經思想是孫過庭一個根本理論基調，《書譜》「非訓非經，宜從棄擇」的選擇標準是其具體體現，「訓」與「經」孫過庭在此只是用以作為比方，表示他的選擇只以真正經典為標準。此外，宗經思想還表現在「志於道」觀念上，「得時不如得器，得器不如得志」，「得志」成為了書法創作的最高境界。「孝道」本來是傳統儒家倫理思想，是傳統中國社會家庭構建的基石，文人士大夫以此為社會生活準則，在孫過庭眼裏也是一種書法判斷標準。是為宗經思想的又一個層次的體現。

宗經的體系，看來是要重視書法的學習，然而在孫過庭看來，書法只是「留心翰墨」，「遊心於此」而已，二者似乎看起有矛盾之處。

第三節 「留心翰墨」的學習基調源自「游於藝」

一、「留心翰墨」——「游於藝」

孫過庭說自己書法的學習是在「志學之年」，「留心翰墨」的，就是說學習「正事」之餘才關心下書法或發揮一下對書法的熱愛之心，而並非「志於翰墨」，書法學習乃是餘事。「志學」出自《論語·學而》：「吾十有五而志於

〔註63〕（漢）許慎：《說文解字·序》，見段玉裁《說文解字注》，經韻樓藏版。
〔註64〕（漢）許慎：《說文解字·序》，見段玉裁《說文解字注》，經韻樓藏版。

學」。孫過庭所言「學習」之餘，意思是還有比書法更加正式或正統的需要學習的東西。古人的學習，主要是五經，九經乃至後來的十三經，通過五經等學習「德」與「道」——即「仁」之內聖之學，還有外王如「大學」即「修身」、「齊家」、「治國」、「平天下」之類的「人道」。《論語‧述而》章有「志於道，據於德，依於仁，游於藝。」意即要志向於「內聖外王」之學，修己德行，所向仁義。馮友蘭說中國哲學所講就是這個所謂內聖外王之道。〔註65〕藝術之事便是養心去煩事，修身養息而已。

此外，在闡釋「五乖五合」說之後，孫過庭還說「得時不如得器，得器不如得志」，說明孫過庭也重視「志」的表達，即「志於道」，而且還把「志於道」這樣的觀點置放在「器」與「時」之上，意即「器」與「時」只不過是形而下的東西罷了，真正重要的在於心志所向，志慕之道。如上所述，此「道」為「人道」，即「內聖」修心、修身，「外王」齊家、治國、平天下之道。

因此，孫過庭的書法學習是與《論語》「游於藝」的基調一脈相承的。

他在行文中還強調「君子立身，務修其本。」此語出自《論語‧學而》：「君子務本，本立而道生」，此條內，孔子還說：「孝悌也者，其為仁之本與」，所以，此處《論語》的「本」結合上下文看，指的是「孝悌」。而皇侃在《何晏集解》該條下面說：「以孝為基，故眾德悉為廣大也。」〔註66〕結合上下文看，孫過庭的「務修其本」顯然不是指或不僅僅指《論語‧學而》「君子務本，本立而道生」條之所謂「孝悌」。

《禮記‧學記》：「君子曰大德不官，大道不器，大信不約，大時不齊，察於此四者可以有志於本〔註67〕也。」〔註68〕鄭注說：「本立而道生，言以學為本，則其德於民無不化，於俗無不成」。〔註69〕鄭康成此注「本」為「學」。《禮記‧大學》：「自天子以至於庶人，一是皆以修身為本，其本亂而末治者

〔註65〕馮友蘭：《中國哲學的精神》，自《馮友蘭集》，陳來編選，上海文藝出版社，1998年10月，314頁。

〔註66〕（南北朝）梁皇侃撰，高尚榘校點：《論語義疏》，中華書局，2013年10月，第6頁。

〔註67〕據阮元校勘記，此處勘為「學」。

〔註68〕（唐）孔穎達：《禮記正義》，（清）阮元校刻《十三經注疏》，整理本，北京大學出版社，2000年12月，1248頁。

〔註69〕（唐）孔穎達：《禮記正義》，（清）阮元校刻《十三經注疏》，整理本，北京大學出版社，2000年12月，1248頁。

否矣。」〔註70〕《大學》的修身顯然應該涵蓋如上所述的「孝悌」之道，而且內涵比「孝悌」更廣，所有「內聖」涵攝之意俱應包含在修身之內。

綜上，「本」在不同語境下具有不同的含義。

而孫過庭「君子立身，務修其本」應是同意反覆的用法，指《大學》之「修身」，立身，修身即指「內聖」——仁、義之類。通過修身修「內心」，才能致「外王」治國之道。而書法於修身何干呢？孫過庭於此，很明顯是要回答這樣的問題。

二、從「留心翰墨」到「功定禮樂」——「困惑」、消解與超越

在古人看來，藝術之事皆是「遊」，並非主要的日常生活立本之基，所以孫過庭也從此說，立意於「留心」，並非專門從事於此。然而簡單的邏輯是，既然這樣，孫過庭又何苦作《書譜》三千七百餘言，珠流玉濺？「第其工用」，「奉以規模」？這在讀者看來，似乎孫過庭自身存在著一種「修身立本」與「從藝」的煩惱與困惑。因為，古人讀書學經乃為錢穆所強調的「通經致用」，〔註71〕這是士人立身揚名之大志所在，像書法這樣的藝事，又何須做如此洋洋灑灑文章，並且還欲「益於將來」？孫過庭對於書法地位的定位，性質與作用的闡釋，在隨後，便消除掉這種困惑。在一定程度上說，孫過庭從哲學層面，從審美層面、美學教化層面論證並消解掉了這種困惑。正如馮友蘭所說，中國哲學為一種境界學說，其意義正是使人「安身立命」，能夠提高個人的精神境界。〔註72〕

正如「對弈」與「垂綸」一樣，包含書法在內的每一件事情，都有其自身蘊含的道理在裏面，比如「對弈」尚有「坐隱」之名目，而「垂綸」則是潛藏等待時機而發。書法則是可以如「功定禮樂」般藉以修身養德，因為就像「埏植」一樣，擁有無窮的變幻，與天地工爐一般，可以孕育萬物，具有巧如神仙般的妙用。

正如前述說到藝事的幾大作用時提到，書法與禮、樂同屬於六藝，《周禮·地官·保氏》中「六藝」含「五禮、六樂、五射、五馭、六書、九數。」藝

〔註70〕 （唐）孔穎達：《禮記正義》，（清）阮元校刻《十三經注疏》，整理本，北京大學出版社，2000 年 12 月，1859 頁。

〔註71〕 錢穆：《中國史學名著》，三聯書店，2000 年 9 月，34 頁。

〔註72〕 馮友蘭：《中國哲學的精神》，自《馮友蘭集》，陳來編選，上海文藝出版社，1998 年 10 月，290 頁。

事的作用像馬融所說可以「和志」、「和容」，要追求修養，要達到「和」、「中」等教化目的。〔註73〕其次，藝事能夠幫助學習，安於學業，給人帶來快樂。「興於詩，立於禮，成於樂」（論語・泰伯》），「不興其藝，不能樂學。」而書法文字更是經義之本，人們識經義，懂學問，由小學而大學的通路，「言文者宣教明化於王者朝廷」，〔註74〕「蓋文字者，經義之本，王政之始，前人所以垂後，後人所以識古，故曰本立而道生。知天下之至嘖而不可亂也。」〔註75〕

因此，從孫過庭看來，書法的學習是一種「游於藝」的基調，即人生「志向」不能單純的以學習藝術為目的，要立志於學習天道與人道，但同時不要放棄藝術的關懷與關照，要旁通藝術。而且藝術能夠給學習帶來樂趣，激發學習的熱情，其次，藝術能夠讓人從中學習禮儀，能夠得到教化，提升修養，所以藝術神妙無窮。如此，孫過庭就消解和超越了「留心翰墨」與「功定禮樂」「妙擬神仙」之間的困惑或者「焦慮」，〔註76〕亦即樂在其中，但不沉溺其中——留心、遊於此的態度便可作如此觀。換句話說，留心於藝，不執著於藝，要重視通過藝想要達到的效果，達到的效果本身就是「大學」的目標一致——所謂的「志於道」。

古代書法具有藝術與傳播的雙重性。書法承載的附加意義確實很多。因此，學習書法，需要「勉之不已」，「學有三時」。

三、「勉之不已」、「學有三時」

「勉之不已」，孫過庭鼓勵大家努力學習，且須「學有三時」。「三時」概念來自皇侃疏《論語・學而》「學而時習之」條。他說：「凡學有三時，一是就人身中為時，二就年中為時，三就日中為時也。」〔註77〕

其一，就身中時而言，選擇時機為先，皇侃之說源自「為學之道」，從教化角度而言，所以他說「長則捍格，幼則昏迷」，意即相比於長大時學習為政之道有牴觸情緒而言，小時候由於處在「蒙童」時期，習道則更容易，接受

〔註73〕（唐）賈公彥：《周禮注疏》，（清）阮元校刻《十三經注疏》，整理本，北京大學出版社，2000 年 12 月，416 頁。

〔註74〕（漢）許慎：《說文解字・序》，見段玉裁《說文解字注》，經韻樓藏版。

〔註75〕（漢）許慎：《說文解字・序》，見段玉裁《說文解字注》，經韻樓藏版。

〔註76〕「焦慮」一詞見（美）艾朗諾《美的焦慮——北宋士大夫的審美思想與追求》，他說：「既樂於其中，又遊於其外」。上海古籍出版社，2013 年 4 月，178 頁。

〔註77〕（南北朝）梁皇侃撰，高尚榘校點：《論語義疏》，中華書局，2013 年 10 月，第 2 頁。

起來更快。皇侃之學習觀點自《禮記・學記》而來，這也直承他一貫以「爲政之道」的觀點來疏解《論語》的通例。〔註78〕

孫過庭則說「學成規矩，老不如少」，意即學習規矩方圓要從小時候起。如上所述，年齡大了就會先入爲主，有所發揮，有牴觸與捍格的情緒，因爲先有思考與取捨，才能去學習他想學的東西，所以就學習而言，則「學成規矩，老不如少」。皇侃在「學而時習之」條下，也說：「……明學者幼少之時也。學從幼起，故以幼爲先也。」〔註79〕《禮記・學記》所說：「發然後禁，則捍格而不勝時，過然後學，勤苦而難成」。意即，反過來，年齡大了，有所「發」，有所「過」，則有所思，比起幼時而言，年齡大者有獨立的思考能力，容易判別是非，能夠總結現象與規律，在「思通楷則」方面，是「少不如老」。所以孫過庭說「思則老而愈妙」，而且，他還強調「老」的妙處在「通會之際」，「人書俱老」。

綜上，由於「長則捍格，幼則昏迷」，所以在學習方面，少年「昏迷」，容易「囫圇吞棗」，掌握規矩，理解規律，而「老」因「捍格」，所以善思。孫過庭在「老」「少」方面的理解，直承皇侃或《禮記・學記》的關於學「就人身中時」的思想，告訴學書者，人學習書法在不同的年齡段有不同規律性特點；或者說告誡學書者，要善於抓住不同年齡階段的特點進行學習，避開短處，取其長處。

其二，「年中爲時」是指根據春夏秋冬不同的季節來選擇讀不同的經典，比如「春夏學詩、樂，秋冬學書、禮」（《禮記・內則》）。因爲春夏都屬於陽氣上升的時候，陽之體屬輕與清，詩樂聲亦輕亦清，容易學得上手。秋冬氣濁，書禮亦重濁，同理易入手。孫過庭說「時然一變，極其分矣」，其中的暗含的意思可以理解爲：隨時節變化而學習不同的東西。這也與孫過庭講「時和氣潤」的創作之境也是一脈相通的。學習與創作同樣具有類似「與時偕行」的選擇性時境。

其三，「日中爲時」，皇侃說「日夜無替」，就是要修習不荒廢，隨時檢查

〔註78〕見《論語義疏》對於《學而第一》與《爲政第二》的疏解，比如他疏「君子乎」爲「明學業已成，能爲師爲君之法。故《學記》云：九年知類通達，強立而不反，謂之大成……能博喻，然後能爲師，能爲師，然後能爲長，能爲長，然後能爲君。」

〔註79〕（南北朝）梁皇侃撰，高尚榘校點：《論語義疏》，中華書局，2013年10月，第2頁。

自己不會的，不能夠做到的，「彌重爲悅」，這樣才能達到「不亦悅乎」的境界。孫過庭說：「學乃少而可勉」，「少」之時的學習需要時常勉勵。就是要學書者「日中時」勤奮的學習，不要荒廢學業。

皇侃疏「七十從心所欲而不逾矩」一條時，引用李充的注說「黜獨化之迹，同盈虛之質，勉夫童蒙而志乎學」。〔註80〕孫過庭亦曾用「尚可發啓童蒙」來表示歷來從《筆陣圖》之學尚有可行的立場。孫用「童蒙」與「勉之不已」的詞源可能自《論語義疏》（易學淵源一章亦涉及童蒙的詞源問題）。

孫過庭對於學習的過程的討論，使用「三時」的概念，顯然是受到皇侃疏《論語・學而》的影響，通過以上分析看見，「三時」的內涵在孫過庭的行文中或多或少體現出來。〔註81〕

從《論語》而來的勉勵學習的「學有三時」，也更可見出孫過庭對於學習書法的重視。這是從「留心翰墨」到「功定禮樂」之後，更深一層次的儒家化、經學化的意蘊。

「功定禮樂」，其中包含有禮樂教化，那麼禮樂之中「樂」是如何教化的？《書譜》文中，孫過庭有很多地方都將書法比之於「樂」，呈現出書法的藝術性與教化性等特點。

第四節　「書」比之於「樂」——源於禮樂教化觀念

一、「書」之比於「樂」

據前所論，孫過庭將書法的地位和作用比擬於「禮樂」。而在整個行文過程中，他還使用了大量比況，將書法同音樂聯繫起來。比如在本著易學淵源一章中會提到四個「以」句式——「凜之以風神，溫之以妍潤，鼓之以枯勁，和之閒雅」，前面三句是從易學之取象而來：「巽」與「震」，是爲風雨與雷電，與「剛柔相推」、「剛柔相應」有關，而「和之閑雅」則將書法比於樂——與經學禮樂觀關係比較密切。此外，孫過庭將書法比之於音樂還有多處，比如

〔註80〕　（南北朝）梁皇侃撰，高尚榘校點：《論語義疏》，中華書局，2013 年 10 月，第 27 頁。

〔註81〕　也有學者認爲「三時」是指後面接續的「初學」「既知」與「復歸」三個層次，例如當代學者鄭曉華：「……也可以分爲三個階段，每一個階段到火候就會變化，」因爲這個階段到了頂點，必會進行到下一階段。亦有可通之理。鄭曉華：《書譜》，中華書局，2012 年，181 頁。

「豈惟駐想流波，將貽喧暖之奏」，「當緣思慮通審，志氣平和」，「象八音之
迭起，感會無方」，「向使奇音在爨，庸聽驚其妙響」等。

比之於音樂，不外乎是因爲音樂能夠更直觀的表達情感，動之以「理」，
曉之以情，如此更能顯示出書法功用的廣泛性與特殊性。書法與音樂一樣具
有表情作用，但同時更具有感化作用。縱觀《史記‧樂書》、《禮記‧樂記》、
《荀子‧樂論》等典籍，都可以見到音樂的經學作用——教化功能。朱光潛
在《音樂與教育》一文中，認爲音樂有三個重大功用：第一是表現情感，第
二是感動，被打動，第三是感化，打動是暫時的，感化是永久的。〔註82〕

從表達情感，到感動於人，再到感化於人，甚至教化於人，書法具有音
樂的同等功用，也能夠「達其情性，形其哀樂」，也能讓人「志氣平和」，這
就是孫過庭「隨時」將書法比於音樂的原因。當然，就像本著文學淵源一章
所論，或許孫過庭在這方面也受到了文論或賦體文學的啟發或影響。

二、書類於樂之藝術功用——「達其情性，形其哀樂」

古代對於聲音、音樂概念有較爲細緻的區別，劃分爲三個遞進的邏輯關
係：聲爲自然之聲；音則爲聲聲感應，產生有規律的變化；而樂則爲人因音
而生歡樂，以至翩翩起舞。所以《禮記‧樂記》有言：「凡音之起，由人心生
也。人心之動，物使之然也。感於物而動，故形於聲。聲相應，故生變，變
成方，爲之音。比音而樂之。及干戚、羽旄，謂之樂。」「樂者，音之所由生
也，其本在人心之感於物也⋯⋯」音樂的意義在於從音到樂，有一個相感的
過程，能夠讓人感於物而動其情，是故「情動於中，故形於聲。」（《禮記‧
樂記》）而孫過庭借之「樂」的特性，提出書法有如樂一樣的特性：「達其情
性，形其哀樂。」《毛詩序》毛亨說：「詩者，志之所之也。在心爲志，發言
爲詩。情動於中而形於言⋯⋯情發於聲，聲成文謂之音」，〔註83〕情在於內而
形於外，正是「達其情性，形其哀樂」的內涵。

在孫過庭眼裏，需要滿足「四個以句式」的條件，即「凜之以風神，溫
之以妍潤，鼓之以枯勁，和之以閑雅」，才能達情性，形哀樂。

如本著易學淵源一章所論，妍潤是一種柔，枯勁則爲剛，二者相應產生

〔註82〕 朱光潛：《音樂與教育》，載《朱光潛全集》，第九卷，1993 年 2 月，安徽教育
　　　　 出版社，140 頁。
〔註83〕 （漢）毛亨《毛詩注疏》，清嘉慶二十年南昌府學重刊宋本十三經注疏本。

「和」，「和」之為美，加以閑雅，方可情動於中，形之於表。後續孫過庭說「違而不犯，和而不同」，在多種對立的美學概念範疇中達到統一，從而實現「和」的目的。

「閑雅」是一種感於物而動的雅致境界。「雅」之即為「正」。《毛詩序》：「言天下之事，形四方之風，謂之雅。雅者，正也。」〔註84〕「閑」本以為「隙」，門中的空隙。意為「閑者，稍暇也，故曰閑暇。」〔註85〕故「閑雅」之意為緩和，雍疏與雅正。書法與音樂上的「其樂心感者，其聲嘽以緩」（《禮記・樂記》）具有類似的美感。

陸機《文賦》「奏平徹以閑雅，說煒曄而譎誑」，「雖區分之在茲，亦禁邪而制放」，〔註86〕亦即指「奏」這種文體也須禁邪制放，顯然，閑雅含有此義。而《隋書・音樂志》用以形容音樂多以「雅」為後綴，如「俊雅」「皇雅」「胤雅」「寅雅」「介雅」「需雅」「雍雅」等等，表明「雅」在古代音樂的評價標準體系中處於最高的位階。《舊唐書》中有以閑雅形容音樂的：「自《破陣舞》以下，皆雷大鼓，雜以龜茲之樂，聲振百里，動盪山谷。《大定樂》加金鉦。惟《慶善舞》獨用西涼樂，最為閑雅。」〔註87〕

孫過庭認為書法有頤情作用，與音樂一樣，可以達情性，形哀樂，而且主要還是要剛柔兼蓄，相生相應。在抒情性上，又要求和而閑雅，達到一種雅致的嘽緩狀態。表達情感是書法與音樂基礎性作用與功能，而更深層次的作用還在於感化，以至教化他人。

三、書類於樂之教化功用──「志氣和平」

書法類於樂，孫過庭還將其深度拓展至「志氣和平」，以至「嘽緩之奏」。

其一、「志氣和平」與「嘽嗳之奏」

「志氣」語出《孟子・公孫丑》：「夫志，氣之帥也，氣，體之充也。……夫志至焉，氣次焉。」趙岐注曰：「志，心所念慮也。氣，所以充滿形體，為喜怒也。志帥氣而行之，度其可否也。」〔註88〕志氣的意思就是從心之志到

〔註84〕　（漢）毛亨《毛詩注疏》，清嘉慶二十年南昌府學重刊宋本十三經注疏本。
〔註85〕　（清）段玉裁：《說文解字注》卷十二，經韻樓藏版。
〔註86〕　（晉）陸機《文賦》，自（梁）蕭統編，（唐）李善注《文選》，（清）胡克家重刻宋淳熙本。
〔註87〕　（五代）劉昫《舊唐書》卷二十九志第九，清乾隆武英殿刻本。
〔註88〕　（漢）趙岐《孟子注》卷三，元盱郡重刊宋廖氏本（天祿琳琅叢書）。

外在喜怒哀樂的表現，一個由內而外的過程。

「和平」最早出自《詩經・商頌・那》：「……既和且平，依我磬聲。」
〔註89〕毛注：「嘒嘒然和也。平，正平也。依，倚也。磬，聲之清者也。」
〔註90〕鄭箋：「磬，玉磬也。堂下諸縣與諸管聲皆和平不相奪倫，又與玉磬之
聲相依，亦謂和平也。玉磬尊，故異言之」。〔註91〕和平代表和諧平正，不相
互多倫，秩序井然。「那」爲「祀成湯」之禮儀活動，諸樂既和又平既是一種
「敬尊」的狀態，又是一種藝術之境。

「嘽緩」一語出自《史記・樂書》：

> 夫人有血氣心知之性，而無哀樂喜怒之常，應感起物而動，然
> 後心術形焉。是故志微焦衰之音作，而民思憂；嘽緩慢易繁文簡節
> 之音作，而民康樂；粗厲猛起奮末廣賁之音作，而民剛毅；廉直經
> 正，莊誠之音作，而民肅敬；寬裕肉好，順成和動之音作，而民慈
> 愛；流辟邪散狄成滌濫之音作，而民淫亂。

按鄭玄注：「嘽，寬綽貌。」（鄭注《禮記・樂記》）唐張守節《史記正義》：
「嘽，緩也。緩，和也。慢，疏也。繁，文多也。康，和；樂，安也。言人
君道德綽和疏易，則樂音多文采與節奏簡略，而下民所以安。」〔註92〕

孫過庭也用嘽緩之音形容書法：「所謂涉樂方笑，言哀已歎。豈惟駐想流
波，將貽嘽暖〔註93〕之奏；馳神睢渙，方思藻繪之文。」

嘽緩與閒雅之意都在表示音樂的寬綽，疏和。孫過庭應用嘽緩與閒雅實
應表達爲「樂感心者」與「民康樂」之和的「狀態」，亦即音樂的能達到的功
效，書法也可以達到。所以孫過庭在比較二王的優劣時說王羲之書法「不激
不厲」，「志氣平和」因而「風規自遠」。這與「嘽緩」、「閒雅」表達形式不同，
但實質都在說要寬綽，和雅，不強爲之。否則就會形式上「鼓努爲力」，精神
上「神情懸隔」。

其二、教化功用的原因

〔註89〕（漢）毛亨《毛詩》卷二十，四部叢刊景宋本。
〔註90〕（漢）毛亨《毛詩注疏》，鄭玄注，孔穎達疏，第二十卷，清嘉慶二十年南昌
　　　　府學重刊宋本十三經注疏本。
〔註91〕（漢）毛亨《毛詩注疏》，鄭玄注，孔穎達疏，第二十卷，清嘉慶二十年南昌
　　　　府學重刊宋本十三經注疏本。
〔註92〕《史記・樂書》，中華書局，1959年9月第一版，第1207頁。
〔註93〕鄭曉華認爲孫過庭的「嘽暖」應爲「嘽緩」，見鄭曉華《書譜》，中華書局，
　　　　2012年7月第一版，153頁。

音樂能夠讓人向正向與負向方面引導。

《樂記》說:「是故其哀心感者,其聲噍以殺。其樂心感者,其聲嘽以緩。其喜心感者,其聲發以散。其怒心感者,其聲粗以厲,其敬心感者,其聲直以廉。其愛心感者,其聲柔以和。六者非性也,感於物而後動。是故先王慎所以感之者,故禮以道其志,樂以和其聲。」正向的引導可以樂心感者,聲音可以嘽緩,負向的就可能聲音噍以殺……所以先聖們比較看重其所感的類型,以禮導志,以樂和聲。即在心志理性上引導人們向積極進取,以禮制為導向;在情感上,以嘽緩和聲感其情,以和樂為旋律。

其三、教化功用的實現

有關於音樂和平的論述,以及感化,教化,引導的思想,還可以從其他典籍中找到證據。

如《左傳·昭公二十年》:

> 故《詩》曰:「亦有和羹,既戒既平。鬷嘏無言,時靡有爭。」先王之濟五味,和五聲也,以平其心,成其政也。聲亦如味,一氣,二體,三類,四物,五聲,六律,七音,八風,九歌,以相成也。清濁,小大,短長,疾徐,哀樂,剛柔,遲速,高下,出入,周疏,以相濟也。君子聽之,以平其心。心平,德和。故《詩》曰:「德音不瑕。」

《尚書·舜典》:

> 帝曰:「夔,命汝典樂,教冑子,直而溫,寬而栗,剛而無虐,簡而無傲。詩言志,歌永言,聲依永,律和聲。八音克諧,無相奪倫,神人以和。」夔曰:「於!予擊石拊石,百獸率舞」。

《周禮·大司樂》:

> 以六律、六同、五聲、八音、六舞大合樂,以致鬼神示,以和萬邦,以諧萬民,以安賓客,以說遠人,以作動物。

因為政治治理需要寬和閒雅,正如荀子所說「寬以濟猛,猛以濟寬,政是以和。」(《荀子·樂論》)在禮樂,祭祀禮儀上的音樂也要順應政治的需求,既和且平,這樣既能起到感化,教化的作用,也能從秩序典禮上,以身作則,由音樂之和導向政治秩序之和。唯有如此,這樣才能「樂行而志清,禮修而行成」(《荀子·樂論》)。而荀子還說:「耳目聰明,血氣和平,移風易俗,天下皆寧,美善相樂。」(《荀子·樂論》)可見在先秦諸子眼中,禮樂的重要性,

可以讓人血氣和平下來，這樣能夠移風易俗，天下安寧。顯然，禮樂之教化四方，其功能是可定天下之制。所以才有周公「制禮作樂，功定天下」的說法。

　　所以人們的「情」與「動」需要禮樂之引導，合於「治世之音，安以樂，其政和」（《禮記‧樂記》）的目的。

　　「和」在《禮記‧樂記》中是作爲根本的綱領建構要素的，如上述的「禮以道其志，樂以和其聲」，「是故治世之音，安以樂，其政和。」「是故先王之制禮樂也，非以極口腹耳目之欲也，將以教平民好惡，而反人道之正也。」（《禮記‧樂記》）所以和的音樂是能夠和氣聲，讓大眾感到快樂，安於生活，「道治」則「政治」，回歸到了正常的政治治理中，以「正」「和」爲宗。再如，鄭玄注《月令》，五音宮、商、角、徵、羽分屬土、金、木、火、水，宮爲君，商爲臣，角爲民，徵爲事，羽爲物。上述五事「若皆正，則音不敝敗，是聲與政通。」〔註94〕這是經學中音樂與政事在內容上相「勾連」的地方，言「若五聲並和，則君臣上下不失，若五聲不和，則君臣上下互相陵越。」〔註95〕此處的「和」實際上要求的是一種秩序。而作爲審美而言，如上所述，音樂的教化人的美學功用是顯而易見的。原因在於音樂的和可以達到順人之情性，而美化人的心境，「和順天下」，從而達到平天下的目的。有當代學者說：「先秦藝術以音樂與詩爲代表。中國藝術中音樂的地位特別重要，這與音樂具有和同人情這一特殊的社會作用有關。」〔註96〕正是「合同人情」才使得從感動，感化到教化成爲可能。

　　正如前之所述，孫過庭在很大程度上受到經學世界裏禮樂功能的啓發，將書法比作樂，亦有「功定禮樂」與「妙擬神仙」的功能與作用。書法也有感化以至教化功用，故而可達「志氣和平」與「嘽緩之奏」的境域。

四、貫穿「和」的音樂思想

　　如上述，實際上「和」具有濃鬱的經學特色，是爲宗經。從音樂，到書法，都是一種宗經的表現。音樂與書法的功能具有感動人和教化人諸多方面。從藝術、感化到教化，唯有「和」貫穿其中，才能達到「音樂」之目的。「和」構成了藝術——不論是音樂還是書法的基本特徵與要求；同時，也給孫過庭

〔註94〕鄭注《禮記‧月令》，四部叢刊景宋本。
〔註95〕鄭注《禮記‧樂記》，四部叢刊景宋本。
〔註96〕陳望衡：《中國古典美學史》，湖南教育出版社，1998年8月，30頁。

將書法和音樂進行相互類比，提供了一種可能性。

其一、四個「以」句式的內在理路

孫過庭所說的「達其情性，形其哀樂」從審美導向看，要求是「和」。所以他說要「和之以閑雅」。《禮記‧樂記》曰：「禮以道〔註97〕其志，樂以和其聲。」和的特點即使音樂的要求，又是書法的宗旨。從句式看，孫過庭四個以句式應是吸收《周易》或《史記》的用法，主旨在於「和」。

> 是故剛柔相摩，八卦相蕩，鼓之以雷霆，潤之以風雨。日月運行，一寒一暑。乾道成男，坤道成女。乾知大始，坤作成物（《周易‧繫辭上傳》第一章）。

> 地氣上隮，天氣下降，陰陽相摩，天地相蕩，鼓之以雷霆，奮之以風雨，動之以四時，暖之以日月，而百物化興焉，如此則樂者天地之和也。〔註98〕

陰陽剛柔相應，百物化生，因而樂者則天地相和。四個以句式內涵就是和，所以以「和之閑雅」結尾，導出「達情性，形哀樂」的情感之聲。

孫過庭說要達到「達其情性，形其哀樂」的最後一個標準也是最重要的一個標準爲「和之以閑雅」，以此來引導書法朝著順應民心，合乎「王道」的方向走，否則，導向偏了，則就如鄭音淫佞，導致國殤。從「禮節民心，樂和民聲，政以行之，刑以防之。禮樂刑政四達而不悖，則王道備矣」（《禮記‧樂記》）可見，孫過庭的指導思想「和之以閑雅」與經學中的「樂和民聲」具有同樣的地位。

其二、「鼓」與「和」的關係

孫過庭還使用「鼓之以枯勁」的方法與「和」產生關係。孔子說：「樂云樂云，鐘鼓云乎哉。」（《論語‧陽貨》）「鼓」字按照《史記》正義的解釋：「萬物雖以氣生，而物未發，故雷霆以鼓動之，如樂用鐘鼓以發節也。大雷曰霆。」〔註99〕另據《周易》：「一陰一陽之謂道。……顯諸用，藏諸用，鼓萬物而不

〔註97〕「道」字在古文獻中經常訓爲「導」。

〔註98〕《史記‧樂書》，中華書局，1959年9月第一版，第1195頁。又鄭曉華著作：《書譜》著錄引自《史記‧樂書》，中華書局，2012年7月第一版，86頁。《禮記‧樂記》篇章從第二部分開始與《史記‧樂書》的內容大體一致，而《史記‧樂書》第三、四部分似爲後世竄入。但從體系看《史記‧樂書》更爲有邏輯性。

〔註99〕《史記‧樂書》，中華書局，1959年9月第一版，1195頁。

與聖人同憂，盛德之大業矣哉！」。(《易傳‧繫辭上傳》) 這說明「鼓」用做動詞，實際上是發動並指揮節奏，用以「節」律成音，作樂；是作為「和」實現的一種方法。《史記‧樂書》或《禮記‧樂記》：

> 地氣上隮，天氣下降，陰陽相摩，天地相蕩，鼓之以雷霆，奮之以風雨，動之以四時，暖之以日月，而百物化興焉，如此則樂者天地之和也。

此句中，鄭玄解：「蕩，動也。」唐張守節《史記》正義：「天地八節蕩動也。天地化物，八節更相感動，作樂亦令八音相感動也。」因此「蕩」與「鼓」的作用是一致的，都是產生節奏，得「和」的方法。

孫過庭使用與《周易》或《禮記‧樂記》相似的語言，除形式上追尋經學的語言脈絡，也用「鼓」、「和」等相同的詞語表明書法的類「樂」性質，通過和順而「達其情性，形其哀樂」的目的或狀態。

其三、「八音」與「和」的關係

孫過庭形容書法「象八音之迭起，感會無方。」八音為：「金、石、絲、竹、匏、土、革、木」。(《周禮‧春官‧樂師》) 《史記‧五帝本紀》：「八音能諧，毋相奪倫，神人以和。」《正義》：「制樂又考天地度數為之，如律呂應十二月，八音應八風之屬也。」這樣的表述背後可見：「八音」需要和諧，孫過庭使用「八音」表示取於自然而能和。《禮記‧樂記》載：「若夫禮樂之施於金石，越於聲音，用於宗廟社稷，事於山川鬼神，則此所以與民同也。」《史記‧禮書》又有：「耳樂鍾磬，為之調諧八音以蕩其心；口甘五味，為之庶羞酸鹹以致其美。」因此，八音的使用表示書法同音樂一樣，各種樂器隨著「蕩」「鼓」的節奏自然和諧共鳴。

《周禮‧大司樂》：「以六律、六同、無聲、八音、六舞大合樂，以致鬼神示，以和萬邦，以諧萬民，以安賓客，以說遠人，以作動物。」更可見八音屬於和萬邦，諧萬民的「大合樂」之一。八音本身隱含了「和」的原則，其次，八音也是構成和的一個部分。

《禮記‧樂記》：「凡音之起，由人心生也。人心之動，物使之然也。感於物而動，故形於聲。聲相應，故生變，變成方，為之音。比音而樂之。及干戚、羽旄，謂之樂。」由此可知，聲與音不同，在於音已經有所感，心有所動，而樂則是音與音相排列而成。書法的「感」類比於「樂」，則表示，在線條等書法的形式構成的「聲」的排比當中，形成了有韻律節奏的「音」，人

們可以得到觸動，而這樣的「音」「音」相「比」則人們又感受到了「樂」（音洛），因而有所動。此為孫過庭的「感會無方」的「感」之意義所在。

所以孫過庭所謂八音迭起，已經表明書法如傳統經義當中的八音一樣，情之生起，形於筆端，心隨筆而動，則就是感的過程。鄭玄說：「言八音和否隨政也。」〔註100〕《正義》：「正和則聲音安樂，正乖則聲音怨怒，是聲音之道與正通矣。」〔註101〕從八音感動感化人，到教化人，它與「和」都不可分離。

本節主要從書法與經學中「樂」的關係分析了孫過庭的禮樂教化思想。在《書譜》整個行文過程中，他使用了大量與音樂相關的論述，將書法同音樂聯繫起來。比如「當緣思慮通審，志氣平和」，「豈惟駐想流波，將貽嘽嗳之奏」，「象八音之迭起，感會無方」，「向使奇音在爨，庸聽驚其妙響」等等。核心在於：書法有象音樂一樣的藝術感化（藝術功能）作用，也有象音樂一樣的教化作用。感化就是「達其情形」，可以「形其哀樂」；而教化則是可以讓人的心志平和，所謂「志氣和平」，「嘽嗳之奏」。此間，「和」又是貫穿於此的核心思想。只是表現形式不一樣，「和之以閑雅」，「鼓之以枯勁」，「象八音迭起」。

從表情達意，以至感動、感化人，再到教化功能，書法都與音樂類似。能夠「達其情性，形其哀樂」，也能讓人「志氣平和」。如此也能導入書法的「合」與「宜」的創作之境。

第五節　創作思想的經學淵源

孫過庭在創作思想中，最為集中的論述便是五乖五合，內在心志與外在環境的統一。本文以為，此思想中「合」出於《周禮・考工記》之四「合」，而且其中「時和氣潤」與「紙墨相發」直接源於《考工記》。此外，對於書法的境界「人書俱老」，「五十知命」、「七十從心」實際上也是在談創作的問題。此「境界」意即知權變之道，謀而後動，動不失宜，其重點是「宜」字——不要失去一個適度性，這與所言的「時然後言，言必中理」是一致的，行為言語都要中和，不失合適的度，最後方能達到「志氣和平」，「風規自遠」的理想藝術境域。

〔註100〕《史記・樂書》，中華書局，1959 年 9 月第一版，第 1182 頁。
〔註101〕《史記・樂書》，中華書局，1959 年 9 月第一版，第 1182 頁。

一、「五乖五合」的思想淵源

其一、「時和氣潤」與「紙墨相發」源於《考工記》

「五乖五合」的觀點是孫過庭有關美學理論的創造。其中涉及有關創作心理的，有關時氣的，也有關材具──紙墨之器的。此「五乖五合」說，從人的主觀創作心理到客觀之天時，再到客觀之器材，一應俱全。相合的問題，在孫過庭看來是個重大的創作與審美命題。此處是討論創作，而在文末孫過庭又在知音論處的相關闡釋中使用到「相合」的概念，彼處又是個審美命題。

《周禮・冬官・考工記》有「四合」：「天有時，地有氣，材有美，工有巧，合此四者，然後可以爲良。」《考工記》此四合沒有「心」合，因爲屬於工匠之書。孫過庭所論爲藝術，爲道，所以重「心」：第一合「神怡務閑」，第二合「感惠徇知」，第五合「偶然欲書」都是一種心情的狀態。

其中與《考工記》極其相類似的就是第二合「時和氣潤」，根據鄭玄注：「時，寒溫也。氣，剛柔也。良，善也。」〔註102〕「時」就是指爲「工」的時節，比如煉金，製陶與做弓等都與時節相關，因爲不同時節，寒溫燥炎不同，所體現出的「五材」氣色不一，對於做「工」影響很大。「天有時以生……水有時以凝，有時以澤，此天時也，言百工之事當審其時也。」〔註103〕鄭玄注云：「渳讀如再，扐而後卦之扐，渳謂石解散也。夏時盛暑大熱則然。」〔註104〕「橘踰淮而北爲枳，鸜鵒不踰濟，貉踰汶則死，此地氣然也。」〔註105〕地方之氣在「良工」上也是一個影響因素。孫過庭將此比之於書法的創作，書寫也需要時節的溫潤。這是因爲不同季節，不同地方之氣候或燥炎，或溫潤，剛柔性質不同，在器材與人的心情志趣上都會造成不同的影響。所以孫過庭認爲「時和」「氣潤」是書法創作的「五合」之一，反之「風燥日炎」就會乖而不恰。

其次，第二個類似的就是「紙墨相發」，〔註106〕對應的《考工記》表述

〔註102〕（唐）賈公彥疏《周禮正義》，（清）阮元校刻《十三經注疏》，整理本，北京大學出版社，2000年12月，1242頁。

〔註103〕（唐）賈公彥疏《周禮正義》，（清）阮元校刻《十三經注疏》，整理本，北京大學出版社，2000年12月，1244頁。

〔註104〕（唐）賈公彥疏《周禮正義》，（清）阮元校刻《十三經注疏》，整理本，北京大學出版社，2000年12月，1244頁。

〔註105〕（唐）賈公彥疏《周禮正義》，（清）阮元校刻《十三經注疏》，整理本，北京大學出版社，2000年12月，1242頁。

〔註106〕「相發」的概念最早見於《子夏易傳・豐卦・六二》：「柔之爲道，靜退者也。

為「材有美」，比如「燕之角，荊之幹，妢胡之笴，吳粵之金錫，此材之美者也。」﹝註107﹞形式看，《考工記》所表述的就是良材，作為各種「工」的原材料，但是綜合來看，各種質料形式相合相容方能成「巧工」──陶、繡、弓等。例如「弓取六材」必須以適當的時機，「六材既聚，巧者和之」，﹝註108﹞賈公彥疏說：「和之，謂春液角，夏治筋之類也。」﹝註109﹞意即，各種質料充分發揮他們的特長，也至於能夠良好的結合在一起，最終才能形成良工。否則「居幹之道，菑栗不池，則弓不發」。﹝註110﹞所以孫過庭的「紙墨相發」也是在講一種「合」的狀態，紙墨二者與筆等工具相融在一起才可達到「合」的狀態。與「紙墨相發」的反面就是「紙墨不稱」，材料的不搭調，不和諧，紙墨不發，書寫未成，境界未達，這也是影響藝術創作的重要因素。

《考工記》的「天有時，地有氣」對應孫過庭「時和氣潤」，「材有美」對應「紙墨相發」，其中「發」若源自「則弓不發」，則「相發」之意的理解就是發揮聚散，縱橫有度，對「相發」之意的理解就更為深刻。除此外，《考工記》之第四合時「工有巧」，是一種技術問題，孫過庭已經在書體論，技術構成論，學習論等各個方面進行了闡發。本文相關章節俱已涉及。

從以上對於《考工記》的考察來看，孫過庭「得時不如得器，得器不如得志」中，「得時」之「時」指的就是「時和氣潤」之「時」，「得器」之「器」指的就是「紙墨相發」之「器」，而「得志」之「志」應該是指第一合，第二合與第五合。否則，得時、得器與得志就不能與的後文「五乖同萃，思遏手蒙」與「五合交臻，神融筆暢」形成前後的邏輯關係。換言之，如果「得志」不是指第一合，第二合與第五合，那麼「三得」就不應該放在「五乖五合」具體表述與「五乖同萃」「五合交臻」中間，而應該放在最後面來闡述。所以

又以居內不能大其上也，是障其光，而暗其明也。往之為王雖尊而陰也，蓋相發則覆疑矣。且履正不邪。中考自信於心。明生於內而悟。其違時之失修，改其道無執其故，得其吉也。」（周）卜商：《子夏易傳》卷六，清通志堂經解本。

﹝註107﹞（唐）賈公彥疏《周禮正義》，（清）阮元校刻《十三經注疏》，整理本，北京大學出版社，2000年12月，1243頁。

﹝註108﹞（唐）賈公彥疏《周禮正義》，（清）阮元校刻《十三經注疏》，整理本，北京大學出版社，2000年12月，1373頁。

﹝註109﹞（唐）賈公彥疏《周禮正義》，（清）阮元校刻《十三經注疏》，整理本，北京大學出版社，2000年12月，1373頁。

﹝註110﹞（唐）賈公彥疏《周禮正義》，（清）阮元校刻《十三經注疏》，整理本，北京大學出版社，2000年12月，1374頁。

「志」具體看來就是指「神怡務閑」、「感惠徇知」與「偶然欲書」。

在孫過庭看來，「時氣和潤」之「時」為基本的條件，「紙墨相發」之「器」為更上層一個境界，但最高的還是「神怡務閑」、「感惠徇知」與「偶然欲書」三者和合之「志」。

孫過庭「五乖五合」說將書法創作的主客觀條件推向一個藝術創作的高度。除了以上所說的第三點與第四點源自《考工記》外，其餘三點——即「志」的層級與邏輯應該如何來劃分與理解，是個難點。甚而至於這五點的邏輯順序也是個問題。

正如前所論，本文以為，第一、二、五可以歸為一類——志。「神怡務閑」為心理準備階段，是一種自由度的體現，這種自由度需要規矩闇於胸中，成竹在胸，而規矩方圓都要忘卻，「心閑手敏」，「心手雙暢」，能達到所謂「從心不逾矩」的狀態。「感惠徇知」，按照當代學者看法，就是一種正面的外力影響，報知遇之恩或知音之德。〔註111〕而第五「偶然欲書」乃是一種創作的源泉，比第一「神怡務閑」更進一步。這三種都是闡釋一種創作的心理準備狀態。但是他們之間究竟是什麼關係？為何第一是「神怡務閑」，第二是「感惠徇知」，第五是「偶然欲書」？而不是其他的任何順序，或者說他們之間有沒有重複的關係？更進一步的，如果第二稍有區別，是說有感而發，那麼第一與第五就是不要強求情感的有意為之，這又與第二「有感而發」的創作心理歷程相違背？抑或是還在說兩種不同的「志」的情形？實際上，第一與第五之間的區別非常微妙，幾乎可以說是在很大程度上是重複的，因為「閑」就意味著創作的偶然為之，偶然為之就意味著心神已經安寧，神志已經沉靜下來。歸為五類也許與語言節奏相關，也或許與古代「用五」有關，比如五音，五色，五材，五臟，五方，五色乃至五行，俱見於隋蕭吉《五行大義》。〔註112〕而《左傳‧昭公二十年》有這樣的記載：「先王之濟五味、和五聲也，以平其心，成其政也。聲亦如味，一氣、二體、三類、四物、五聲、六律、七音、八聲、九歌、以相成也。清濁、大小、短長、疾徐、哀樂、剛柔、遲速、高下、出入、周疏，以相濟也。」〔註113〕五是個虛數詞，大意點明，得

〔註111〕鄭曉華：《書譜》，中華書局，2012年7月，94頁。

〔註112〕（英）李約瑟有有關五行的科學理解。見氏著，何兆武等翻譯：《中國科學技術史》第二卷《中國科學思想史》，科學出版社，上海古籍出版社，1990年8月，267頁。

〔註113〕（晉）杜預注，（唐）孔穎達正義《春秋左傳正義》附釋音春秋左傳注疏卷第

意忘言。從理論上說，這個五乖五合並沒有構成一個完成的邏輯形式的閉合鏈，可以「四合」，可以「六合」不等。《周易・繫辭傳》有五十大衍數，「天數五，地數五，五位相得，而各有合」，〔註114〕而這「五」據王弼說法，與五行相關，可能有關五的數最起始是從天文之「五歲再閏」等現象而來的，後來才逐漸疊加附會到天數五，五行等，孫過庭五合與此等古之思想有關。

綜上，不論是從詞語語源上看，還是從思想邏輯上看，「時和氣潤」「紙墨相發」都與《考工記》的「四合」有密切的關係。

其二、從《考工記》出發的相關餘論

第一、論燥濕

「燥濕之殊節」，「帶燥方潤」，「時和氣潤」與「風燥日炎」都是指一種時的變換。「燥濕之殊節」見本著易學淵源剛柔一節的論述，時有寒溫燥潤，氣有剛柔變化，是有內在的邏輯聯繫，由此，可以窺見孫過庭的思想脈絡，「時」「氣」在他這裡有特定的含義，並且前後的行文一脈相承。「帶燥方潤」見本著易學淵源性情論之情論一節，在「時和氣潤」的情況下，燥只是一種剛性變化——變化無常，終究回歸到「潤」，燥時馬上見潤，這是藝術美學的多元化特點，否則會單調索然無味，也違反「和」的宗旨；對立面五乖之一即「風燥日炎」是需要否定的。

第二、論五材

《考工記》對社會分工進行了詳細考察，「坐而論道」是王公貴族的事情，「作而行之」是士大夫的工作，而「審曲面埶，〔註115〕以飭五材，以辨民器」〔註116〕則是百工的技藝。如果《考工記》對於孫過庭的五乖五合理論闡發有啟發的話，那麼後來他說的「體五材之並用，儀形不極」也或許從《考工記》的這個百工「飭五材」，汲取了想像力的養分。如本著易學淵源章，性情論之情論一節所述，孔穎達引用了《春秋左傳》：「天生五材，民並用之」〔註117〕作為解釋。《考工記》中鄭玄也引用了該段文字，不知孔穎達是否受到鄭玄的

四十九，清嘉慶二十年南昌府學重刊宋本十三經注疏本。

〔註114〕（魏）王弼撰，樓宇烈校釋：《周易注》，中華書局，2011年6月，352頁。

〔註115〕「埶」訓為「勢」，形訓。

〔註116〕（唐）賈公彥疏《周禮正義》，（清）阮元校刻《十三經注疏》，整理本，北京大學出版社，2000年12月，1238頁。

〔註117〕（唐）孔穎達疏《尚書正義》，（清）阮元校刻《十三經注疏》，整理本，北京大學出版社，2000年12月，357頁。

啟示而在《尚書正義》中的疏解進行引用以闡釋。如此則可推知孫過庭的「五材並用」與《考工記》不無關係。

第三、論「挺埴」「工爐」

孫過庭說：「猶挺埴之罔窮，與工爐而並運」，此句式如本著在論孫過庭之文學文論淵源中提到，來自陸機《文賦》句式「同橐籥之罔窮，與天地乎並育」，〔註118〕孫過庭將「橐籥」置換為「挺植」，將「天地」置換為「工爐」。據《老子·十一章》「埏埴」就是飲食之器，〔註119〕「工爐」出自《莊子·大宗師》：「以天地為大爐，以造化為大冶」。

《考工記》：「爍金以為刃，凝土以為器」。〔註120〕爍金以刃就是工爐並運，凝土為器就是挺埴無窮。《考工記》隨後就有有關「攻金之工」〔註121〕與「搏埴之工」〔註122〕的方法。很有可能孫過庭是以《考工記》為基點，而將《老子》之「埏埴」與《莊子》之「大爐」聯繫在一起，並以陸士衡之「同……罔窮」與「與……並育」為句式結構聯繫，從而得出「猶挺埴之罔窮，與工爐而並運」這種有如「神仙」或神化般的感歎。

從以上三點可見，孫過庭的行文也受到了《考工記》不少啟發。

創作思想中，「五乖五合」源自《考工記》，而「宜」則源自《論語》。

二、「動不失宜」與「言必中理」

其一、先「謀而後動」，才能「動不失宜」

「謀而後動」〔註123〕出自楊雄《法言·修身》卷，「修身以為弓，……聖人樂天知命……知命則不憂……君子強學而力行……修身而後交，善其謀而後動，成道也。君子之所慎言禮書……」〔註124〕《論語·季氏》亦有「謀動干

〔註118〕（晉）陸機《文賦》，自（梁）蕭統編，（唐）李善注《文選》，（清）胡克家重刻宋淳熙本。

〔註119〕（清）朱謙之：《老子校釋》，中華書局，1984 年 11 月，44 頁。

〔註120〕（唐）賈公彥疏《周禮正義》，（清）阮元校刻《十三經注疏》，整理本，北京大學出版社，2000 年 12 月，1241 頁。

〔註121〕（唐）賈公彥疏《周禮正義》，（清）阮元校刻《十三經注疏》，整理本，北京大學出版社，2000 年 12 月，1284 頁。

〔註122〕（唐）賈公彥疏《周禮正義》，（清）阮元校刻《十三經注疏》，整理本，北京大學出版社，2000 年 12 月，1245 頁。

〔註123〕參鄭曉華注，「謀而後動」出自楊雄《法言》，見著《書譜》，中華書局，2012 年 7 月，181 頁。

〔註124〕楊雄《法言·修身》。鄭曉華亦注出，見著《書譜》，中華書局，2012 年 7 月，

戈於邦內」一句，即謀劃而動之意。皇侃疏「與立」爲「謀議之立事」，「與權」爲「反常而合於道者」，即必須先有謀劃，爾後方可行權變之宜，這就是孫過庭說先「謀」，然者，可「動不失宜」。由此可見，孫過庭除了以《論語》爲本源，還吸收了楊雄《法言・修身》的語言與思想，有著類似的行文順序與思想結構。先有「知命」而強力學習，方可「謀而後動」，爾後，楊雄謂「成道」，孫過庭謂「動不失宜」，成道即成功之道，〔註125〕「動不失宜」爲知天知命，成功之道的結果。再次，楊雄謂「愼言禮書」，李軌注「愼言禮書」爲「愼言口無過，愼禮無失儀」，〔註126〕孫過庭則說「言必中理」，都是說言語的審愼性，重要性，二者都應是出自《論語》。《論語・學而》：「敏於事而愼於言」，《爲政》：「多聞闕疑，愼言其餘」，《先進》：「夫人不言，言必有中。」

　　「動不失宜」即是一種行爲恰當性，孔子說「非禮勿動」，「動之斯和」，動之須以禮，正是「動不失宜」的內涵所在。「宜」即恰當性，適當性。恰當性的意含，可以從《論語》找到依據，如《論語・衛靈公》：「君子義以爲質，禮以行之，孫以出之，信以成之。」此「義」釋爲「宜」，皇侃認爲「人識性不同，各以其所宜爲本」。〔註127〕這與鄭玄注《周禮・考工記》中「凡爲弓，各因其君之躬志慮血氣」爲「又隨其人之情性」〔註128〕一樣，注重個人的性情而制宜隨從。在皇侃與鄭玄看來，「宜」有隨自己性情而行動卻不失禮儀的雙重含義。

　　孔子原意是從禮節、行爲與言語的「宜」當中可以看出是否爲君子。鄭玄與皇侃的詮釋更多在識「性」，知道自己的本性，這個識性的過程需要推天道明人事，需要窮理盡性，與孫過庭對於「窮理」、「知天命」直到「從心」的理解具有內在的一致性，人之才識、性情相異，所以窮極妙理，究盡稟性，察其短長，各盡其所宜，以此爲本。但是皇侃同時也強調「雖各以所宜爲本，而行之皆須合禮」，〔註129〕就是在觀察到自己的特徵，自由實踐自己行爲的同時，

　　　　181頁。

〔註125〕李軌注文，見汪榮寶：《法言義疏》，《新編諸子集成》系列，中華書局，1987年3月，90頁。

〔註126〕汪榮寶：《法言義疏》，《新編諸子集成》系列，中華書局，1987年3月，90頁。

〔註127〕高尚榘校點，南・梁皇侃撰《論語義疏》，中華書局，2013年10月，第404頁。

〔註128〕（唐）賈公彥：《周禮注疏》，（清）阮元校刻《十三經注疏》，整理本，北京大學出版社，2000年12月，1387頁。

〔註129〕高尚榘校點，南・梁皇侃撰《論語義疏》，中華書局，2013年10月，第404

也要遵循禮儀的基本準則，實質上就是指「從心不逾矩」的道德與美學準則。

「宜」這種適當性或恰當性也成爲孫過庭詮釋書寫者行爲是否達到「從心」的一個標準，這是因爲如上所述，書寫者是否眞正從內心知道自己的稟性與外在的規矩法度的契合點，決定了能否臻至自由「從心」的境界。孫過庭在講到書體之間的關係還以「宜」最爲一種融通的境界，他說：「雖篆隸草章，工用多變，濟成厥美，各有攸宜」。「各有攸宜」就是各有其所、恰如其分的一面（攸訓爲「所」）。對各自書體而言，所使用的場合不同，變化萬千，各自到達的美境也不一樣，但是都有所適宜的地方。美國漢學家安樂哲認爲「義」（宜）的含義是「……積極的通過展現義，使解放了的自我和社會情境融爲一體」。〔註130〕「解放了的自我」就是「從心」，和社會情境相容則是「不逾矩」。「宜」的含義可見就是在規則之內的自由或自由度，並且在規則之內達到了一種自由發揮的立美之感，這就是「從心」而「不逾矩」的「宜」。

有關恰當性的道德與美學準則，美國夏洛特女王大學哲學系艾里克·C·穆利斯將「宜」這種恰當性的分析同時著眼於自由度的發揮與規矩的遵循上，他說「宜」要從內心中來，不能走過場，要切實「情動於中」；而學習規則的方式就是去親自實踐操作，比如臨摹等。他認爲，「藝術家必須在部分與整體中，通過同時利用傳統的豐富資源及尋覓到一種眞正對它適當的方法，找到一個適當性的平衡（equilibrium）。一個人必須同時保存和促進相應的文化傳統，將內在的善現實化於實踐中，該現實化的首要組成包含參與到這種豐富的領會中去」。〔註131〕穆利斯所闡釋的「宜」或者適當性原則（appropriateness）同時也考慮到了主體的「變化」與規則的自由掌握上，因而從道德的「禮」與美學準則兩方面去分析，從而達到了融通，對從道德倫理的層面去理解藝術的美學價值觀與評價標準起到了一定的作用。藝術的價值觀確實需要靠倫理問題，這在孫過庭看來似乎是理所當然的事情，他認爲在「窮理盡性」，「達夷險之情」後，就可以權宜變化，「體權變之道」，找到適合自己的切合點，從而在謀劃而動後，就不會失去「宜」這樣的恰當性。馮友蘭在《中國哲學

頁。

〔註130〕 David L. Hall and Roger T. Ames, *Thinking through Confucius*, (State University of New York Press, 1987), p.93. 中譯本，蔣弋爲、李志林譯：《孔子哲學思微》，江蘇人民出版社，2012 年 1 月，65 頁。

〔註131〕 Eric C. Mullis, *The Ethics of Confucian Artistry, in The Journal of Aesthetics and Art Criticism, Vol.65, No.1, Special Issue: Global Theory of the Arts and Aesthetics (Winter 2007)*, pp.99～107.

精神》引用德克・布德教授的文章：「……中國文化的精神基礎是倫理（特別是儒家倫理），不是宗教……」〔註132〕要理解中國哲學與美學的內涵，倫理性價值觀是基礎性的。

　　恰當性或「宜」就是合適「度」的原則，而度的原則是在一定的規矩之內恰如其分，恰到好處。〔註133〕所以「從心」之「宜」就其內涵而言就是「適度」。《周官・考工記》：「天有時，地有氣，材有美，工有巧，合此四者，然後可以爲良。」「弓人爲弓……巧者和之」。鄭玄在注「和弓戲摩」時說「和，猶調也。」〔註134〕李澤厚在《人類歷史學本體論》中引用傳統文獻以證明「度」的內核爲「和」，他認爲和、巧、調即是度。此四者即爲人類依據「天時、地氣、材美」主動創造，度爲立美，立美的過程是規律性與目的性的統一，立美的過程產生「無往不適的心理自由感」，〔註135〕自由感是人們產生美感的本源，而這二者又在不斷的創造中產生新的度與新的美。〔註136〕可見，李澤厚的美學觀與孫過庭在《書譜》中呈現的美學思想有暗合之處。孫過庭也是在「宜」這個度進行「立美」活動的，而其「從於心」的境界就是一種「自由感」，在自由感的前提下，產生了書法的美感，達於「通會之際」，有感於「人書俱老」之歎。只不過，孫過庭所言說的這種自由度還必須服從於歷史所積澱下來的規矩，從心但不逾矩；而李澤厚的美感是一種「歷史本體」論的範疇，處於創造變更的過程中，自由與立美會產生新的審美範式。二者在時間上的內涵不同，就導致了對於美感與自由的理解有所不同。

　　如上是從行爲看恰當性原則，孫過庭也涉及到「言語」方面的適當性問題。

　　其二、「時然後言」，則「言必中理」

　　「時然後言」原文出自《論語・憲問》，孔子問衛大夫公孫拔（公孫文子）

〔註132〕Derk Bodde, *Dominant Ideas in the Formation of Chinese Culture*, in Journal of the American Oriental Society, Vol62, No.4 (Dec.1942), pp. 293～299. 馮友蘭：《中國哲學精神》，自陳來編選《馮友蘭文集》，上海文藝出版社，1998年10月，310頁。

〔註133〕李澤厚《人類歷史學本體論》，天津社會科學出版社，2008年5月，59頁。

〔註134〕（唐）賈公彥：《周禮注疏》，（清）阮元校刻《十三經注疏》，整理本，北京大學出版社，2000年12月，1390頁。李澤厚據此鄭注以爲在「巧者和之」條下，誤。

〔註135〕李澤厚《人類歷史學本體論》，天津社會科學出版社，2008年5月，61頁。

〔註136〕李澤厚《人類歷史學本體論》，天津社會科學出版社，2008年5月，61頁。

於公明賈，是否公孫文子眞的「不言，不笑，不取」，公孫賈答其中「不言」為「時然後言，人不厭其言」，〔註137〕意思時說不到時機，不會言說。皇侃說：「非時不語，語必得之中。既得之中，故世人不厭其言也。」〔註138〕「時然後言」的意思就是修爲達到一定的程度，在一定的時機，正如孔子稱贊閔子騫一樣「夫人不言，言必有中」（《論語・先進》），少言少語，但一旦言說則中理。〔註139〕

言語在古人看來，在某種場合下，是非常重要的，例如子貢說：「君子一言以爲知，一言以爲不知，言不可不愼也。」（《論語・子張》）孔子說：「敏於事而愼於言」（《論語・學而》），「多聞闕疑，愼言其餘」（《論語・爲政》），「君子欲訥於言而敏於行」（《論語・里仁》）。

孫過庭對於《論語》「言」的引用，表達的思想是，其一，不要輕易言說，原因在於前述的，學習有不同的時間性概念，加之要窮理盡性，以「知命從心」的「達情」與「體道」，才能謀議而動，動則不失恰當性，在這樣的情況與時機下，方可言說；其二，一旦言說則言之中理，此亦是由於在孫過庭的語境之下，學習到高級階段，「人書俱老」，相與通會，所言說的東西對於知性究理的修行狀態下，都理俱其中。

綜上，「動」與「言」構成了「從心」的一種內在含義與具體體現，那麼「平和」則是「從心」的一種狀態性的歸宿。

前述從宗經的基調——禮樂觀，到「樂」的比擬再到創作中「合」與「宜」的分析，無不體現孫過庭潛意識裏面的經學定位、教化思想。此外，尚有從「經」藉裏面習得而來的「文質相變」與「情性與形質」等非教化、非倫理的內容。

第六節　《書譜》的其他經學思想

一、「文質相變」的權變思想

孫過庭在《書譜》開篇即提到「文」「質」的問題。文質問題屬於通變思

〔註137〕鄭曉華《書譜》，中華書局，2012 年 7 月，181 頁。
〔註138〕高尚榘校點，南・梁皇侃撰《論語義疏》，中華書局，2013 年 10 月，第 361頁。
〔註139〕皇侃疏「中」即「中理」，《論語義疏》，中華書局，2013 年 10 月，第 275 頁。

想的一個方面，一個具體呈現，通變的思想在本著易學淵源一章中已經詳細論及。文質問題，權變問題在漢朝以來，已經成爲一個經學問題，孫過庭所說的「質文三變」與「權變」之道，儼然是一個由經學而來的美學問題。縱然，孫過庭的文質相變的思想或許來源於《文心雕龍》，然而劉勰所論亦正是受到宗經思想的影響，本節闡明的問題，與本著文學淵源一章區別在於，要從經學視角論證孫過庭的宗經美學本源。

「質文三變」語出《春秋繁露・三代改制質文》篇，是說夏商周三代的質文相更迭。

《禮記・表記》：「夏道尊命，事鬼神敬而遠之，近人而忠焉。先祿而後威，先賞而後罰，親而不尊。其民之敝，惷而愚，喬而野，樸而不文。」可見夏代質樸，就算到了衰世之際，人們仍然「惷而愚，喬而野」，對人忠厚。「殷人尊神，率民以事神，先鬼而後禮，先罰而後賞。尊而不親，其民之敝，蕩而不靜，勝而無恥。」（《禮記・表記》）殷商尚尊，其質漸變爲文。「周人尊禮尚施，事鬼敬神而遠之，近人而忠焉，其賞罰用爵列。親而不尊，其民之敝，利而巧，文而不慚，賊而蔽。」（《禮記・表記》）周朝返歸尚忠之淳厚，但見顯示出其利巧、文華來。「子曰：虞夏之質，殷周之文，至矣。虞夏之文，不勝其質；殷周之質，不勝其文。」（《禮記・表記》。）夏商周三代逐漸由質樸變成文華。

質文相變的經學理論歷史由來已久。其背後的質樸文華有著深厚的意識形態和社會組織架構理論。如《春秋繁露・三代改制質文》就提出「正其朔，服其服，行其禮樂」這個「三統」的概念。董仲舒以及後來的何休的三代改制意味著，質文相變，盛世循環，有著複雜的歷史循環理論系統。〔註140〕各代由盛而衰，所以要改革時弊，革故鼎新，順應陰陽變化之趨勢。

質文相變的理論，孔子也有相應的主張。《論語・先進》裏說：「先進於禮樂，野人也後進於禮樂，君子也。如用之，則吾從先進。」《論語・八佾》說：「周兼二代，郁郁乎文哉！吾從周。」由此可見，因爲周代兼得質樸與文華，故孔子學說在於「從周」，所以又在《論語・雍也》說「質勝文則野，文勝質則史。文質彬彬，然後君子。」孔子的理想世界是「文質彬彬」。孔子又說：「後世雖有作者，虞帝弗可及也已矣；君天下，生無私，死不厚其

〔註140〕江新：《春秋繁露・三代改制質文》眞僞考，信陽師範學院（哲學社會科學版），
　　　第 32 卷第 1 期，2012 年 1 月。

子；子民如父母，有憯怛之愛，有忠利之教；親而尊，安而敬，威而愛，富而有禮，惠而能散；其君子尊仁畏義，恥費輕實，忠而不犯，義而順，文而靜，寬而有辨。《甫刑》曰：『德威惟威，德明惟明。』非虞帝其孰能爲此乎。」（《禮記·表記》）孔子贊賞虞帝，兼論夏之忠，殷之尊，亦有周之文。孔子並沒有提出文質循環的理論體系，相反，重文質兼容，而能爲太平盛世立不易之法。

孫過庭使用「醇醨一遷」表示書法如世事與社會結構變化一樣，具有淳樸與清濁之別；使用「質文三變」表示書法如三代治理模式，社會制度一樣有質文相變的特徵。但如果結合後文的「文質彬彬，然後君子」來看，孫過庭本意應該是，從質到文是一個歷史的變化規律。他亦主張如孔子一樣，從兼二代之「周」，文質相容，而後可得恒定法則。而並不是如董仲舒、何休一樣認爲，質文是一個循環系統，盛衰之世相互更迭，需要不時的變化才能得當前的治世之道。

「殷因於夏禮，所損益可知也；周因於殷禮，所損益可知也。其或繼周者，雖百世可知也。」（《論語·爲政》）「所謂損益，就是在既有的社會規範系統及其制度上，去掉一些舊的制度規範（損），增加一些新的制度規範（益），其實也就是從整體上重建一套社會規範及其制度。在孔子看來，夏、商、周三代之間就是如此……孔子並非原教旨主義者，而是一個變革者，革命家。後來康有爲講孔子改制，以此作爲變法的理論依據。」〔註141〕而損益的根據何在？義，即正義原則與仁愛。〔註142〕而書法的質文三變同樣道理在於「正當性原則」，即技術不變，但是人文環境在變遷，社會習俗在變化，所以書法也要隨時變化，這樣才能「生生不息」。「生生之謂易，日新之爲盛德。」（《周易·繫辭》）

文質相變的變，變化的是一種「經」，所謂「經權之變」與「經權之辯」，要懂得變化。

「權變之道」源自《論語·子罕》篇：「可與共學，未可與適道；可與適道，未可與立；可與立，未可與權。」皇侃疏「權者，反常而合於道者也。」

〔註141〕黃玉順：《制度文明是社會穩定的保障——孔子的「諸夏無君」論》，載《學術界》，2014年第9期。

〔註142〕黃玉順：《制度文明是社會穩定的保障——孔子的「諸夏無君」論》，載《學術界》，2014年第9期。

〔註143〕「權」就是「權變」之意，即知道要權且變化。《孟子》有「經權之變」的實例：「男女授受不親，禮也。嫂溺，援之以手者，權也。」〔註144〕趙岐注曰：「孟子告髡曰：此權也。權者，反經而善也。」〔註145〕人們日常行為有經，但在孟子這裡，也有權變之道，比如在某些特殊情況下，比如嫂溺水時，就需要打破男女授受不親的原則，這就是反經而行權，因為只有這樣才能做到善。可見儒家或經學的原則並不是一成不變，具有隨時而變，因時制宜的特點。董仲舒《春秋繁露》開始有「經權之辯」：「器從名，地從主，人之謂制權之端焉，不可不察也。夫權雖反經，亦必在可以然之域，不在可以然之域，故雖死亡終弗為也。」〔註146〕董子也將經權比附於陰陽，「陰為刑，刑反德而順於德，亦權之類也……經用於盛，權用於末，以此見天之顯經隱權……」〔註147〕在董仲舒看來的經權之辯已經開始具有濃鬱的經學色彩，從孔子、孟子到董仲舒，經權之變已經變成了經權之辯。本來孔子與孟子是不專門強調經的不可撼動性，在董仲舒看來，則已經演變為經為常經，權為隱權了。

孫過庭的體「權變之道」，是從經學（孔子）而來，由學而道，由立而臻權變才是高級的學術與為政、處事之道。而董仲舒則是：經決不可撼動，權僅是權宜之計，有一定的適用範圍，孫過庭沒有遵守這種經學的既定範式，而是與南北朝以來的文論一樣，以「質文三變」為出發點，「淳醨一遷」、「馳騖沿革」，各隨時代而變，要善於體權變之道。這與孔子的路徑一樣，權變才是高級境界。

具體從書法來看，結合本著易學淵源一章的論述，各個時代尚質尚文不一樣，所以不要用固定不變的觀點來看待書法美學的發展。上一個朝代認為文的，在這個朝代已經被看作質了，反之亦然。所可貴之處就在於能夠文質兼採，「文質彬彬」，此文質之類亦不是固定的，只是孫過庭借助於孔子對三代改制質文的看法，兼而蓄之，以當時的風尚，崇尚當時的審美境域而已，

〔註143〕高尚榘校點，南‧梁皇侃撰《論語義疏》，中華書局，2013 年 10 月，第 231 頁。
〔註144〕（春秋戰國）孟軻《孟子》卷七《離婁章句上》，四部叢刊景宋大字本。
〔註145〕（春秋戰國）孟軻《孟子》卷七《離婁章句上》，趙岐注，四部叢刊景宋大字本。
〔註146〕（漢）董仲舒《春秋繁露》卷三，清武英殿聚珍版從書本。
〔註147〕（漢）董仲舒《春秋繁露》卷三，清武英殿聚珍版從書本。

唯有做到「古不乖時，今不同弊」，方可臻至藝術之至善之境。

二、「形質」與「情性」問題的經學闡明

孫過庭說：「眞以點畫爲形質，使轉爲情性；草以點畫爲情性，使轉爲形質」。形質與情性在此究竟何指？當代學者闡發甚多，眾說紛紜，莫衷一是。

馬國權在《書譜譯注》中對此，在「注釋」與「譯文」之外，打破自己的著述體例原則，另立「餘論」，專門反覆申說形質與情性的關係：他說「形質指點畫的長短、大小、高下、出入、多寡，情性指運筆、行筆呼應的抑揚頓挫的神氣」。〔註148〕「……這是孫虔禮對楷書和草書的用筆問題的創造性總結……楷書基本要求是點畫，而它的難處卻在使轉……草書最講究使轉，……但點畫工夫不深……」〔註149〕馬國權用具象的形狀來闡釋形質，用運筆的神氣來闡釋情性，具體來看，就是形質立形容易，情性體現較難。這種闡釋重點在於形質與情性的各自所指，而忽略了二者之間的關係。馮亦吾說：「形質是形體本質，指外在的形態。……情爲心理動作，感於物而發，性爲靜止的天性，是與生俱來的……爲內在精神」。〔註150〕馮亦吾所言正如本著易學淵源一章所論的「性情論」一樣，性爲天性，靜止的，情是欲而發的，動態的，這種闡發是沿著傳統性情論的視角。但是忽略了與形質的關係，因而還是值得再深思與推敲。

朱建新將歷代注家對於形質與情性的論述做了梳理，其中有唐張懷瓘、明湯臨初、清包世臣，以對包世臣的《跋刪定吳郡書譜序》與《答熙載九問》節錄最爲詳細。〔註151〕包世臣說：「……形質尚不具備，更何從說到性情乎？蓋必點畫寓使轉之中，即性情發形質之內。……書之形質，如人之五官四體，書之情性，如人之作止默語。……」「張不眞，而點畫狼藉……鍾不通草，而使轉縱橫，此語並傳盡眞法……」。〔註152〕包世臣將形質與情性對舉，闡明二者之間的關係，認爲形質爲基礎，情性是一種發揮，發前人之未發，舉前人之未舉，是一大創造。然其後所論，雲霧繚繞，不知所云，「草法不傳，實由

〔註148〕馬國權：《書譜譯注》，紫禁城出版社，2011年7月，67頁。
〔註149〕馬國權：《書譜譯注》，紫禁城出版社，2011年7月，68頁。
〔註150〕馮亦吾：《《書譜》解說》，國際文化出版公司，1992年10月，80頁。
〔註151〕朱建新：《孫過庭〈書譜〉箋證》，中華書局（上海編輯部），1963年4月，32頁。
〔註152〕（清）包世臣：《藝舟雙楫》，《藝林名著叢刊》系列書目，世界書局，1936年，89頁。

眞法之不傳」,「眞草同源,只是運指換筆」〔註153〕已經脫離形質情性本體之所論,旨在闡明他自己的書法批評態度。

上述所舉幾例主要從具象上去看待形質與情性的問題,而其間的關係包世臣似乎點到,卻又顧左右而言它。

形質與情性的關係正如包世臣所說,形質爲基礎,情性爲發揮。換言之,一個是本體,一個是使用,而這就是體與用的關係,一爲體,一爲用。孫過庭並非是將形質與情性並舉的第一人。最早將二語連用出自於隋朝蕭吉的《五行大義》。〔註154〕

其中《辨體性》篇說「體者以形質爲名;性者以功用爲義。以五行體,資益萬物。故合而辨之。」〔註155〕此論最早可追溯於《尙書・洪範》之「五行」論,五行自然之性「水潤下,火炎上,木曰曲直,金曰從革,土爰稼穡」〔註156〕。蕭吉說:「木居少陽之位,春氣和煦溫柔,弱火伏其中。故木以溫柔爲體,曲直爲性……」〔註157〕可見,體就是指所立之本體,如《易經》所說的「剛柔以合體」之體,而性即用爲上,因其性而用之,以功用爲目的之性。體爲裏,性爲表。蕭吉在《第二十三論諸人・第一論人配五行》還說「其人形質,情性,骨肉,藏府皆象五行」,〔註158〕第一次將形質與情性並舉,以五行配人,示人之區別(此與本文所論不甚密切,從略)。

因此,孫過庭形質與情性論,「眞以點畫爲形質,使轉爲情性;草以點畫爲情性,使轉爲形質」,除了如上馬國權,馮亦吾等所闡釋的具體形象外,需要做進一步的闡明,這就是一種,如上所述的,從經學而來的體用關係。〔註159〕

形質是體,情性是用。「體」體現爲形質,「用」體現爲情性。對眞書而

〔註153〕 (清)包世臣:《藝舟雙楫》,《藝林名著叢刊》系列書目,世界書局,1936年,89頁。
〔註154〕 該書《隋書・經籍志》與《唐志》無載,直到《宋史・藝文志》開始載入。
〔註155〕 (日)中村彰八:《五行大義校注》,汲古書院,昭和五九年二月(1984年),13頁。
〔註156〕 (漢)伏勝《尙書大傳》卷三,〔漢〕鄭玄注,〔清〕陳壽祺輯校,四部叢刊景清刻左海文集本。
〔註157〕 (日)中村彰八:《五行大義校注》,汲古書院,昭和五九年二月(1984年),13頁。
〔註158〕 (日)中村彰八:《五行大義校注》,汲古書院,昭和五九年二月(1984年),192頁。
〔註159〕 玄學如王弼講體用,有爲體,無爲用(湯用彤),成玄英講體用的關係,自然爲體,名教爲用,道家爲體,儒家爲用。理學家講性爲體,情爲用。

言，體爲點畫，用爲使轉，對草書而言，體爲使轉，用爲點畫。眞書與草書各自立「體」不同，眞書是以點畫之排陣出剛柔，草書以使轉之縱橫立剛柔。但是須以「用」來點綴「體」才能體現情與性，眞書點畫之外需夾雜使轉，草書使轉之外須配以點畫，否則就會單調而索然無味。但是立本合體，眞書還需以點畫爲主，以點畫立剛柔，草書以使轉爲本，以使轉成剛柔。所以孫過庭才會贊到：「伯英不眞，而點畫狼藉；元常不草，使轉縱橫」。這裡的點畫與使轉不可理解爲在一個線條或筆劃上同時使用，而是應該指字內，篇章結構內，一個是主線，一個是輔助。否則線不成其爲線，字不成其爲字。

據日本《書道全集》第八卷（昭和三十二年版），空海所錄文本在此句後面還有六句：「草無點畫，不揚魁岸；眞無使轉，都乏神明。眞勢促而易從，草體賒而難就。」〔註160〕啓功考爲異本所致，即孫過庭定稿前可能有幾個版本，如張懷瓘《書斷》所引也稍有不同。〔註161〕若果如此，則更能說明：在孫過庭眼裏，眞書，點畫爲本體，使轉是用以增色，體現情性神明的，反之，草書以使轉立體，而點畫用以揚其魁岸的。

所以用《五行大義》的「體」「性」抑或「體」與「用」去闡明孫過庭所主張的「眞以點畫爲形質，使轉爲情性；草以點畫爲情性，使轉爲形質」，更能一針見血地，直截了當地看到其本質。

第七節　孫過庭「宗經」思想的理論基調

一、從宗經、「留心翰墨」的學習基調到創作思想

「功定禮樂」是孫過庭書學「宗經思想」基調體現。書藝可以「和志」、「和容」，達到「和」、「中」等教化目的；「興於詩，立於禮，成於樂」（《論語・泰伯》）幫助學習，安於學業，給人帶來快樂。「言文者宣教明化於王者朝廷」，〔註162〕書法文字更是經義之本，人們識經義，是由小學而大學的工具。

〔註160〕馬國權《〈書譜〉譯注》，馮亦吾《〈書譜〉解說》，啓功《孫過庭〈書譜〉考》俱加以引用。
〔註161〕張懷瓘《書斷》所引《運筆論》（啓功認爲《運筆論》即《書譜》）句爲：「孫過庭云：『元常專工於隸書，伯英尤精於草體。彼之二美，而羲獻兼之。並有得也。』」而現存臺北故宮《書譜》墨蹟對應的釋文爲：「且元常專工於隸書，伯英尤精於草體，彼之二美，而逸少兼之」。
〔註162〕（漢）許慎：《說文解字・序》，見段玉裁《說文解字注》，經韻樓藏版。

書法文字起著宣教化的作用。宗經思想表現在《書譜》「非訓非經，宜從棄擇」的選擇標準上，「得時不如得器，得器不如得志」的創作境界上，「孝道」爲先的儒家倫理思想上。

從以上幾個方面考慮，也能夠消解、超越「留心翰墨」（游於藝）與「功定禮樂」「妙擬神仙」之間的矛盾與困惑。樂在其中，不沉溺其中，是爲留心於此的體現。書法具有藝術性、實用性疊加的雙重功能。

孫過庭在創作思想中的「五乖五合」，是內在心志與外在環境的統一。出於《周禮・考工記》之四「合」，其中二合「時和氣潤」與「紙墨相發」則應源於《考工記》。知權變之道，「謀而後動」，「動不失宜」，則強調一個適度性，也是儒家尤其《論語》中的行爲範式。不失「中」度，才能臻至「志氣和平」，「風規自遠」藝術之妙境。

如此看來，從「宗經」的思想，到「留心翰墨」這種「游於藝」的學習基調，再到「五合」與「動不失宜」的創作思想等等，無不體現一種「經學」的理論基調。

二、經學爲基調的理論邏輯

孫過庭對於經學思想的繼承不僅僅限於表面的語言文字。他有一整套嚴整的邏輯建構，以經學爲座標原點，可比於「樂」，書法的重要性在於「和」「閒雅」「嘽緩」，而要達到這些就需要做到內心的仁義。內心的仁義就需要做到孝爲本的傳統經義的內在要求。〔註163〕而做到「和」「閒雅」「嘽緩」就可以做到胸中有「志」，從而達到「情深調合」，「神情」不「懸隔」，「從心不逾矩」。相反，在孫過庭看來，王獻之在「孝」上的缺憾，沒有做到「立身揚名，事資尊顯」，則其「神情懸隔」，「鼓努爲力」，「既失其情，理乖其實」，所以獻之不及羲之。

孫過庭通篇的著眼點其實還在於理與情二字。理字提到九處，情字十五處。理字如：「內迷其理」「文鄙理疏」「文約理贍」「言必中理」「理乖其實」「博究終始之理」「手迷揮運之理」等。情字如「使轉爲情性」「點畫爲情性」「達其情性」「情殆手闌」「情深調合」「情拘志慘」「情動形言」「既失其情」，

〔註163〕從孫過庭的語言特點看來，不能簡單把他的理念閱讀成經今文還是古文。但不論是古文經還是今文經，孝爲出發點的仁本之心是構成經學體系的基本元素。從這一點看，對外在的形式不加區分，並不影響孫過庭移植傳統經義於書學思想。

「旁通點畫之情」「合情調於紙上」等等。其中「既失其情，理乖其實」相對讀，「旁通點畫之情，博究終始之理」相對應。說明孫過庭追求的是情與理的交織，通過情來探尋理的根源與脈絡，如果「情深調合」，則說明是至理之方。這與李澤厚所言的「情理結構」「心理成本體」「道由情生」的「文化心理結構」〔註164〕相吻合。孫過庭所追求的恰恰便是在中華民族傳統的儒家經學文化當中，由「情」致「理」的一路脈絡。書法之理的追尋由情而展開，進而探索達到情的方方面面，「情」如「志」、「孝」、「文質」兼採以及諸如「和」、「閒雅」如「奇音在爨，庸聽驚其妙響」等音樂特質等等。如果使用儒家的語言，是爲「誠」。在形而下的階段，則就是書法美學自身的特質，如使轉與點畫的要求，如速度的要求，如乾枯潤澤的要求等等。

因此可見，從經學層面對《書譜》語言進行闡釋和還原，是全面深入理解孫過庭書學思想的重要方法。

經學涵蓋易學，易學也是經學的一個門類。但是在孫過庭這裡，易學超出了一般經學的影響模式，成爲審美意象的主要來源。

〔註164〕李澤厚：《人類歷史學本體論》中第三章《心理本體與樂感文化》，天津社會科學院出版社，2008年5月。

第四章 《周易》思想影響下的審美意象

第一節 審美思想中的變易觀

　　孫過庭在開篇針對世間所流行的「今不逮古，古質而今妍」說法——即當今的書法不如古人，古代的質樸，而當今已經變得華麗，進行了否定性的回應，他認爲「質以代興，妍因俗易」，「代興」與「俗易」應爲互文，〔註1〕即質與妍（文）的認知是隨時代變化而變化的，不能用當今的審美態度去評論古今之別。所以古代「雖書契之作，適以記言」，而後則是「馳騖沿革，物理常然」，意即淳樸時代的造字與後來書寫藝術的發展，時代背景與目的不同，不能同日而語，不能以一個標準去評價處在不同時代的書藝；書法的難能可貴之處在於能夠「古不乖時，今不同弊」，對於古代與當今的技術與審美範式要融通神會，須借古開今，持古御今。

　　「書契之作」〔註2〕最早出自《周易・繫辭》〔註3〕，「馳騖沿革」與「革」卦（《雜卦傳》：「革，去故也。」）有一定淵源，而「易雕宮於穴處」亦出自

─────────────

〔註1〕 參見本著孫過庭的經學淵源一章。

〔註2〕 （唐）孔穎達：《周易正義》，（清）阮元校刻《十三經注疏》，整理本，北京大學出版社，2000年12月，356頁。

〔註3〕 《尚書》傳世孔安國序有「古者伏犧氏之王天下也，始畫八卦，造書契，以代結繩之政，由是文籍生焉」一句，無論眞僞，應晚於《易傳》時間，且序非原本經。見（唐）孔穎達：《尚書正義》，（清）阮元校刻《十三經注疏》，藝文印書館印行。

《繫辭》；顯而易見，孫過庭無論是語源還是思想上，都受到《易經》深深的影響。

一、從「書契之作，適以記言」看古今變易

《尚書‧序》：「古者伏犧氏之王天下也，始畫八卦，造書契，以代結繩之政，由是文籍生焉」。〔註4〕孔安國傳云：「書者，文字；契者，刻木而書其側，故曰『書契』也。一云以書契約其事也。鄭玄云：『以書書木邊，言其事，刻其木，謂之書契也』。」〔註5〕《古文尚書‧序》這一條在《周易‧繫辭》中也有類似的表達：「上古結繩而治，後世聖人易之以書契，百官以治，萬民以察，蓋取諸夬。」〔註6〕或許《古文尚書‧序》是從《周易‧繫辭》而來。韓康伯注曰：「夬，決也。書契所以決斷萬事也。」〔註7〕孔穎達之疏從之，並且，孔穎達還在《尚書‧序》的疏中，也引用了此段《周易‧繫辭》的文字作爲佐證「書契」爲原始決斷萬事的依據。由此可見，「契」本身應爲用刀切割之意，從而引出兩個意思，一個即「刻」，即如《尚書‧序》中，孔安國與鄭玄所述的「刻木」；第二個意思爲「斷」，如《周易‧繫辭》中韓康伯與孔穎達所謂「所以決斷萬事」。

《爾雅‧釋詁》「契、滅、殄，絕也。」〔註8〕該條下郭璞注「今江東呼刻斷物爲契斷」。〔註9〕《爾雅‧釋書契》：「契，刻也，刻識其數也。」這條釋訓意在表達從刻畫到識別判斷的一個過程。清代邵晉涵《爾雅正義》〔註10〕與郝懿行《爾雅義疏》〔註11〕亦同。衛恒《四體書勢》：「書契之興，始自頡

〔註 4〕《尚書序》據清人研究應是魏晉時期偽出，並非原尚書內容。清孫星衍《尚書今古文注疏》未錄入《尚書序》篇目。但唐時盛行的恰恰是閻若璩所考證爲偽書的《古文尚書》。

〔註 5〕（唐）孔穎達：《尚書正義》，（清）阮元校刻《十三經注疏》，整理本，北京大學出版社，2000 年 12 月，2 頁。

〔註 6〕（唐）孔穎達：《尚書正義》，（清）阮元校刻《十三經注疏》，整理本，北京大學出版社，2000 年 12 月，2 頁。

〔註 7〕（唐）孔穎達：《周易正義》，（清）阮元校刻《十三經注疏》，整理本，北京大學出版社，2000 年 12 月，356 頁。

〔註 8〕（日）京都大學圖書館藏宋本郭璞注：《爾雅》。

〔註 9〕（日）京都大學圖書館藏宋本郭璞注：《爾雅》。《爾雅》此條屬□多詞一訓，該條中「絕」有不同的意思。

〔註10〕（清）邵晉涵：《爾雅正義》，邵氏家刊本。

〔註11〕（清）郝懿行：《爾雅義疏》，郝氏家刻本。

皇，寫彼鳥迹，以定文章。」〔註12〕衛恒之意亦在定奪、斷決層面。劉勰：「書
契斷決以象夬，儒行縟說以辭繁，此博文以該情也。」（《文心雕龍‧徵聖》）
劉勰對「書契」的理解就是文字，並非切割原意。契就是「斷決」之意。唐中
期書家張懷瓘說：「契爲信不足，書爲言立徵。書契者，決斷萬事也。」〔註13〕
陳夢家對書契的解釋是「契」與「夬」古音同，《廣雅‧釋言》：「挈，缺也。」
這就是爲什麼書契取象於夬的原因〔註14〕。陳夢家〔註15〕的說法正好說明書
契取象於夬，具有決斷之意。

　　與「書契」相連用之「記言」，見《漢書‧藝文志》：「古之王者世有史官，
君舉必書，所以愼言行，昭法式也。左史記言，右史記事，事爲《春秋》，言
爲《尙書》，帝王靡不同之。」孔穎達疏《尙書‧序》云：「且言者意之聲，
書者言之記，是故存言以聲息，立書以記言。故易曰：『書不盡言，言不盡意』。」
〔註16〕「記言」指的是：「立書記言」。

　　綜上，「書契」在根本意義上是刻畫而成書，馬國權在《書譜譯注》〔註17〕
與學者鄭曉華《書譜》的注釋中〔註18〕皆以此注之。然而，如上述所證，從
《周易‧繫辭》上下文以及孫過庭上下文看，還有「決斷」之意。《周易‧繫
辭》認爲只有當「決斷」後，方可「道洽」而「政治」，下民可察規矩方圓而
行之，正如《繫辭》中的另一句話所說「黃帝、堯、舜垂衣裳而天下治，蓋
取諸乾、坤」〔註19〕的道理一樣，表現出那個時代，人類剛剛從野蠻進入文
明的初級階段，人們靠一些簡單的「文化」活動來樹立規矩，決斷萬事。

　　孫過庭說的「雖書契之作，適以記言」同理，也是在說上古因「書契」

〔註12〕 （唐）房玄齡《晉書》卷六十列傳第三十，清乾隆武英殿刻本。
〔註13〕 （唐）張懷瓘：《書斷》，上海師範大學古籍整理研究室：《歷代書法論文選》，
　　　　 上海書畫出版社，1979 年 10 月，157 頁。張懷瓘這段話應是出自孔穎達疏《尙
　　　　 書‧序》，原文是「且言者意之聲，書者言之記，是故存言以聲意，立書以記
　　　　 言。故《易》曰：書不盡言，言不盡意。是言者意之荃蹄，書言相生者也。」
〔註14〕 陳夢家：《中國文字學》，中華書局，2006 年 7 月，139 頁。
〔註15〕 陳夢家在此還對契的造字法進行深層次意義的剖析，他認爲朱駿聲《說文通
　　　　 訓定聲》把契定在豐下，並認爲刻齒於竹木以記事是錯誤的，契即刻之意。
〔註16〕 （唐）孔穎達：《尙書正義》，（清）阮元校刻《十三經注疏》，整理本，北京
　　　　 大學出版社，2000 年 12 月，2 頁。
〔註17〕 馬國權：《書譜譯注》，紫禁城出版社，2011 年 7 月，42 頁。
〔註18〕 鄭曉華：《書譜》，中華書局，2012 年 7 月，9 頁。
〔註19〕 （唐）孔穎達：《周易正義》，（清）阮元校刻《十三經注疏》，整理本，北京
　　　　 大學出版社，2000 年 12 月，353 頁。

而立書，以記言，從而有決斷之意。如果不把孫過庭說的「書契」與決斷之意聯繫起來，僅僅理解「書契」爲契刻之意，它與「適以記言」前後在邏輯上較爲淺顯，不緊密；「記言」只是一種手段，而最後總目的在於「決斷」之事，樹立一種文化的標準，規矩方圓，鉤繩曲直。自然而然，這種「書寫」的時代，質樸和文華與當今的就相去甚遠。推而論之，所以就需要用變易的思想去看待過去的審美風尙。總之，孫過庭表達的意思是：遠古時代，做書契，記言而決斷萬事，功用不同，審美態度則不同，這是質樸或原始的時代。當今就不需要做這些事情，質樸的看法在隨時代改變。

上古質樸的時代，「書契」起著決斷事理，「立書」而「記言」的作用，〔註20〕而當今卻已「淳醨一遷，質文三變」。孫過庭的言外之意是古之質樸的時代已過，「馳騖沿革，物理常然」的哲學原理告訴我們，時代在變，時代背景與精神在發展，判斷事物應該與時偕行，用歷史的眼光看當代的精神，過去的質樸與文華和現在的質樸與文華是有所不同的，只有以「借古開今」的精神，做到「古不乖時，今不同弊」，才能眞正稱得上藝術之道。

二、「馳騖沿革，物理常然」的易學哲學原理

劉勰《文心雕龍·風骨》有「跨略舊規，馳騖新作」一語，馳騖二字表示時間變化快速；「沿」爲因循，「革」爲變革，《周易·革卦》之《象辭》：「天地革而四時成……革之時大矣哉」。〔註21〕意即古今時間變化飛速，有些事因循守舊，有些則是變革而趨時。即三易中所說的「不易」與「變易」。「物理」一詞，韓康伯有「夫物之所以通，事之所以理，莫不由乎道也」〔註22〕一句，孔穎達在疏「陰陽不測之謂神」時〔註23〕說「窮其物理，體其變化」，〔註24〕物理即爲萬事萬物運行的法則、道理或規律。孔穎達又說「物既有常，猶方

〔註20〕 比如現代漢語「契機」中的「契」就含「斷」的意思，即從此斷開，割裂開，機會好轉。

〔註21〕 （唐）孔穎達：《周易正義》，（清）阮元校刻《十三經注疏》，整理本，北京大學出版社，2000年12月，238頁。

〔註22〕 （唐）孔穎達：《周易正義》，（清）阮元校刻《十三經注疏》，整理本，北京大學出版社，2000年12月，318頁。

〔註23〕 （唐）孔穎達：《周易正義》，（清）阮元校刻《十三經注疏》，整理本，北京大學出版社，2000年12月，319頁。

〔註24〕 （唐）孔穎達：《周易正義》，（清）阮元校刻《十三經注疏》，整理本，北京大學出版社，2000年12月，319頁。

之有止；數無恒體，猶圓之不窮」，〔註25〕那麼萬事萬物運行的規律，總是在處於不變之常與變化之無窮的交織中。

《周易》變化的原理：陰陽二爻構成八卦，八卦相重而成六十四卦，三百八十四爻，唯有當以陰陽、剛柔變化——即「剛柔相推而生變化」〔註26〕時，才能取象萬物，擬物生成，因而《易經》本身的內在法則就是陰陽之變。「剛柔者，立本也。變化者，趣時者也。」〔註27〕韓康伯注曰：「立本況卦，趣時況爻。」〔註28〕《周易・繫辭傳》：「變化者，進退之象也。剛柔者，晝夜之象也。」〔註29〕「神而化之，使民宜之。易窮則變，變則通，通則久。」〔註30〕易乃「變易」，〔註31〕「日新之謂盛德，生生之謂易。」〔註32〕

《書譜》還有「易雕宮於穴處」一句，出自《周易・繫辭》，「上古穴居而野處，後世聖人易之以宮室」，〔註33〕即上古時代是穴居，當今已經有宮殿，就沒有必要再「易」回去，返回穴居之野處。「反玉輅於椎輪」的說法是因為上古車用椎輪，近世則技術提升至「玉輅」，《爾雅・釋車》：「天子所乘曰玉輅，以玉飾車也，輅亦車也。」〔註34〕所以孔穎達說「故以為太御中大夫，掌御玉輅之官。」〔註35〕「玉輅」與「椎輪」之連用，見陸士衡之語：「玉輅

〔註25〕（唐）孔穎達：《周易正義》，（清）阮元校刻《十三經注疏》，整理本，北京大學出版社，2000 年 12 月，337 頁。

〔註26〕（唐）孔穎達：《周易正義》，（清）阮元校刻《十三經注疏》，整理本，北京大學出版社，2000 年 12 月，346 頁。

〔註27〕（唐）孔穎達：《周易正義》，（清）阮元校刻《十三經注疏》，整理本，北京大學出版社，2000 年 12 月，346 頁。

〔註28〕（唐）孔穎達：《周易正義》，（清）阮元校刻《十三經注疏》，整理本，北京大學出版社，2000 年 12 月，346 頁。

〔註29〕（唐）孔穎達：《周易正義》，（清）阮元校刻《十三經注疏》，整理本，北京大學出版社，2000 年 12 月，308 頁。

〔註30〕（唐）孔穎達：《周易正義》，（清）阮元校刻《十三經注疏》，整理本，北京大學出版社，2000 年 12 月，353 頁。

〔註31〕「易」有「變易」，「不易」和「簡易」三易之說。見孔穎達《周易正義》《論易之三名》。

〔註32〕（唐）孔穎達：《周易正義》，（清）阮元校刻《十三經注疏》，整理本，北京大學出版社，2000 年 12 月，319 頁。

〔註33〕（魏）王弼注，（唐）孔穎達疏，盧光明，李申整理：《周易正義》，北京大學出版社，2000 年 12 月，355 頁。

〔註34〕《爾雅・釋名・釋車》，清嘉慶年間影宋本，藝學軒藏。

〔註35〕（唐）孔穎達：《尚書正義》，（清）阮元校刻《十三經注疏》，整理本，上海古籍出版社，2007 年 12 月，765 頁。

基於椎輪」，〔註36〕及《文選序》：「……逮乎伏羲氏之王天下也，始畫八卦，造書契，以代結繩之政，由是文籍生焉。《易》曰：『觀乎天文，以察時變。觀乎人文，以化成天下。』文之時義遠矣哉！若夫椎輪為大輅之始，大輅寧有椎輪之質……」〔註37〕從上下文的用語看，從「書契」到「時變」到「椎輪」與「玉輅」，孫過庭的思維方式，與《文選序》有一定的關聯性，但是根本上講，二者都無不體現著《周易・繫辭》所講的變易、「時變」的思想。

綜上，孫過庭的「質以代興，妍因俗易」就是基於如上所述的《易經》的變易思想所做的論斷，包括「古不乖時，今不同弊」，以及「加以趨變適時，行書為要，題勒方幅，真乃居先」與「今古不同，妍質懸隔」的語言，無不貫穿著用變化的眼光去看待古今的審美趣味問題的思想。

不管是「書契」與「淳醴」，抑或是「穴處」、「雕宮」與「椎輪」、「玉輅」，都只不過是一個時間上的代名詞，目的在於闡釋「化而裁之存乎變」〔註38〕的變易觀點，因為只有這樣才能「變而通之以盡利」，〔註39〕推而行之，才能盡物之便利；在書法審美風尚上，也就體現為對當今時代背景的反應，審美情懷與文化判斷標準的遷移。這就決定了不能以原地踏步、固步自封的態度去審視當前發展中的美學理論、評價標準，因為「文質」在各個時代看來就有不同的含義，不能用古代的質樸來批評當今的文華，最重要的原則是以「借古開今」的思維，達到取用古法不違逆於時代風尚，又脫離於時代的弊端與習氣，意即孫過庭說的「古不乖時，今不同弊」。

本節的核心是圍繞時間性特徵——變易的思想，來闡述書法的「與時偕行」〔註40〕的價值觀。

第二節 立象觀與取象比類

孫過庭除了對易學的「變易」思想——時間性特徵，作出哲理性的闡釋

〔註36〕 （晉）陸機：《陸士衡文集》，宛委別藏清抄本。

〔註37〕 （梁）蕭統：《昭明文選序》，嘉慶胡克家重刻南宋尤袤本，世界書局，1935年。

〔註38〕 （唐）孔穎達：《周易正義》，（清）阮元校刻《十三經注疏》，整理本，北京大學出版社，2000年12月，345頁。

〔註39〕 （唐）孔穎達：《周易正義》，（清）阮元校刻《十三經注疏》，整理本，北京大學出版社，2000年12月，343頁。

〔註40〕 《周易・損卦・象辭》和《乾卦・文言傳》。

外，還說書法「同自然之妙有，非力運之能成」，這個層面是圍繞書法的空間
性特質而言，亦即其形象或象的解釋。孫過庭希冀通過此方法來重新詮釋書
法的眞諦——書法是通於自然美妙的。當然通於自然的前提，勢必要「立象
以盡意」，〔註41〕才能簡易地把內涵與形象表達清楚，做到從意到象，再從象
到言。簡易本身就是《周易》的三易之一，「乾以易知」、「坤以簡能」，就是
要通過象擬諸萬物之形，物象其宜。

　　孫過庭所說的「心之所達不易盡於名言，言之所通尚難形於紙墨」，實際
上是取自《易傳》:「書不盡言，言不盡意」，〔註42〕就是要通過立象才可以表
達胸中之意。

一、《周易》的立象及其對書法的意義

其一、何爲立象

　　《繫辭》:「聖人設卦觀象，而明吉凶，剛柔相推而生變化。」〔註43〕《周
易》本經自有「傳」以來，就成爲以象、數、意相結合而體察「性與天道」
〔註44〕的文本，卦象與爻象成爲推測天文與人文，推天道以明人事的中介。《繫
辭》:「聖人立象以盡意，設卦以盡情僞，繫辭焉以盡其言，」〔註45〕這就是
說除了「設卦觀象」，「聖人」還「立象以盡意」，即在觀天地之象外，還以此
「立象」，抽象化自然界，表達「情意」，用「繫辭」去盡其所言。即從取象
生成抽象物象，之後又從抽象物象表達出具體意象。「《易》者，象也；象者，
像也。」〔註46〕立象就是取象、成象的中間過程。

　　從立象以盡意，繫辭以盡言看出，在意、象、言三者之間存在著一種後
者表達前者的關係，即象表達意，言表達象，王弼所說的「夫象者，出言者

〔註41〕（唐）孔穎達:《周易正義》，（清）阮元校刻《十三經注疏》，整理本，北京
　　　　大學出版社，2000 年 12 月，343 頁。
〔註42〕（唐）孔穎達:《周易正義》，（清）阮元校刻《十三經注疏》，整理本，北京
　　　　大學出版社，2000 年 12 月，342 頁。
〔註43〕（唐）孔穎達:《周易正義》，（清）阮元校刻《十三經注疏》，整理本，北京
　　　　大學出版社，2000 年 12 月，306 頁。
〔註44〕王葆玹:《論意象思維》，載《中國思維偏向》，張岱年，成中英等編，中國社
　　　　會科學出版社，1991 年 5 月。
〔註45〕（唐）孔穎達:《周易正義》，（清）阮元校刻《十三經注疏》，整理本，北京
　　　　大學出版社，2000 年 12 月，343 頁。
〔註46〕（唐）孔穎達:《周易正義》，（清）阮元校刻《十三經注疏》，整理本，北京
　　　　大學出版社，2000 年 12 月，356 頁。

也；言者，明象者也。」〔註47〕這在觀者或讀者看來，就是從言到象，再從象到意的關係。

孫過庭引用《周易‧賁卦》之《象辭》之語來做說明，他說：「《易曰》『觀乎天文，以察時變；觀乎人文，以化成天下。』況書之爲妙，近取諸身。」天文人文在易學思想中就是「取法」所在，一種具象之象，會被抽象成各個卦所要表達的情況；而在孫過庭看來，書法也有類似的取象比類之方法。其中「近取諸身」，源於《周易‧繫辭》的「遠取諸物，近取諸身」。〔註48〕「取身」表示取「乾爲首，坤爲腹，震爲足，巽爲股，坎爲耳，離爲目，艮爲手，兌爲口。」〔註49〕即表明書法的取法類同於八卦的取象，可「通神明之德，類萬物之情。」〔註50〕孫過庭此處使用「近取諸身」是否是表示取象於身體之意存疑。當代學者鄭曉華認爲非取象觀，而是取人類的內在精神與情感因素。〔註51〕

無論孫過庭是借用「賁」卦象辭，還是使用「近取諸身」這樣的詞語——儘管未必是周易之原本意義，都表明深深受到了傳統易學思想的影響。

此外，關於意、象、言之間的取用關係，王弼說：「盡意莫若象，盡象莫若言」，〔註52〕後來「象」成爲意象之「象」，「言者所以明象，得象忘言。象者所以存意，得意而忘象，」〔註53〕即象成爲言與意之間的中介，只不過魏晉玄學強調了會意而忘卻「象」與「言」，意思是要重視「會意」本身，其餘都是幫助理解「意」而已。孫過庭行文中說「得魚獲兔，猶恡筌蹄」或許是通過引用王弼《周易略例‧明象》中的「言者，象之蹄，象者，言之筌也」〔註54〕

〔註47〕 （魏）王弼：《周易略例‧明象》，載《周易校注》，樓宇烈，中華書局，2011年6月，414頁。

〔註48〕 《周易‧繫辭下傳》：「古者包羲氏之王天下也，仰則觀象於天，俯則觀法於地，觀鳥獸之文與地之宜，近取諸身，遠取諸物，於是始作八卦，以通神明之德，以類萬物之情」。

〔註49〕 （唐）孔穎達：《周易正義》，（清）阮元校刻《十三經注疏》，整理本，北京大學出版社，2000年12月，388頁。

〔註50〕 （唐）孔穎達：《周易正義》，（清）阮元校刻《十三經注疏》，整理本，北京大學出版社，2000年12月，351頁。

〔註51〕 鄭曉華：《書譜》，中華書局，2012年7月，225頁。

〔註52〕 （魏）王弼：《周易略例‧明象》，載《周易校注》，樓宇烈，中華書局，2011年6月，414頁。

〔註53〕 （魏）王弼：《周易略例‧明象》，載《周易校注》，樓宇烈，中華書局，2011年6月，414頁。

〔註54〕 （魏）王弼：《周易略例‧明象》，載《周易校注》，樓宇烈，中華書局，2011

來說明：獲得會意，言與象都不要太在意，只要獲得此意，就可以忘掉這些工具。（這個時候，「意」脫離了「聖人」的「性與天道」的範疇，具有廣泛意義與一般意義上的「意」。〔註55〕）

其二、立象的意義

如上所述，立象具有觀象、取象以表達情偽，明吉凶，推天道明人事，「變而通之以盡利」，以及「鼓之舞之以盡神」的作用，所以需要立象；當然，同時也需要繫辭而盡言。這是立象的基礎原因。

「聖人有以見天下之賾，而擬諸其形容，象其物宜，是故謂之象。」〔註56〕韓康伯說「乾剛坤柔，各有其體，故曰擬諸形容」，〔註57〕韓注把《繫辭》傳往前推了一步，將立象之意簡約為擬剛柔之體，成為卦爻象。而擬剛柔之體的對象就是「天下之賾」即幾微之深遠。立象的緣由還在於自然對象的複雜性與微妙性，通過立象可以將複雜、微妙甚而至於抽象的世界用具象的方式簡單地表現出來。《周易·繫辭》：「夫易，聖人之所以極深而研幾也。唯深也，故能通天下之志。唯幾也，故能成天下之務。」〔註58〕易學所要做的就是探賾深遠的幾微，這樣才能通天下之志，即能得「性與天道」。《周易·繫辭》還說「幾者，動之微，吉之先見者也。」〔註59〕只有這樣方可知吉凶，趨利避害，直至開物成務，所以孔穎達疏曰「窮極幽深，而覼幾微也。」〔註60〕

而且，易學應該是將這些幾微之理用明顯而簡單的辦法顯現出來，亦即「探賾索隱，鉤深致遠」，〔註61〕「夫易彰往而知來，而微顯闡幽」。〔註62〕

年6月，415頁。詮蹄之論也來自《莊子》。

〔註55〕 王葆玹：《論意象思維》，載《中國思維偏向》，張岱年，成中英等編，中國社會科學出版社，1991年5月。

〔註56〕 （魏）王弼撰，樓宇烈校釋：《周易注》，中華書局，2011年6月，349頁。

〔註57〕 （魏）王弼撰，樓宇烈校釋：《周易注》，中華書局，2011年6月，349頁。

〔註58〕 （唐）孔穎達：《周易正義》，（清）阮元校刻《十三經注疏》，整理本，北京大學出版社，2000年12月，335頁。

〔註59〕 （唐）孔穎達：《周易正義》，（清）阮元校刻《十三經注疏》，整理本，北京大學出版社，2000年12月，363頁。

〔註60〕 （唐）孔穎達：《周易正義》，（清）阮元校刻《十三經注疏》，整理本，北京大學出版社，2000年12月，336頁。

〔註61〕 （唐）孔穎達：《周易正義》，（清）阮元校刻《十三經注疏》，整理本，北京大學出版社，2000年12月，341頁。

〔註62〕 （唐）孔穎達：《周易正義》，（清）阮元校刻《十三經注疏》，整理本，北京

這也是易學三易之一——「簡易」的內涵,「易則易知,簡則易從」,〔註63〕簡單簡易不但容易知曉,還容易順從萬物之情,所以《繫辭》還說「易知則有親,易從則有功」。〔註64〕

幾微之外還有神妙,《周易・繫辭》:「神也者,妙萬物而爲言者也。」〔註65〕易學哲學的「神」即不可捉摸之意,與魏晉玄學之「玄」有相通之處,並非西方之神。此處《繫辭》傳,言及萬物微妙神乎其神,能言之則爲神妙也。《繫辭》還說「窮神知化,德之盛也。」〔註66〕孔穎達疏曰:「則窮極微妙之神,曉知變化之道,乃是聖人德之盛極也。」〔註67〕古之識萬物之志,通變化之理歸於「聖人」,是因爲其不易,且使用一種歷史的眼光,例如將《易》之流傳與變革歸因於伏羲、周公與孔子,反過來也恰恰說明幾微道顯,神妙莫測。所以要「窮理盡性以至於命。」〔註68〕

二、書法之觀物取象、立象見意

在孫過庭看來,書法需要「窮微測妙」、「推移奧賾」,才能「妙擬神仙」。這即如上所述,正是需要立象、取類比賦以明書之深意。書法同自然界、萬物之理一樣,既微且妙,需窮盡其幾微神妙,推移其變化之奧賾,觀象、取象及立象,取其比類,並以簡易的方式表達出來,讓讀者、觀者、學者能夠簡易從之。

書法微妙與奧賾,具體描述就是「一畫之間,變起伏於鋒杪,一點之內,殊衄挫於毫芒」,這就如同如上所述的萬物之理一樣,哪怕很小的一點「幾微」,暗藏複雜的內容與變化,正如《繫辭》說:「一闔一闢謂之變,往來不

大學出版社,2000 年 12 月,367 頁。

〔註63〕 (唐)孔穎達:《周易正義》,(清)阮元校刻《十三經注疏》,整理本,北京大學出版社,2000 年 12 月,305 頁。

〔註64〕 (唐)孔穎達:《周易正義》,(清)阮元校刻《十三經注疏》,整理本,北京大學出版社,2000 年 12 月,305 頁。

〔註65〕 (唐)孔穎達:《周易正義》,(清)阮元校刻《十三經注疏》,整理本,北京大學出版社,2000 年 12 月,386 頁。

〔註66〕 (唐)孔穎達:《周易正義》,(清)阮元校刻《十三經注疏》,整理本,北京大學出版社,2000 年 12 月,359 頁。

〔註67〕 (唐)孔穎達:《周易正義》,(清)阮元校刻《十三經注疏》,整理本,北京大學出版社,2000 年 12 月,359 頁。

〔註68〕 (唐)孔穎達:《周易正義》,(清)阮元校刻《十三經注疏》,整理本,北京大學出版社,2000 年 12 月,383 頁。

窮謂之通」，〔註69〕變化無處不在，無時不在，需要觀察者細微玄妙的用心，才能體會得到。因此，孫過庭認為，不知此道的人，就會「任筆為體，聚墨成形，心昏擬效之方，手迷揮運之理」，〔註70〕以此強為之求妍求妙，就是錯誤的路徑。

孫過庭又說：「觀夫懸針垂露之異，奔雷墜石之奇，鴻飛獸駭之資，鸞舞蛇驚之態，絕岸頹峰之勢，臨危據槁之形；或重若崩雲，或輕如蟬翼；導之則泉注，頓之則山安；纖纖乎似初月之出天涯，落落乎猶眾星之列河漢。」就是據上述理由，通過立象與比類取譬，從具象來說明書法的幾微之妙與神秘奧賾的，其複雜性與自然萬物可以相與比堪；而通過具象的類比，就可以簡易，「順萬物之情」而「通天下之志」，〔註71〕既可描摹其情偽，又可知其意象，既包括形式，又包括內容。

使用「異」、「奇」、「資」、「態」、「勢」、「形」等「形式」的語言，實際上，都表示類萬物之形，「微妙玄通」，博雜異形，含雋宇宙萬物，含有非常細膩、內涵豐富的技術與感情信息。孫過庭「推移奧賾」也暗含了此意，「推移」自《繫辭》「剛柔相推而生變化」，韓康伯注：「八卦相蕩」為「相推蕩也，言運化之推移」，推移則產生無窮變化，內含深遠，賾隱不顯。

而「重若崩雲」與「輕如蟬翼」則是形容儀態萬千的兩極，兩極至，則意味著掌握了書法各種形式。「導之則泉注，頓之則山安」則是情感內容在形式基礎上的深化，達至崩雲之「重」，蟬翼之「輕」，則自然「容與徘徊」，神情自若，「得其環中」，而可「導」可「頓」。可導之時如泉水流注貌，即一種動態；而可頓之時如山之安止狀，是一種靜態。

另外，「日月星辰」等概念在經學典籍當中連用的最早出處在《禮記·中庸》：「今夫天，斯昭昭之多，及其無窮也，日月星辰繫焉，萬物覆焉。」〔註72〕

〔註69〕（唐）孔穎達：《周易正義》，（清）阮元校刻《十三經注疏》，整理本，北京大學出版社，2000年12月，339頁。

〔註70〕值得強調的是，孫過庭此言經常被論者引用，其實就語言的背景而言，此論應是指本文中所論的「幾微變化」，不是僅僅指技法上的問題。

〔註71〕「志」為「意」，見王葆玹：《論意象思維》，載《中國思維偏向》，張岱年，成中英等編，中國社會科學出版社，1991年5月。

〔註72〕另《荀子·天論》：「列星隨旋，日月遞炤，四時代御，風雨博施。萬物各得其和以生，各得其養以成，不見其事而見其功，夫是謂之神。皆知其所以成，莫知其無形，夫是之謂天。」據成復旺的解釋此處「神」是指「宇宙萬物生成變化的神奇莫測，或者說是對宇宙萬物生成變化的神奇莫測的最佳概括。

《周易‧繫辭》：「顯象著明，莫大乎日月」，〔註73〕可見由於日月星辰這樣的自然界萬象「顯象著明」，可資比況，簡易而從，所以古人取象比類多用天體日月。孫過庭說「纖纖乎似初月之出天涯，落落乎猶眾星之列河漢」，將書法比喻成初月與眾星，簡則易知，可「纖纖」，可「落落」，二者如同蟬翼與崩雲，一弱一強，一陰一陽，構成了書道之情感與形式。

重與輕、駐與安、纖纖與落落在某種意義上說，就是《周易》中剛與柔、一陰一陽的關係，因而「重若崩雲」與「輕如蟬翼」、「導之泉注」與「頓之山安」、「纖纖初月」與「落落眾星」也體現了「一陰一陽謂之道」的宇宙論圖式〔註74〕。簡單的運力，「積其點畫，乃成其字」是不能稱之為真正的書法的，因為書法要有如上的百般變幻，要重寸陰般勤苦學習，從「尺牘」中尋找妙處，這樣才能知道順萬物之情，通天下之志的內涵。

在行文到「乍剛柔以合體」時，有「骨氣」與「遒潤」並重的美學理念。二者相宜，方可「眾妙攸歸」。對骨氣這樣的剛，與遒潤這樣的柔，他分別舉例說明：剛為「枝幹扶疏，凌霜雪而彌勁」，柔為「花葉鮮茂，與雲日而相暉」。不能「偏袒」任何一方，否則就會只剛不柔或只柔不剛。只剛不柔就會「枯槎架險」、「雲石擋路」，而「妍媚」這樣的柔會缺失；只柔不剛就會「芳林落蕊」、「空照灼而無依」、「藍藻飄萍」、「徒青翠而奚託」，意即只有美麗妍媚，無所依託，沒有力量感，陽剛氣。通過這樣一種取象比類，孫過庭要想闡明的就是剛柔的具體感覺是什麼，在自然界的物象是什麼，所謂「遠取諸物」；其次他還要求剛柔合體，不可偏廢，否則就會有他所比況的那樣，「偏玩所乖」。偏工容易，盡善難求。這就是孫過庭在此處使用所謂「浮華之勢評」的本真邏輯所在。

所以孫過庭說：「同自然之妙有，非力運之能成」，是在講書法的形式構

後世典籍也常連用日月星辰，表示與自然的通感，如《文心雕龍‧宗經》：「昭昭日月，離離星辰。」另，成復旺解釋儒家文化與中國傳統審美的關係為有機自然觀與審美客體，體物而得神。他認為儒家與道家的區別在於，儒家把人性的美看成是通於自然，而道家則是把人自身看成自然的一部分。見氏著：《神與物遊——論中國傳統審美方式》，中國人民大學出版社，1989年5月，87頁。

〔註73〕 （唐）孔穎達：《周易正義》，（清）阮元校刻《十三經注疏》，整理本，北京大學出版社，2000年12月，340頁。

〔註74〕 宇宙論論述參見張岱年《中國哲學大綱》，見《張岱年全集》第二卷，河北人民出版社，1996年12月。

成與情感內容處在輕重、剛柔、陰陽的易學範式內，不能僅憑用力、運力這樣的技術外在形式，而是要通萬物之情，知天知地，知陰知陽，這是「智」，是下筆「有由」的道理所在；再加上技術之「巧」，才能達到所謂「智巧兼優，心手雙暢」。

三、《周易》卦爻象作為書法之象

根據如上所論，如果說「泉注」或可能取自孔穎達疏「井」卦之卦辭即「此明井用有常德，終日引汲，未嘗言損；終日泉注，未嘗言益，故曰『無喪無得』也」，〔註75〕那麼「山安」應該確切的說是源自「艮」卦之「山」的卦象，艮為山，山止則可得安。如「小過」卦，艮下震上，王弼注：「上愈無所適，下則得安。」〔註76〕「剝」卦《大象傳》：「山附於地，剝，上以厚下安宅」，〔註77〕「漸」卦王弼注六二爻說：「磐，山石之安者也」，〔註78〕如上幾例都可見「山」跟「安」在《周易》某些卦或爻的象裏面可以找到直接相關聯的依據。孫過庭在使用「山安」這個詞語的時候，應該在較大程度上受到《周易》或易學思想的影響。

亦即，孫過庭本身取譬的源頭有些本來就來自周易之卦象或爻象。要達到所謂「象外之象」的效果。〔註79〕

「泉注」與「山安」分別源自「井卦」之卦辭與「艮卦」的卦象：「泉注」或許有巧合之實；但是「山安」，如上所證，與「艮」卦之象具有明確的意象取向，即書法以《周易》之卦象為「象」。此為第一例。

〔註75〕（唐）孔穎達：《周易正義》，（清）阮元校刻《十三經注疏》，整理本，北京大學出版社，2000 年 12 月，232 頁。

〔註76〕（唐）孔穎達：《周易正義》，（清）阮元校刻《十三經注疏》，整理本，北京大學出版社，2000 年 12 月，287 頁。

〔註77〕（唐）孔穎達：《周易正義》，（清）阮元校刻《十三經注疏》，藝文印書館影引，64 頁。

〔註78〕（唐）孔穎達：《周易正義》，（清）阮元校刻《十三經注疏》，藝文印書館影引，117 頁。阮刻本原文「也」字為「少」字。樓宇烈《周易注》徑直把「少」改為「也」，未注出所改字的原因或版本。阮《校勘記》也未注明。檢萬曆刊本《十三經正義》為「也」字，見日本國立公文圖書館藏。足可見是「也」字。「少」字屬刊刻之誤。

〔註79〕「象外之象，景外之景」出自唐·司空圖《司空圖表聖文集·與極浦書》句，四部叢刊本。另司空圖在《二十四詩品·雄渾》中還說：「超以象外，得其環中」，清同治藝苑捃華本。

其次，第二例，「陽舒陰慘」「天地之心」源自《復卦・象辭》。

孫過庭說「豈知情動形言，取會風騷之意；陽舒陰慘，本乎天地之心。」雖然語詞上看，該語句同《文心雕龍・明詩》「春秋代序，陰陽慘舒；物色之動，心亦搖焉……情以物遷，辭以情發」一句有直接關係（另《文選・西京賦》也有：「夫人在陽時則舒，在陰時則慘，此牽乎天者也。處沃土則逸，處瘠土則勞，此繫乎地者也，」陽舒陰慘爲文論文章常用，表達天人之同感的關係），但「陰陽」如前述，出自《周易・繫辭》：「一陰一陽之謂道。……顯諸仁，藏諸用，鼓萬物而不與聖人同憂，盛德之大業矣哉！」〔註80〕「天地之心」出自「復」卦《象辭》，「復，見其天地之心乎」。〔註81〕孔穎達疏義，將復卦之象即震下坤上，雷在地下，靜寂不動，比況於天地之心，與王弼所說：「天地以本爲心者也。凡動息則靜，靜非對動者也。……富有萬物，雷動風行，運化萬變，寂然至無，是其本矣」，〔註82〕具有內在繼承關係。王弼《老子注・第三十八章》也引用了此卦象辭：「是以天地雖廣，以無爲心。聖王雖大，以虛爲主。故曰，以復而視，則天地之心見。」〔註83〕

而漢代易學之「十二辟卦」〔註84〕（即十二消息卦）以陰陽消長爲基點，復卦爲建子十一月，陰氣開始消退，陽氣開始上升，所以十一月有陽舒而陰慘的特徵，而復卦，只有初爻爲陽爻，據消息卦的特性，上面的陰爻將變成陽爻，復歸於天地之本心與本性，即天地之心。「陽舒陰慘，本乎天地之心」亦即如此而來。

可見孫過庭對於易學的運用不僅僅在於取象比類，還有對漢代易學的繼承和發揚。〔註85〕

而「陽舒陰慘，本乎天地之心」取象於消息卦的卦象，體會到了陰陽天地之運轉與和合變化，追求消息卦象之外的一種求變、求分（「共習分區」）、

〔註80〕（唐）孔穎達：《周易正義》，（清）阮元校刻《十三經注疏》，整理本，北京大學出版社，2000 年 12 月，315 頁。

〔註81〕（唐）孔穎達：《周易正義》，（清）阮元校刻《十三經注疏》，整理本，北京大學出版社，2000 年 12 月，132 頁。

〔註82〕（唐）孔穎達：《周易正義》，（清）阮元校刻《十三經注疏》，整理本，北京大學出版社，2000 年 12 月，132 頁。

〔註83〕（周）老聃《老子》道德經下篇，古逸叢書景唐寫本。

〔註84〕朱伯崑：《易學哲學史》，崑崙出版社，2005 年 4 月，130 頁。

〔註85〕唐時還能看到較多的漢代易學，唐中期李鼎祚著有《周易集解》一書主要就是漢易的內容。

求個體的「情」與「調」，不至於「強名爲體」，也至於學習那些應該有區別而卻把他們看成共通的東西；在於說明情動而形於言，取會風騷，故能情深而調合。

第三例，「躍泉之態」是直接取自《周易·乾卦·九四》之爻辭「或躍在淵」。

有學者認爲，「躍泉」爲避唐高祖李淵諱從《周易·乾卦·九四》之爻辭「或躍在淵，無咎」一句而改。〔註86〕

檢相關文獻，其佐證之證據來源於胡三省注《資治通鑒·唐紀四十五》「若墜泉谷」，原爲「若墜淵谷」，此「泉」字因避高祖諱而改。〔註87〕另，現代學者陳垣《史諱舉例》也提到「淵」常改爲「泉」或「深」〔註88〕這些避諱的例子，亦或俱見於清代海寧周廣業之《經史避名匯考》。但是問題就在於：遍檢周廣業之《經史避名匯考》，確有大量的關於「淵」改爲「泉」或「深」的例子，如：「張彥遠《法書要錄》載宋王愔《文字志》有『岑泉』，梁庾肩吾《書品論》作岑淵」，〔註89〕又如：「吳越春秋劍名有龍淵，《晉·張華傳》作龍泉，《南史》：王蘊常撫刀曰龍泉」；〔註90〕但該著中卻並沒有《周易》中這個「淵」改爲「泉」的例子。遍檢敦煌遺書中經部文獻唐寫本，可惜沒有找到《乾卦》或《繫辭》(《繫辭》中有「鼓之舞之以盡神。乾坤其易之緼邪？(韓康伯注曰)緼，淵奧也」一句，其中含「淵」原字。)檢宋本《周易》，即四部叢刊上海涵芬樓影印宋本，也是寫作「淵」。由此可推測，在唐代的避諱中，很有可能在多數情況下「淵」字是通過缺筆（典型如淵字不寫最後一筆）的方式來實現避諱的。〔註91〕

又查阮校十三經之《周易正義》的《校勘記》，他說：「『或躍在淵』，岳本、閩監本、毛本同石經，淵字諱缺末畫。」〔註92〕又檢唐開成石經之原文，

〔註86〕 鄭曉華：《書譜》，中華書局，2012年7月，197頁。

〔註87〕 王建：《唐諱升沉》，載《貴州社會科學》，2002年7月，第四期，總178期。

〔註88〕 陳垣：《史諱舉例》，載《燕京學報》，1927年4期，635頁。

〔註89〕 （清）周廣業：《經史避名匯考》卷十四，北京圖書館出版社，影印清抄本，1999年8月。

〔註90〕 （清）周廣業：《經史避名匯考》卷十四，北京圖書館出版社，影印清抄本，1999年8月。

〔註91〕 避諱方法有改字、空字、缺筆等，詳見：陳垣：《史諱舉例》卷一。

〔註92〕 （唐）孔穎達：《周易正義》，（清）阮元校刻《十三經注疏》，藝文印書館影引，27頁。

〔註93〕確實是「淵」字最後一筆沒有寫出。避諱的方法有很多，改字、空字、缺筆等。〔註94〕《開成石經》就是缺筆的做法，而且是典型的缺最後一筆。〔註95〕避諱缺筆之例也始於唐代。〔註96〕

遍檢文獻古籍庫，僅見唐李商隱《李義山文集》中一例將躍淵改爲躍泉：「及武宗讓踰三四，位當九五，出潛離隱，躍泉在天，揚八彩於堯眉，挺二肘於湯臂。」〔註97〕很明顯，此「躍泉」出自《乾卦・九四》爻辭：「或躍在淵，無咎」，原文意味超越九三九四爻，躍出淵處，已經在位當之九五，飛龍在天。但是李商隱在孫過庭時代之後。所以證明力受到一定的影響，即在可能性上是存在用「泉」避諱「淵」的，但是沒有先例可尋。

馬國權徑直認爲避唐高祖李淵之諱改「淵」爲「泉」，例如陶淵明作陶泉明爲例證。〔註98〕只能作爲一種可能性存在，不能說明《周易》之「躍淵」一定通過改字即改爲「躍泉」而實現避諱，因爲少寫一筆，如前述，也是一種可能性。

孫過庭隨後在文末也有一例是可明證有「淵」改爲「泉」的避諱。「……有龍泉之利，然後議於斷割」，該句是源自曹植《與楊祖德書》。李善注說：「《戰國策》，蘇秦說韓王曰：韓之劍戟，龍淵大阿，陸斷牛馬，水擊鴻鴈。」〔註99〕可見傳世本（唐五代前是手抄本，謄稿本或清稿本，宋後始流行雕版印刷本），《文選》中也的確有將「龍淵」改爲「龍泉」以避諱的。曹植《與楊祖德書》中的原文在《文選》中已經改字，故孫過庭的「龍泉」避諱並不是首創。當然，令人奇怪的是，同時《文選》中的劉越石的《扶風歌一首》中，「左手彎繁弱，右手揮龍淵」〔註100〕卻沒有使用改字的避諱？這在體例上不一致。而且，李善注的內容「龍淵大阿」也沒有使用改字的辦法來避諱。

〔註93〕（唐）《景刊開成石經》，皕忍堂刻，中華書局，1997 年 10 月。

〔註94〕陳垣：《史諱舉例》，載《燕京學報》，1927 年 4 期，538～545 頁。

〔註95〕王彥坤：《歷代避諱字彙典》，中州古籍出版社，1997 年 5 月，4 頁。

〔註96〕陳垣：《史諱舉例》，載《燕京學報》，1927 年 4 期，542 頁。

〔註97〕（唐）李商隱《李義山文集》卷第一，四部叢刊景稽瑞樓抄本。

〔註98〕馬國權：《書譜譯注》，紫禁城出版社，2011 年 7 月，107 頁。

〔註99〕（南北朝）蕭統《文選》卷四十二，胡刻本。李善注《文選》多處提到該典故。例如曹植另《七啓八首》（《文選》卷三十四）中：「陸斷犀象，未足稱雋，隨波截鴻，水不斷刃」條下，引用相同注釋。張景陽《七命八首》（《文選》卷三十四）中：「豈徒水截蛟鴻，陸麗奔駟」條下，劉越石《扶風歌一首》（《文選》卷二十八）：「左手彎繁弱，右手揮龍淵」條下亦然。

〔註100〕（南北朝）蕭統《文選》卷二十八，胡刻本。

當然，如前所論，避諱的方法有很多種，可能此處，當時的手寫體是通過少寫最後一筆來實現的。因此，說明避諱的體例並不完全統一。

若果如學者所言，孫過庭「躍泉」出自乾卦九四爻之爻辭，那麼他在此的用意就是一種取象，且是直接取自周易之爻象。「九四，或躍在淵」之爻象，如王弼所說：「去下體之極，居上體之下」，〔註101〕所以就「上不在天，下不在田，中不在人，履重剛之險，而無定位所處，斯誠進退無常之時也」，〔註102〕意即處於一種猶豫不能決的位置和狀態，「欲靜其居，居非所安，持疑猶豫未敢決志」，〔註103〕心志也是猶豫的，因爲所處位置不能安定。如果從爻象出發，「躍淵」或「躍泉」處於猶豫的位置、狀態和心志，沒有做到像孫過庭之前所說的「剛柔合體」「勞逸分驅」，或剛或柔不明確，所以就其妍美不能體現出來，「未睹其妍」。而更糟糕的狀態是「窺井」之人的觀點，剛柔都未見，細節不察，寫起來稀疏散落，不及收斂，就會其醜畢露。「躍泉之態」與「窺井之談」是兩種沒有認識到細節，不得剛柔之法的情形，一個沒有認識到美，一個是醜態盡顯，是並舉的關係。孫過庭在此借用爻象來闡釋一種不能「察精」、「擬似」的粗俗藝術觀念、主張或能力，這種主張或能力只能做到結構稀疏，不緊密，或線條形態沒有「檢索」到書法美學眞正應該有的剛柔分明而相濟的狀態。從這個角度看，「躍泉之態」與「窺井之談」在「擬不能似，察不能精，分佈猶疏，形骸未檢」之後，順其自然就理解爲了一種貶義的價值判斷。

有學者指出，「躍泉之態」是指一種矯健的狀態，褒義，「未睹其妍」是指，沒有看到這種矯健的狀態，而感到喟歎，而「窺井之談」又解釋爲是一種直接的貶斥意──一種醜陋的狀態。〔註104〕這種理解的問題在於，其一，在「擬不能似，察不能精，分佈猶疏，形骸未檢」這一貶義之後又有褒義的論述，會讓人感到費解，邏輯不暢；其二「躍泉之態」與「窺井之談」同在前述四個詞語之後，一褒一貶，句式相同，反而呈現出兩個相反的意思，也

〔註101〕（唐）孔穎達：《周易正義》，（清）阮元校刻《十三經注疏》，整理本，北京大學出版社，2000年12月，6頁。

〔註102〕（唐）孔穎達：《周易正義》，（清）阮元校刻《十三經注疏》，整理本，北京大學出版社，2000年12月，6頁。

〔註103〕（唐）孔穎達：《周易正義》，（清）阮元校刻《十三經注疏》，整理本，北京大學出版社，2000年12月，6頁。

〔註104〕鄭曉華：《書譜》，中華書局，2012年7月，198頁。

感覺太過於曲折多變，似難以令人信服；其三「躍泉之態」與「窺井之談」都應該表示一種狀態，「未睹其妍」與「已聞其醜」才是表示價值判斷，如果「躍泉之態」與「未睹其妍」都表示價值判斷，似句式使用混亂，而在孫過庭那裏，應該不太可能發生這樣的語句的使用問題。

如果從《周易》取象角度去理解，「躍泉」表示一種遲疑狀態，剛柔未分，猶豫不決，因爲妍美未現，與「窺井」也表示狀態，其醜已現一樣，前面表示狀態，後面表示價值判斷，就會文從字順、邏輯合理、其義自現。可以說，如果從易學角度入手去理解孫過庭書學思想的內核，會有嶄新的認識。

總上三列，孫過庭在觀物取象比類的同時，也對《周易》「井」卦，「艮」卦、「復」卦、「乾」卦的或卦象或爻象直接進行使用，目的在於使得所闡釋的對象更加直觀生動。這是孫過庭對易學的深層次把握與應用的結果。

四、《周易》所取之象作爲書法之象

孫過庭說：「然後凜之以風神，溫之以妍潤，鼓之以枯勁，和之以閑雅。故可達其情性，形其哀樂。」這一句的直接語源出自《繫辭》：「鼓之以雷霆，潤之以風雨。日月運行，一寒一暑。乾道成男，坤道成女。乾知大始，坤作成物。乾以易知，坤以簡能。天地之道，不爲而善始，不勞而善成，故曰易簡。」〔註105〕《史記・樂書》：「地氣上隮，天氣下降，陰陽相摩，天地相蕩，鼓之以雷霆，奮之以風雨，動之以四時，暖之以日月，而百物化興焉，如此則樂者天地之和也。」〔註106〕

「震」爲雷，「巽」爲風，震雷爲剛，需要鼓才能顯其氣魄與剛勁，而巽風爲柔，以風雨潤化爲主。《繫辭》：「神也者，妙萬物而爲言者也。動萬物者，莫疾乎雷。橈萬物者，莫疾乎風……潤萬物者，莫潤乎水。……」〔註107〕在象辭中，八卦之「震」表示剛之象的卦有隨、噬嗑、恒、益等卦，「巽」表示

〔註105〕 （唐）孔穎達：《周易正義》，（清）阮元校刻《十三經注疏》，整理本，北京大學出版社，2000 年 12 月，304 頁。

〔註106〕 《史記・樂書》，中華書局，1959 年 9 月第一版，第 1195 頁。又鄭曉華著作：《書譜》著錄引自《史記・樂書》，見著《書譜》，中華書局，2012 年 7 月第一版，86 頁。《禮記・樂記》篇章從第二部分開始與《史記・樂書》的内容大體一致，而《史記・樂書》第三、四部分似爲後世竄入。但從體系看《史記・樂書》更爲有邏輯性。

〔註107〕 （唐）孔穎達：《周易正義》，（清）阮元校刻《十三經注疏》，整理本，北京大學出版社，2000 年 12 月，387 頁。

柔之象的有蠱、恒、益等卦。〔註108〕

　　孫過庭所言風神與枯勁或許與《文心雕龍・風骨》篇「風骨」有些淵源的關係，風神即風，枯勁指骨感之力。但從語言的含義與韻律感看，孫過庭更多可能從《易經》裏得到啓示：風與巽相關，因爲巽爲陰，屬柔性，所以要「溫」以「妍」之文與「潤」之順；而震雷爲剛，震雷如鼓，所以在美學上有力感的「枯勁」成爲剛的代表；前二者一剛一柔，在一起則會「和」。例如，震下巽上的卦爲「益」卦，孔穎達所見的《子夏易傳》〔註109〕本有：「《子夏傳》云：『雷以動之，風以散之，萬物皆盈。』孟僖亦與此同其意。」〔註110〕可見二者和而萬物生；又見巽下震上的「恒」卦《彖辭》：「剛上而柔下，雷風相與，剛柔皆應，恒。」〔註111〕剛柔皆應即相和應。孫過庭在「妍潤」之「風神」這一柔與所鼓的「枯勁」這一剛的基礎上最後得出「和」之「閒雅」的審美範疇；這就是基於一柔一剛，剛柔相生的易學傳統理論。只不過《易經》是「鼓」與「潤」對，「雷霆」與「風雨」對，而孫過庭是「凜」、「溫」與「鼓」對，「風神」、「妍潤」與「枯勁」對。形式不同，實質還是剛柔，陰陽的相應相和。

　　另外，在闡明「剛柔以合體」具體書法美學的概念範疇時，孫過庭以「骨氣」與「遒潤」對舉，正好與此四個「以」句所蘊含的剛勁和妍潤相合，所闡釋都在乎柔與剛的幻化，變遷與融通。在體系上，孫過庭的思想有內在的順承性。

　　從根源上看，「凜」、「溫」與「鼓」，「風神」、「妍潤」與「枯勁」是基於「震」與「風」的立象取意而來。孫過庭的這幾句概念範疇與語言表達正是從立象返回象之具象，來闡明盡柔與剛之性的審美範疇，這受到易學思想基本概念的啓發。

　　從以上所取之象來分析孫過庭使用四句「以」句式的易學上的緣由，還要回答，四句「以」句式爲什麼就能夠推出「故可達其情性，形其哀樂」。顯

〔註108〕高亨：《周易大傳今注》，齊魯書社，1998 年 4 月，22 頁。

〔註109〕據陳偉文考現存《子夏易傳》爲唐代張弧之僞本。見陳偉文：《今本〈子夏易傳〉即唐張弧僞本考論》，載《周易研究》2010 年 2 期。而此孔穎達所見應爲唐前版本。

〔註110〕（唐）孔穎達：《周易正義》，（清）阮元校刻《十三經注疏》，整理本，北京大學出版社，2000 年 12 月，207 頁。

〔註111〕（唐）孔穎達：《周易正義》，（清）阮元校刻《十三經注疏》，整理本，北京大學出版社，2000 年 12 月，168 頁。

然，「故」在此是有因果關係的。〔註112〕

《繫辭》：「聖人立象以盡意，設卦以盡情僞，繫辭焉宜盡其言，變而通之以盡利，鼓之舞之以盡神」。〔註113〕這說明立象設卦可以捕捉世間萬物，窮其變化，從而知道其情僞，利用變而通的便利，加上鼓之、舞之以盡其神妙。孔穎達疏曰：「此一句總結立象盡意，繫辭盡言之美。聖人立象以盡其意，《繫辭》則盡其言，可以說化百姓之心，百姓之心自然樂順，若鼓舞然，而天下從之，非盡神，其孰能與於此？」〔註114〕孔穎達疏義則從「聖人與百姓」之說，〔註115〕認爲聖人立象盡意，而百姓盡其情僞，如鼓舞，則天下相從，盡神妙與玄通。所以立象，可以盡意，盡神妙，達情僞。

以上所分析的《書譜》四個「以」代表著剛柔並舉，相應、相和的狀態；而《繫辭》有「剛柔以爲本」，「剛柔相推而生變化」，「剛柔相摩，八卦相盪」，「立地之道曰柔與剛」，「分陰分陽，迭用剛柔」等等剛柔的本體表述，〔註116〕即可見孫過庭以剛柔對舉——四個「以」句，蘊含其意；四個「以」句，通過立象，捕捉世間萬物變化，剛柔相濟，從而可以盡其意，盡其神妙，進而「達其情性」，「形其哀樂」。所以，「凜」、「溫」「鼓」、「和」就可以盡神，盡性，盡情。本文經學淵源一章也從禮樂之藝術與教化功用方面對此有解讀。

後文，孫過庭還說「消息多方，性情不一」，「乍剛柔以合體，忽勞逸而分區」，這正說明，他一貫秉持的是「剛柔」「性情」論。此處亦恰好佐證世間萬物性情各分，不一而足，故以設卦立象，窮性盡理，探索其情僞與神妙之處；而通過剛柔並舉，析其本根，立象見意，取象物外，得「象外之象」，「景外之景」，「韻外之致」。下一節將從剛柔與陰陽角度論述孫過庭的美學本根論。

〔註112〕古籍文獻中，有時候，「故」字只表上下文順承之意，沒有強烈的因果關係。比如《老子》第一章，「道可道，非常道：名可名，非常名。無名，天地之始：有名，萬物之母。故常無，欲觀其妙：常有，欲觀其徼。」如朱謙之《老子校釋》徑直把「故」字去掉。見氏著：《老子校釋》，中華書局，1984 年 11 月，6 頁。

〔註113〕（唐）孔穎達：《周易正義》，（清）阮元校刻《十三經注疏》，整理本，北京大學出版社，2000 年 12 月，343 頁。

〔註114〕（唐）孔穎達：《周易正義》，（清）阮元校刻《十三經注疏》，整理本，北京大學出版社，2000 年 12 月，343 頁。

〔註115〕（唐）孔穎達：《周易正義》，（清）阮元校刻《十三經注疏》，整理本，北京大學出版社，2000 年 12 月，343 頁。

〔註116〕張岱年稱之爲「本根論」，見氏著：《中國哲學大綱》，中國社會科學出版社，1982 年 8 月，28 頁。

五、立象以盡意

孫過庭自己不喜歡「浮華之勢評」，而他自己卻大量使用「奇巧比況」。雖然有的比喻甚而出於之前的書家（儘管孫過庭亦表現出對前代書家或理論家的較多批評態度），他也徑直使用，如「臨危據槁」出自崔瑗《草書勢》，「折挫扠枒」出自李世民《王羲之傳論》：「其枯樹也，雖槎枒而無屈伸」。究其原因，在於立象與取象比類可以盡意；通過以自然界的具體形「象」來比況心目中要描繪的狀態，更容易到達「坐而論道」的目的。胸中之法亦是自然之法，自然之法類於胸中之象，這就正如鄭板橋的「眼中之竹」、「手中之竹」與「胸中之竹」的追尋過程，是一種觀物取象，立象以見意的過程，達到境生於象外的目的。〔註117〕所以通過吸取物象與身象，就可以更容易地表達自己想要說明的意象。

綜上，孫過庭在《書譜》通篇就是通過立象以盡意，取法通於自然的意象，從而達到闡釋自己的審美觀，達到《書譜》自身所要顯示於世人其「美學」思想的目的。

第三節 「性情論」之「性」論

一、導言

「性情」一詞最早出自《易經》之《乾卦·文言傳》：「乾元者，始而亨者也；利貞者，性情也。」〔註118〕王弼注曰：「不為乾元，何能通物之始，不性其情，何能久行其正？是故始而亨者，必乾元也。利而正者，必性情也。」〔註119〕孔穎達疏：「性者，天生之質，正而不邪；情者，性之欲也。言若不能以性制情，使其情如性，則不能久行其正。」〔註120〕李鼎祚《周易集解》引干寶之解曰：「以施化利萬物之性，以純一正萬物之情。」〔註121〕

〔註117〕 朱良志：《「象」——中國藝術論的基元》，載《文藝評論》，1988 年 06 月。

〔註118〕 （魏）王弼撰，樓宇烈校釋：《周易注》，中華書局，2011 年 6 月，6 頁。

〔註119〕 （魏）王弼撰，樓宇烈校釋：《周易注》，中華書局，2011 年 6 月，7 頁。

〔註120〕 （唐）孔穎達：《周易正義》，（清）阮元校刻《十三經注疏》，整理本，北京大學出版社，2000 年 12 月，24 頁。（清）李道平以為此句為王注，誤，見氏著：《周易集解篡疏》，中華書局，1994 年 3 月，60 頁。

〔註121〕 （唐）李鼎祚：《周易集解》，臺灣商務印書館，1968 年 12 月，18 頁。黃壽祺，張善文譯注《周易》，亦引出此句為例說明「性情」之意，見氏著：《周

乾卦是「天」之卦，乾爲天，易學認爲天爲元，爲始，是其性，能通萬物之情，《乾卦·文言傳》又說：「六爻發揮，旁通情也。」可見「性」爲爻性，是靜態的。而情則是爻之變化，產生了移、動，見其情。唯有性其情，才能行其正。唯有性情，才能利正。簡單而言，性爲天性，情須順性，方可利萬物而純一。高亨認爲：「天之貞德有其規律之正，此乃天之性情。」〔註122〕亦通。

結合《繫辭》：「剛柔相推，變在其中」，韓康伯：「變者，何也，情僞之所爲也。」〔註123〕可見性情萬物不一，變化相推，孫過庭才有對書法「消息多方，性情不一」的基調與論斷。

而孔穎達在疏「乾道變化，各正性命」時說：「性者，天生之質，若剛柔遲速之別；命者，人所稟受，若貴賤夭壽之屬是也。」〔註124〕可見性這種天生自然的特徵有剛柔與遲速之類別。孔穎達之論剛柔遲速，或許來源於《禮記》：「凡居民材必因天地寒煖燥濕，廣谷大川異制，民生其間者異俗，剛柔輕重遲速異齊，五味異和。」〔註125〕《左傳》《昭公二十年》亦有言：「先王之濟五味、和五聲也，以平其心，成其政也。聲亦如味，一氣、二體、三類、四物、五聲、六律、七音、八聲、九歌、以相成也。清濁、大小、短長、疾徐、哀樂、剛柔、遲速、高下、出入、周疏，以相濟也。」〔註126〕《左傳》這段描述，後見諸家引用，如《晏子春秋》外篇第七，《玉海》等。可見其影響是深遠的。

孫過庭在行文中對書法之「性」正是圍繞「剛柔」與「遲速」展開的。

而「情」也是基於《周易》之《乾卦·文言傳》而展開。《書譜》中「旁通點畫之情」是源於《周易》「六爻發揮，旁通情也」，即書法之點畫正如八卦之爻，發越揮散，通順萬物之情。「博究始終之理」則是源於「大明終始，六位時成」，王弼說「乾元，通物之始」，孔穎達疏說「以乾之爲德，大明曉

易》，上海古籍出版社，2007年4月，12頁。

〔註122〕高亨：《周易大傳今注》，齊魯書社，1998年4月，54頁。

〔註123〕（唐）孔穎達：《周易正義》，（清）阮元校刻《十三經注疏》，整理本，北京大學出版社，2000年12月，347頁。

〔註124〕（唐）孔穎達：《周易正義》，（清）阮元校刻《十三經注疏》，整理本，北京大學出版社，2000年12月，9頁。

〔註125〕（漢）鄭玄：《禮記疏》卷第十二，清嘉慶二十年南昌府學重刊宋本十三經注疏本。

〔註126〕（晉）杜預注，（唐）孔穎達：《春秋左傳正義》卷第四十九，清嘉慶二十年南昌府學重刊宋本十三經注疏本。

乎萬物終始之道，始則潛伏，終則飛躍，可潛則潛，可飛則飛，是明達乎始
終之道，故六爻之位，依時而成。」〔註127〕《繫辭》：「是故卦有小大，辭有
險易。辭也者，各指其所知之，易與天地準，故能彌綸天地之道，仰以觀於
天文，俯以察於地理，是故知幽明之故。原始反終，故知死生之說。」〔註128〕
韓康伯注：「幽明者，有形無形之象。死生者，終始之數也。」〔註129〕孔穎達
疏曰：「言用易理，原窮事物之初始，反覆事物之終末，始終吉凶，皆悉包羅，
以此之故，知死生之數也。」〔註130〕可見書法之點畫運行的始終之道，運行
之理，正如六爻始成至終的道理，氣象萬千，變化無常，需要明白其中的過
程，則可動可靜，可潛可飛，「乍顯乍晦」，「若行若藏」，「疾遲燥潤」，「濃枯
方圓」，因時制宜，合散屈申，與體無乖。

　　需要指出的是，此處的情是指實情（essence），而非感情（emotion／
feeling）。

　　《書譜》文中從「然消息多方」至「偏玩所乖」在論述「性」，即書法應
該所具有的天然性格，按照孔穎達《正義》的說法，性之一爲剛柔，一爲遲
速。本節闡釋「性」論。下一節，《書譜》文從「《易》曰：觀乎天文」至「猶
怳筌蹄」，次論「情」，是爲人之動，情須順其性，「窮變態於毫端」。

二、剛柔論

（一）易學哲學之陰陽柔剛為本論

　　《周易・繫辭》說「立天之道曰陰與陽，立地之道曰柔與剛，立人之道
曰仁與義。」〔註131〕天地之間，萬物生有，陰陽柔剛，迭用其次。陰陽柔剛
構成了基本的宇宙認識模式。張岱年認爲：太極陰陽在易學中爲其基本之立
論，他說：「陰陽乃生物之本，萬物未有之前，陰陽先有。」〔註132〕李存山認

〔註127〕（唐）孔穎達：《周易正義》，（清）阮元校刻《十三經注疏》，整理本，北京
　　　　大學出版社，2000年12月，9頁。
〔註128〕（唐）孔穎達：《周易正義》，（清）阮元校刻《十三經注疏》，整理本，北京
　　　　大學出版社，2000年12月，312頁。
〔註129〕（唐）孔穎達：《周易正義》，（清）阮元校刻《十三經注疏》，整理本，北京
　　　　大學出版社，2000年12月，312頁。
〔註130〕（唐）孔穎達：《周易正義》，（清）阮元校刻《十三經注疏》，整理本，北京
　　　　大學出版社，2000年12月，312頁。
〔註131〕（唐）孔穎達：《周易正義》，（清）阮元校刻《十三經注疏》，整理本，北京
　　　　大學出版社，2000年12月，384頁。
〔註132〕張岱年：《中國哲學大綱》，中國社會科學出版社，1982年8月，29頁。

爲《易傳》改變了老子原本的「道生一」的主張，道是生於陰陽的，進而認爲陰陽的變易有常規秩序，此即爲道；並將此論放入《世界本源論》之「先秦諸子氣論」。〔註133〕也就是說陰陽乃是易學世界的一種對「天道」構成的基本論調。與西方對於人與「自然之二分」不同，中國易學研究陰陽的本體——宇宙論。〔註134〕

如果說陰陽是天道的基本構成，而柔剛則是天地之道的屬性判斷，即柔剛是陰陽這種構成的基本屬性特徵。所以《周易・繫辭》還說「剛柔者，立本也。」〔註135〕剛柔成爲陰陽的屬性，從而也成爲天道、地道特徵的根基，所以剛柔能立本。

不可否認，陰陽剛柔的認知或許與卦與爻的起源與使用有關。所以《周易・說卦傳》：「發揮剛柔而生爻，和順於道德而理於義，窮理盡性以至於命。」〔註136〕但是這種卦爻的起源與使用亦或許本身又植根於陰陽與剛柔的認知論模式。

陰陽變化，發揮剛柔，才能構造出萬千世界，即所謂「剛柔相推而生變化」，〔註137〕而「動靜有常」則「剛柔斷矣」，就可區分事物及其屬性，而且還「知變化之道者，其知神之所爲乎」。〔註138〕所以陰陽柔剛，除了是構成宇宙論的基本範疇外，還蘊含著相互變化而知微知著的一種神妙屬性。這種陰陽相互變化在易學叫「消息」。「臨」卦《象傳》「剛浸而長……消不久也。」〔註139〕司馬遷評論戰國齊之稷下學者鄒衍的陰陽五行學派：「乃深觀陰陽消息，而作怪迂之變，終始大聖之篇，十餘萬言」。〔註140〕漢代易學或許受到該類易學思想的影響，形成十二辟卦——即十二消息卦，俱見於孟喜之卦氣說。

〔註133〕李存山：《中國傳統哲學綱要》，中國社會科學出版社，2008 年 12 月，24 頁。
〔註134〕張世英：《哲學導論》，北京大學出版社，2002 年，15 頁。
〔註135〕（唐）孔穎達：《周易正義》，（清）阮元校刻《十三經注疏》，整理本，北京大學出版社，2000 年 12 月，347 頁。
〔註136〕（唐）孔穎達：《周易正義》，（清）阮元校刻《十三經注疏》，整理本，北京大學出版社，2000 年 12 月，383 頁。
〔註137〕（唐）孔穎達：《周易正義》，（清）阮元校刻《十三經注疏》，整理本，北京大學出版社，2000 年 12 月，307 頁。
〔註138〕（唐）孔穎達：《周易正義》，（清）阮元校刻《十三經注疏》，整理本，北京大學出版社，2000 年 12 月，333 頁。
〔註139〕（唐）孔穎達：《周易正義》，（清）阮元校刻《十三經注疏》，整理本，北京大學出版社，2000 年 12 月，111 頁。
〔註140〕《史記》卷七十四，《孟子荀卿列傳》，清乾隆武英殿刻本。

〔註141〕具體意義上看，陰長爲消，陽長爲息，是爲陰陽消息之說。陰長爲消，是道消，陽長爲息，是爲道長。

總而爲言，陰陽柔剛的宇宙認知模式構成了天道、地道的本根論，而陰陽消息則說明其中的運動變化、消長生息屬性。

（二）孫過庭剛柔論

其一、剛柔組成書法美學之本根

如果說陰陽是世界構成的本源，那麼柔剛與消息則是世界的特徵，一種認識對象的特徵。進而言之，認識對象的特徵也會成爲審美對象認知的特徵，因爲審美對象也是認識對象的一種。孫過庭正是沿著這樣的路徑來構造他的美學審美框架的。

他說：「然消息多方，性情不一。乍剛柔以合體，忽勞逸而分區」。在如上所述，即闡明消息、柔剛與陰陽的關係後，就不難明白，孫過庭的美學世界裏，消息生長變化，情性趣舍，多種多樣，不須執著拘泥，只成一體。《繫辭》有「方以類聚，物以群分」，孔穎達說「此經雖因天地之性，亦包萬物之情。」〔註142〕並引《春秋》：「教子以義方」說「方，道也」。《繫辭》原文的意思是萬物有同有異，順其情則吉，逆其趣則凶，所以後文有「吉凶生矣」一句。

因而可見「消息多方」與「性情不一」的思想植根於《周易》的《繫辭》中對天地萬物的客觀性認識。天地爲準，陰陽消息變化，萬物情性不同。

孫過庭「剛柔合體」立足於「剛柔相推而生變化」，只有合在一起，才有陰陽消息變化，順萬物之情而「多方」，而「不一」。在講「多方」與「不一」時，是一種外在的剛柔變化的特徵，是一種分離，在講起源、其變化的根源與原因時，必須陰陽剛柔而相合。《繫辭下》：「陰陽合德，而剛柔有體，以體天地之撰，以通神明之德。」〔註143〕剛柔爲體。孔穎達說「剛柔相推而生變化」爲「變化剛柔合爲一」，「變化者，進退之象」爲「變化剛柔分爲二」〔註144〕，正是其理。只有剛柔合體方可生變化，陰陽消長，萬物各性其

〔註141〕朱伯崑：《易學哲學史》，崑崙出版社，2005 年 4 月，40 頁。

〔註142〕（唐）孔穎達：《周易正義》，（清）阮元校刻《十三經注疏》，整理本，北京大學出版社，2000 年 12 月，303 頁。

〔註143〕（魏）王弼撰，樓宇烈校釋：《周易注》，中華書局，2011 年 6 月，369 頁。

〔註144〕（唐）孔穎達：《周易正義》，（清）阮元校刻《十三經注疏》，整理本，北京大學出版社，2000 年 12 月，309 頁。

情。劉勰關於剛柔的美學理論，體現於《文心雕龍・鎔裁》：「情理設位，文采行乎其中。剛柔以立本，變通以趨時。立本有體，意或偏長；趨時無方，辭或繁雜。」也是在重視剛柔立本，有體，無方的本根論。《文心雕龍・體性》篇：「夫情動言形，理髮而文見。蓋沿引以至顯，因內而符外者也。然才有庸儁，氣有剛柔，學有淺深，習有雅鄭，並情性所鑠，陶染所凝。……各師成心，其異如面。」可見，易學思想——剛柔論同樣深深影響了劉勰的文論寫作。同樣，孫過庭的書學思想也深深受到了易學思想的影響，在美學的構成上，與劉勰相同，認為剛柔以立本，變通應時，消息變化，氣象萬千，性情雜多。

　　然而，剛柔立本，合體，只是在說認識對象——或文學，或書法的根源特徵，正如上所徵引《繫辭》與孔穎達《正義》，剛柔還需分，得「進退之象」，才能體現出各自的屬性，所以孫過庭又說：「忽勞逸而分驅」。

　　「勞逸」一詞在美學上的運用，見《文心雕龍・養氣》：「牽志以方竭情，勞逸差於萬里。」周振甫釋「勞逸」為勞苦與安逸，劉勰意思是「牽志」是順情，竭情是用空心情，二者一逸一勞。三代至春秋，自然順情，並非遏力扯力，戰國至漢代，用空心思，詞繁意亂。〔註145〕孫過庭「忽勞逸而分區」的「勞逸」應指「剛柔」而言，並沒有像劉勰那樣的褒貶義之分，只是一種客觀的陳述；孫過庭的意思是，當剛柔分開而去時，就體現出或剛或柔，或勞或逸的狀態，所以這裡的勞逸與剛柔有內在的邏輯對應關係。當剛柔合體時為本，而勞逸分驅時為用，柔時更多為「逸」，剛時更多為「勞」。這正如孫過庭後續行文提到的：「恬憺雍（原墨蹟寫成椎，誤）容，內涵筋骨」與「折挫槎枒，外曜鋒芒」，前者雍容為逸，為柔，後者為勞，為剛，二者所使用的工夫與精力不同，表現出的外在形式不一，但是都是書法美學不可或缺的組成部分。對於勞逸的內涵，當代學者鄭曉華也是作此類似解讀。〔註146〕

　　其中值得注意的是孫過庭使用「乍」與「忽」表示剛柔時合時分，並沒有有規律的徵兆，這正好說明如前所述的剛柔立本，變通應時，因時而得變，消息變化，以順萬物之雜多性情。劉勰《文心雕龍・定勢》說「剛柔雖殊，必隨時而適用。」正是表達出文學因時制宜，不拘泥一格的特徵，書法在孫過庭看來亦類似。

　　其二、「剛中帶柔」「柔中帶剛」

〔註145〕周振甫：《文心雕龍今譯》，中華書局，1986 年 12 月，373 頁。
〔註146〕鄭曉華：《書譜》，2012 年 7 月，198 頁。

　　《周易》的思想中雖然分剛柔而論各卦爻之象，但是剛柔並不是釋然分開的，例如兩儀、四象和八卦的關係，就是陰中有陽，陽中有陰，即「柔中帶剛」、「剛中帶柔」。

　　具體來看，「乾卦」中，王弼注《乾卦‧文言傳》：「陽，剛直之物也。夫能全用剛直，放遠善柔，非天下至理，未之能也。」〔註147〕即「天下之至理」應該不能全用剛，而是柔亦兼用。孔穎達疏《乾卦‧文言傳》說：「故合散屈伸，與體相乖，形躁好靜，質柔愛剛，體與情反，質與原違。是爻者所以明情，故六爻發散，旁通萬物之情。」〔註148〕其中「形躁好靜，質柔愛剛」出自王弼《周易略例》。在王弼和孔穎達看來，「柔」亦應愛「剛」，相輔相成。

　　再看「坤卦」，《坤卦‧文言傳》說：「坤至柔而動也剛」，王弼注《坤卦‧初六》：「至于堅冰，所謂至柔而動也剛。陰之爲道，本於卑弱而後積著者也，故取履霜以明其始」。〔註149〕可見，坤主柔與靜，並非只有柔與靜，當達到柔極靜極之時，也會返回剛，返回動。孔穎達疏《坤卦》之卦辭說：「不可純陰，當須剛柔交錯，故喪朋吉也。」〔註150〕柔極則剛，從而達到剛柔交錯的狀態。

　　關於剛柔交錯，「賁卦」說得最爲至理。《賁卦‧彖辭》云「柔來而文剛」「分剛上而文柔」。「賁卦」，離下艮上，下柔上剛，下火上山，按王弼說法是，坤之上六居六二之位，乾之九二居居上九之位，所以剛柔交錯，他注釋到：「剛柔交錯而成文焉，天文也。」〔註151〕「文」的現象由此產生。孔穎達疏《彖傳》：「觀乎天文，以察時變者，言聖人當觀視天文，剛柔交錯，相飾成文，以察四時變化。若四月純陽用事，陰在其中，靡草死也。十月純陰用事，陽在其中，齊麥生也。是觀剛柔而察時變也。」〔註152〕傳統易學的思想是，由於自然界剛柔交錯，才產生了天文之文，推天道以明人事，人道也需要剛柔

〔註147〕（唐）孔穎達：《周易正義》，（清）阮元校刻《十三經注疏》，整理本，北京大學出版社，2000 年 12 月，22 頁。

〔註148〕（唐）孔穎達：《周易正義》，（清）阮元校刻《十三經注疏》，整理本，北京大學出版社，2000 年 12 月，24 頁。

〔註149〕（唐）孔穎達：《周易正義》，（清）阮元校刻《十三經注疏》，整理本，北京大學出版社，2000 年 12 月，31 頁。

〔註150〕（唐）孔穎達：《周易正義》，（清）阮元校刻《十三經注疏》，整理本，北京大學出版社，2000 年 12 月，29 頁。

〔註151〕（魏）王弼撰，樓宇烈校釋：《周易注》，中華書局，2011 年 6 月，121 頁。

〔註152〕（唐）孔穎達：《周易正義》，（清）阮元校刻《十三經注疏》，整理本，北京大學出版社，2000 年 12 月，124 頁。

交錯，比如孔穎達所引《禮記》的「若四月純陽用事，陰在其中，靡草死也。十月純陰用事，陽在其中，齊麥生也」〔註153〕這個範例，就是說明用人事也需要觀察天道之時變，剛柔相濟，方可得萬物而利用之。這是中國哲學的典型範式，也是中國美學的一種重要的養分與源泉。

再如「鼎卦」，王弼注《鼎卦・上九》：「居鼎之成，體剛履柔，用勁施鉉，以斯處上，高不誠亢，得夫剛柔之節，能舉其任者也。」〔註154〕王弼注取意於《象傳》：「玉鉉在上，剛柔節也」。上九爲剛，但是履六五之柔，得到「剛柔之節」，所以能孔穎達說：「鼎玉鉉者，玉者，堅剛而有潤者也。上九居鼎之終，鼎道之成，體剛處柔，則是用玉鉉以自舉者也，故曰鼎玉鉉也。」〔註155〕這是從爻象得出的剛柔相處，剛柔成節。所以剛中帶柔。

純剛或純柔都會帶來一些不好的結果。《乾卦・象傳》說：「保合大和，乃利貞。不和而剛暴」。〔註156〕剛柔只有在一起時，才能相生相和。因爲沒有柔，剛就不會到達和的狀態，顯示出剛暴。所以孔穎達疏說：「純陽剛暴，若無和順，則物不得利，又失其正。」〔註157〕

剛柔的特性還在於相互變化。《繫辭下》：「上下無常，剛柔相易，不可爲典要。不可立定準也。」〔註158〕剛柔之變易無常，出其不意，沒有固定的法則。《繫辭下》：「唯變所適。」韓康伯注：「變動貴於適時，趣舍存乎會也。」〔註159〕需要變化之時就會發生變化。以唯變化適應時勢爲目的。所以孔穎達概括變易特性與應變適時：「言剛柔相易之時，既無定準，唯隨應變之時所之適也。」〔註160〕可見，剛柔並不時靜止的，還會相互轉化，並且無定準，唯

〔註153〕 （唐）孔穎達：《禮記正義》，（清）阮元校刻《十三經注疏》，整理本，北京大學出版社，2000 年 12 月，586 頁，543 頁。586 頁講四月之「純陽用事」，因旱須用雩祭。543 頁：十月「純陰用事」，「地體凝凍，寒氣逼物」，故須「觀天時以察時變」，爲人所用。

〔註154〕 （魏）王弼撰，樓宇烈校釋：《周易注》，中華書局，2011 年 6 月，273 頁。

〔註155〕 （唐）孔穎達：《周易正義》，（清）阮元校刻《十三經注疏》，整理本，北京大學出版社，2000 年 12 月，244 頁。

〔註156〕 （唐）孔穎達：《周易正義》，（清）阮元校刻《十三經注疏》，整理本，北京大學出版社，2000 年 12 月，10 頁。

〔註157〕 （唐）孔穎達：《周易正義》，（清）阮元校刻《十三經注疏》，整理本，北京大學出版社，2000 年 12 月，11 頁。

〔註158〕 （魏）王弼撰，樓宇烈校釋：《周易注》，中華書局，2011 年 6 月，373 頁。

〔註159〕 （魏）王弼撰，樓宇烈校釋：《周易注》，中華書局，2011 年 6 月，374 頁。

〔註160〕 （唐）孔穎達：《周易正義》，（清）阮元校刻《十三經注疏》，整理本，北京

變化適時。《說卦》傳從易象——陰爻陽爻的角度來說明剛柔迭用的特點：「分陰分陽，迭用柔剛，故易六位而成章，設六爻以倣三才之動，故六畫而成卦也。」〔註161〕明白了剛柔迭用，才會知幾微，神妙天下萬物，所以《繫辭下》說：「君子知微知彰，知柔知剛，萬夫之望。此知幾其神乎？」〔註162〕

孫過庭提到唯有「骨氣」與「遒潤」亦即剛柔並重，不偏向任何一方時，才能「眾妙攸歸」。是為「偏工易就，盡善難求」。他說的「枝幹扶疏，凌霜雪而彌勁」為骨氣，「花葉鮮茂，與雲日而相暉」為遒潤。「骨氣」與「遒潤」二者，不能有所偏好，否則就會只剛不柔或只柔不剛。只剛不柔就會「枯槎架險」、「雲石擋路」；只柔不剛就會「芳林落蕊」、「空照灼而無依」，「藍藻飄萍」、「徒青翠而奚託」。所以可能出現的結果，就會有各種偏執一隅的顯象。所以需要「柔中帶剛」「剛中帶柔」。

他說的「恬憺雍容，內涵筋骨」就是一種柔；「折挫槎桱，外曜鋒芒」就是一種剛。剛柔相間。有剛柔之分，亦有剛柔之合，剛中帶柔，柔中帶剛。孫過庭又說「質直者則徑侹不遒，剛佷者又倔強無潤」，意即過於偏重陽剛，卻失於沒有陰柔溫潤之美，「溫柔者傷於軟緩」表明過於柔軟無陽剛之氣。是故，「學宗一家」，變成自己的體式之後，就不易剛柔兼之，「得其環中」，且認為自己的是正確的——「便以為姿」，「偏玩所乖」。

其三、剛柔相應

前已述及的四個「以」句式中，溫之妍潤是一種陰柔之美，鼓之枯勁則是一種陽剛之美。溫潤是一種柔，無疑義；而「鼓」來自於《易經》中「雷震」，如前已述及，「鼓之以雷霆，潤之以風雨」是《繫辭》中的對萬物自然的之天象認識，前者從「震」，後者取「巽」，一剛一柔。剛柔與雷震風雨的關係，清朝姚鼐也曾經做過類似的闡述：「然而《易》、《詩》、《書》、《論語》所載亦間有可以剛柔分矣……自諸子而降，其為文無弗有偏者，其得於陽與剛之美者，則其文如霆，如電，……其得於陰與柔之美者，則其文如升初日，如清風，如雲如霞，…且夫陰陽剛柔其本二端，造物者糅而氣有多寡，……故曰一陰一陽之為道，夫文之多變亦若是……夫剛不足為剛，柔不足為柔者皆不可以言」。〔註163〕雷電之類屬剛，風霞之類屬柔。美學家朱光潛在《文藝

大學出版社，2000年12月，371頁。
〔註161〕（魏）王弼撰，樓宇烈校釋：《周易注》，中華書局，2011年6月，380頁。
〔註162〕（魏）王弼撰，樓宇烈校釋：《周易注》，中華書局，2011年6月，368頁。
〔註163〕（清）姚鼐：《復魯絜非書》，載王先謙：《續古文辭類纂》卷八書類一，清光

心理學》曾經因此作爲剛柔之美並舉的例子。〔註164〕這說明，陰陽剛柔與自然界物象的聯繫時一種美學共識。〔註165〕朱光潛所引論的陰柔陽剛之類還與西方美學的 sublime，grace 進行比較，以闡明一種人類共同的審美訴求。

剛柔二分不夠，中國哲學與美學還強調合一與相應。《屯卦·象傳》：「雷雨之動滿盈」，〔註166〕王弼注曰：「雷雨之動，乃得滿盈，皆剛柔始交之所爲。」〔註167〕他注釋卦辭「元亨，利貞」爲「剛柔始交，是以屯也。不交則否，故屯乃大亨也。」〔註168〕可見剛柔相交，才能得亨，不交就會有否定的意涵。《咸卦·彖辭》：「咸，感也。柔上而剛下，二氣感應以相與。」〔註169〕《恒卦·彖辭》有：「雷風相與」，「剛柔皆應」，〔註170〕孔穎達說：「此卦六爻剛柔皆相應和，無孤媲者，故可長久也。」〔註171〕《恒卦·彖辭》後來又說：「觀其所恒，而天地萬物之情可見矣」，〔註172〕剛柔相交，相應，相和，方可順萬物之情，盡人事之情僞，鼓之舞之方能盡神。

所以孫過庭所說的溫之妍潤，鼓之枯勁，就是剛柔相交，剛柔相兼，如此，才能得「和」。「陰陽合德」，而「剛柔有體」，從而才可合得閒雅，方可達萬物之性，得人事之情，即所謂「達其情性」，從而「形其哀樂」。

四個「以」句之後，孫過庭接著說「驗燥濕之殊節，千古依然。」《呂氏春秋·重己》：「昔先聖王……其爲宮室臺榭也，足以辟燥濕而已矣。」〔註173〕高誘注爲：「燥謂陽炎，濕謂雨露。」〔註174〕又《文選·連珠·廣絕交論》中

緒虛受堂刻本。

〔註164〕 朱光潛：《文藝心理學》，載《朱光潛全集》，第一卷，安徽教育出版社，1997年8月，424頁。

〔註165〕 劉剛紀也曾引用姚鼐此觀點。見氏著《周易美學》，武漢大學出版社，2006年10月，131頁。

〔註166〕「屯」卦，震下坎上，震爲雷，坎爲水，爲雨。卦辭爲：「元亨，利貞」，王弼注：「剛柔始交，是以屯也。，不交則否，故屯乃大亨也。」

〔註167〕 （魏）王弼撰，樓宇烈校釋：《周易注》，中華書局，2011年6月，25頁。

〔註168〕 （魏）王弼撰，樓宇烈校釋：《周易注》，中華書局，2011年6月，24頁。

〔註169〕 （魏）王弼撰，樓宇烈校釋：《周易注》，中華書局，2011年6月，170頁。

〔註170〕「恒卦」，巽下震上，剛上而柔下。

〔註171〕 （唐）孔穎達：《周易正義》，（清）阮元校刻《十三經注疏》，整理本，北京大學出版社，2000年12月，168頁。

〔註172〕 （唐）孔穎達：《周易正義》，（清）阮元校刻《十三經注疏》，整理本，北京大學出版社，2000年12月，169頁。

〔註173〕 （秦）呂不韋：《呂氏春秋》，呂氏春秋第一卷孟春紀第一，四部叢刊景明刊本。

〔註174〕 （秦）呂不韋：《呂氏春秋》，呂氏春秋第一卷孟春紀第一，四部叢刊景明刊本。

劉孝標注：「夫時有燥濕，弦有緩急，徽柱推移，不可記也。」〔註175〕節為節氣，《列子‧湯問》：「寒暑易節」。可見燥濕就是時節的轉移，氣候的變遷。《周易‧繫辭》：「鼓之以雷霆，潤之以風雨。日月運行，一寒一暑」就是在說雷雨運行，四季變化，燥濕兼之。而這種自然界的四時變化的「天道」是恒常不變的，所以孫過庭說「千古依然」。「體老壯之異時」則是針對人道而言，人生生命有限，而宇宙恒常不變，形成價值無解之悲劇意識，故而歎息人之成長，壯年至老年，百歲而猶短暫。劉勰《文心雕龍‧徵聖》：「百齡影徂，千載心在。」孫過庭關於千古依然與百齡俄頃的對舉很有可能來源於劉勰這句話。

　　需要指出的是關於「殊節」的含義，一般而言，傳統文獻談到殊節都是高尚的節操或持有高尚節操的人。例如晉桓溫《薦譙元彥表》：「夫旌德禮賢，化道之所先；崇表殊節，聖喆之上務。」〔註176〕《晉書‧周虓傳》：「伏願聖朝追其志心，表其殊節。」〔註177〕在孫過庭這裡，殊節並非高尚的品格，在此只不過是一般的連用，與後面的「異時」相對，「殊」與「異」都表示特殊、區別的意思。「殊節」就是變化的氣候，寒暑的節氣。異時就是老壯的成長與變老的狀態。有學者認為：「殊節」一般意義上是高尚氣節之意，此處不同於一般之意，是指不同的一般表現，〔註178〕大意相符。如上所述，第一個是針對天道，第二個是說人道。古人常常推天道以明人事。〔註179〕

　　所以燥濕，寒暑，剛柔相應，歷來如此。而人生「老壯」，轉瞬即逝，孫過庭在此或是在歎息人生短暫，告誡大家對「真理」的認識不易——剛柔應而和，「不入其門」，難窺其奧；或是在說人生「老壯」對剛柔的認識前後不同，隨時會發生變化。

　　總之，剛柔立本合體，是構成書法美學的根，分之有勞、逸，合之而成體；剛柔不可偏舉，須剛中有柔，柔中有剛；剛柔須相應，才能「和之閒雅」，達到順萬物之情，「形其哀樂」的抒情目的。

〔註175〕（南北朝）蕭統《文選》卷五十五，胡刻本。
〔註176〕（南北朝）蕭統《文選》卷三十八，胡刻本。《廣絕交論》，據注，作者為劉峻。
〔註177〕（唐）房玄齡《晉書》卷五十八列傳第二十八，清乾隆武英殿刻本。
〔註178〕鄭曉華：《書譜》，中華書局，2012年7月，82頁。
〔註179〕王博：《老子思想的史官特色》，文津出版社，1993年。

三、遲速論

正如上所述，孔穎達在疏「乾道變化，各正性命」時說：「性者，天生之質，若剛柔遲速之別」，〔註180〕孫過庭在「性情論」一段（即從「消息多方」至「猶恡筌蹄」）的行文邏輯正是依循剛柔遲速的並舉原則。從行文結構上看，剛柔與遲速之性質，孫過庭總是交織在一起的。本文為了討論與行文的方便，分而論之。

《繫辭》曰：「唯神也，故不疾而速，不行而至。」〔註181〕孔穎達說：「此覆說上《經》下節易之神功也。以無思無為，寂然不動，感而遂通，故不須急疾，而事速成；不須行動，而理自至也。」〔註182〕「不疾而速」說明事屬自然，因感而通之，不需要為疾而疾，自然而然事情會速成。這是對疾速的辯證的看法，總之要歸因於「神」，王弼在釋「知變化之道者，其知神之所為乎」說「夫變化之道，不為而自然。故知變化者，知神之所為。」〔註183〕所以《繫辭》所說的「不疾而速」與「不行而至」在講一種變化之道，變化即爻變，剛柔相推而生變化時，自然而為，神所為者。此「神」從主觀而言，須《繫辭》所言之「極深而研幾」，「通天下之志」，而「成天下之務」。

因而可見，剛柔之變與變化時的「不疾而速」的特徵，在《周易》之爻性上也是交織在一起，剛柔屬爻之性，遲速在說變化之性。

在孫過庭看來，書法應該做到超逸之勁速與賞會之遲留，二者是隨自然而發，所以稱之為「反其速」，即返回自然本身它應該有的速度，這樣才能到達會美的境界。如果沒有悟到這個道理，只追求勁疾與遲重，或是偏追或是翻效，終究失去絕倫之美妙。孫過庭解釋說「能速不速」叫做「淹留」，意思就是客觀屬性上講是淹留的，就算主觀上能夠快，但也不要去故意快速起來，要依著本性之遲而「就遲」才能叫做「賞會」。這樣的境界要心閒靜下來，手上技巧熟稔起來，才能兼通而至。而孫過庭又歎到「當今」之獨行之士，只

〔註180〕（唐）孔穎達：《周易正義》，（清）阮元校刻《十三經注疏》，整理本，北京大學出版社，2000年12月，9頁。

〔註181〕（唐）孔穎達：《周易正義》，（清）阮元校刻《十三經注疏》，整理本，北京大學出版社，2000年12月，336頁。

〔註182〕（唐）孔穎達：《周易正義》，（清）阮元校刻《十三經注疏》，整理本，北京大學出版社，2000年12月，336頁。

〔註183〕（唐）孔穎達：《周易正義》，（清）阮元校刻《十三經注疏》，整理本，北京大學出版社，2000年12月，333頁。

能顧及一面，難以兼通，比如要麼矜持收斂而過於遲疑拘束，要麼看得容易而失於規矩方圓，要麼遲疑而專溺於停滯遲澀，要麼遲澀頓挫而只有蹇鈍之感，要麼又過於輕瑣而低至庸俗之感。這些都是沒有體會到線條結構篇章上書寫的自然應該有的遲速快慢的天性所致。

　　餘論：「將反其速」，墨蹟本「反」，非「返」。諸家如馬國權〔註184〕，朱建新〔註185〕等皆徑直隸定為「將返其速」，誤。〔註186〕因為文本為「反」，隸定不可換字，訓釋可以訓為「返」。「反」在古籍中常訓為「返」，〔註187〕「反」為「返」的本字。「反」字有學者釋為：「將兩者顛倒反其道用之。」〔註188〕有學者具體化：「能快而遲」，〔註189〕未為足據。以上述對於「反」的理解，即「返」，返回自然本身它應該有的速度。因為孫過庭在此語之前說：「夫勁速者，超逸之機，遲留者，賞會之致」，意即快慢各有各的用處，超逸之時，可快，賞會之處，則慢。所以反者，返也，返回到「需要的」「應該的」那個速度：超逸時，便快，賞會時，則慢。這是文字字面的意思。因為前面快慢對舉，所以「將反其速」不可以解釋成具體是快還是慢，否則文不通，理不順。至於將「將反其速」理解為「將兩者顛倒反其道用之」，則是在此基礎之上，做的引申的藝術哲學式的闡釋，並非原始文本的「字面」疏解。

四、剛柔遲速之性

　　就像孔穎達所說，性者是剛柔遲速之屬，孫過庭正是秉承這一思想，將剛柔遲速認為是具有消息變化，萬物之性，情性不一的各種宇宙自然的特點，書法類之。所以孫過庭將「剛柔立本」與「合體」賦以書法，書法應該是，觀察崇尚精深，摹擬貴在相似，一剛一柔，氣象萬千，挫之於筆端。如果此

〔註184〕馬國權：《書譜譯注》，紫禁城出版社，2011 年 7 月，108 頁。

〔註185〕朱建新：《孫過庭〈書譜〉箋證》，中華書局（上海編輯部），1963 年 4 月，109 頁。

〔註186〕或許是作者無意間，由於原文沒有記準確所致。

〔註187〕例如《楚辭》：「神儵忽而不反，形枯槁而獨留。」王逸注：「魂靈遠逝，遊四維也。儵一作倏，反一作返。」屈原著，王逸注《楚辭》卷五遠遊章句，第五離騷，四部叢刊景明翻宋本。再如：《文選》：「大暮安可晨，人往有反歲，我行無歸年」。「反」下注：「五臣作返」。南北朝・蕭統《六臣注文選》，卷第二十八，四部叢刊景宋本。

〔註188〕鄭曉華：《書譜》，中華書局，2012 年 7 月，202 頁。

〔註189〕馬國權：《書譜譯注》，紫禁城出版社，2011 年 7 月，109 頁。

二者不能做到，則形態分疏，如窺井之蛙，不見其妍美而只聞其醜陋。剛柔的變化之遲速，應該「不疾而速」，「不行而至」，自然而爲，則得其所宗。反應在書法上，應該「反其速」，返回到自然應該有的速度與屬性，勁速與遲留都要兼顧，該快則快，該慢則慢，能夠快而依其本性應慢的就要慢下來，當然不能爲了快而快，否則就會「終爽絕倫之妙」。做到速度上的自然之性，並不容易，手上的工夫需要精到，心裏面也要閒靜下來。

剛柔與遲速之類，屬於書法的自然天性，我們要去遵循他，才能做到「性其情」。不能偏向任何一邊，所謂「偏工就易」，當然盡善也難求。這恰恰是書法成爲藝術之所在。正因爲剛柔與遲速屬於書法的天性，當我們學到一家之時，很容易犯如上所述的偏向過剛過直，或過柔過軟，或過矜過斂，或過於脫易，過於躁勇，或過於狐疑，或過於遲重，或過於輕瑣等等毛病。

剛柔與遲速，在易學世界裏面，一個屬於爻性本身，所以叫「剛柔以立本」，一個屬於爻性的變化性質，所謂「推剛柔以生變化」，一個合，一個分，都是自然之性。孔穎達把他們聯繫起來叫做「性」之屬。孫過庭受到此類易學思想的啓發，將剛柔與遲速置之在一起進行闡述，並且在舉例說明「獨行之士」「偏玩所乖」的種類時，也是相互交叉，不一而足。足見在孫過庭的眼裏，剛柔與遲速之類屬於一種不可分割的屬性，而這種屬性又恰恰來自於卦之爻的立本與參變。

從孫過庭後續行文「旁通點畫之情」與「博究始終之理」更可見，他將書法的性質與爻性進行了近距離的比較。並且從《乾卦·文言傳》「發揮六爻，旁通情也」以及《周易·乾卦·象傳》「大明終始，六位時成」的描述可見，孫過庭認爲的「旁通點畫之情，博究始終之理」，是基於將書法的點畫類比成八卦之「爻」。唯有此，才能解釋他的剛柔遲速混合論述，以及隨後的「情」「理」與「合情調於紙上」的觀點。藉由此，他開通了書法的「性情」論。

第四節　「性情論」之「情」論

亦如上節導言所述，《書譜》文從「《易》曰：觀乎天文」至「猶怳筌蹄」，闡釋「情」論。孫過庭的內在邏輯，在「情」論上，由來源、特徵與運用構成。

一、來源

孫過庭引用「賁」卦的《象辭》說「觀乎天文，以察時變，觀乎人文，

以化成天下」。〔註190〕孔穎達對於「天文」之疏說：「言聖人當觀視天文，剛柔交錯，相飾成文，以察四時變化。若四月純陽用事，陰在其中，麇草死也。十月純陰用事，陽在其中，齊麥生也。是觀剛柔而察時變也。」〔註191〕可見，觀乎天象之文，就在於觀察剛柔交錯的現象，而得知四時的變遷，從而為人們所用。孔穎達疏實際上是從此句之前的《象辭》另外一句話推而論之的：「柔來而文剛，故亨。分剛上而文柔，故小利有攸往。（剛柔交錯），〔註192〕天文也，文明以止，人文也。」〔註193〕這裡面有一個從爻象剛柔推至自然變化的過程，再從自然變化推至人類察變化成的問題，所謂「推天道以明人事」。對「人文」之義，孔疏曰：「言聖人觀察人文，則《詩》、《書》、《禮》、《樂》之謂，當法此教而化成天下也」。〔註194〕干寶說：「四時之變，繫乎日月，聖人之化，成乎文章。觀日月而要其會通，觀文明而化成天下」。〔註195〕從天文到人文，從察變到化成，是一個從天之性到人之情的過程。孫過庭引用此段《象辭》的意義應在於此。《文心雕龍》也曾引詞語，其中《原道》篇說：「觀天文以極變，察人文以成化；然後能經緯區宇，彌綸彝憲，發揮事業，彪炳辭義。故知道沿聖以垂文，聖因文以明道，旁通而無滯，日用而不匱。」可見劉勰的易學思想也是從極變之天道而推論出人之明道的，旁通而無滯即旁通情，順萬物之化。一定程度上講，文學之《原道》的道理就是從天性以至人情的過程，也由此可見，孫過庭書論中所呈現的易學思想與劉勰文論中的易學思想有一脈相承的地方，比如從「天文」到「人文」，再到發揮事業與「近取諸身」，及至旁通無滯或點畫之情，用語與邏輯都極為相似。

而書法還應該像八卦那樣，除了察天下之變化，遠取諸物外，還應該「近取諸身」，《繫辭》所說「近取諸身」是指八卦卦象取象於人的器官，比如坤

〔註190〕（魏）王弼撰，樓宇烈校釋：《周易注》，中華書局，2011年6月，122頁。

〔註191〕（唐）孔穎達：《周易正義》，（清）阮元校刻《十三經注疏》，整理本，北京大學出版社，2000年12月，124頁。

〔註192〕通行王弼注與孔穎達疏所依據版本沒有「剛柔交錯」四字，但如果沒有，似乎文不從字不順。郭京本有此四字。見高亨：《周易大傳今注》，齊魯書社，1998年4月，172頁。又見（唐）郭京：《周易舉正》，嘉靖四年范氏天一閣刊本，卷上。李道平《周易集解纂疏》未論及此。

〔註193〕（魏）王弼撰，樓宇烈校釋：《周易注》，中華書局，2011年6月，121頁。

〔註194〕（唐）孔穎達：《周易正義》，（清）阮元校刻《十三經注疏》，整理本，北京大學出版社，2000年12月，124頁。

〔註195〕（唐）李鼎祚：《周易集解》，臺灣商務印書館，1968年12月，120頁。

爲首，乾是腹，震爲足，巽爲股，坎是耳，離爲目，艮爲手，兌爲口等等。
〔註196〕而根據孫過庭的上下文，他所說的「近取諸身」應該是指「靈臺」「心手」一類，是與人之感情的表達密切配合的形式要件。

　　亦如之前所論孫過庭的立象觀、取象觀一樣，立象，取象的意義在於比類賦彩，最終是要通過言、象表達意或情意。此處略同：通過天文察四時，再推天道明人事，從而觀人文，得大化之方，直至「近取諸身」的身體形式要件，達「旁通」與「博究」之境界，是一個從天然之性到人文之情的過程。就孫過庭而言，就是要讓讀者明白，之前所論述的書法之多方的消息與天性，例如剛柔與遲速之類，需要關照到「天文」，從「天文」推理到當前所論之「情」論這種「人文」，是一種由「性」至「情」的過程，也是「情」所依據的演繹過程或來源。在孫過庭那裏，表情達意，並非無中生有，而是需要依靠客觀之性。點畫本身猶如爻性，有剛柔遲速之性，通變化，猶如六爻之變，須體會並旁通其情，而所要遵循延續的是其終始的發展變化之道理。所以要窮極變態，知其萬般變化，做到無間之心手相應的狀態，才能合「情調」於紙上。所謂合「情調」，就是情之調合乎其「性」。這就是所謂「情」的緣由與來源。

二、特徵

　　「情」也是基於《周易》之《乾卦》而展開的，正如前述所言。孫過庭所言「旁通點畫之情」，「博究始終之理」是源於「六爻發揮，旁通情也」（《乾卦・文言傳》）與「大明終始，六位時成」（《乾卦・彖辭》）。書法之點畫就像乾卦各爻，發揮變化，旁通萬物之情。「博究始終之理」之「始終」就像乾卦初爻之始至上九爻之終，終始之道，依時而成。

　　王弼說「乾元，通物之始」，孔穎達疏說「以乾之爲德，大明曉乎萬物終始之道，始則潛伏，終則飛躍，可潛則潛，可飛則飛，是明達乎始終之道，故六爻之位，依時而成」。〔註197〕《繫辭》：「……原始反終，故知死生之說」。〔註198〕孔穎達疏：「言用易理，原窮事物之初始，反覆事物之終末，始終吉凶，

〔註196〕　（魏）王弼撰，樓宇烈校釋：《周易注》，中華書局，2011年6月，382頁。
〔註197〕　（唐）孔穎達：《周易正義》，（清）阮元校刻《十三經注疏》，整理本，北京大學出版社，2000年12月，9頁。
〔註198〕　（唐）孔穎達：《周易正義》，（清）阮元校刻《十三經注疏》，整理本，北京大學出版社，2000年12月，312頁。

皆悉包羅，以此之故，知死生之數也。」〔註199〕在孔穎達眼裏，終始之道，
是指原窮事物之終與末，方可包羅萬象，氣象萬千，變化無常，盡收眼底。
可見書法之點畫運行的始終之道，運行之理，正如六爻始成至終的道理，氣
象萬千，變化無常，需要明白其中的過程，則可動可靜，可潛可飛，「乍顯乍
晦」，「若行若藏」，「疾遲燥潤」，「濃枯方圓」，因時制宜，合散屈申，與體無
乖。也可以說，終與始在易學看來就是初爻與上爻的體系性關係，放到孫過
庭的語境，可以理解爲筆劃的起點與終點，字的起點與終點，篇章的起點與
終點的整體性關係。

綜上而言，「情」是一種人爲的動，基礎在於點畫之「性」，只要人之主
體參與其中，一躍而有動，則成其爲「情」。「旁通點畫之情」的道理在於「博
究始終之理」，即孔穎達所說「明達乎始終之道」，而「旁通萬物之情」。

因有剛柔而至性，鼓之以枯勁爲剛，潤之以風雨爲柔，剛柔合而以閒雅，
順萬物之性，達人類之情，性其情而通廣大，盡精微，體自然宇宙之性，得
人倫世間之情，故孫過庭才在四個「以」句式後說「達其情性，形其哀樂。」
沒有順萬物之性，不會旁通點畫，究終始理，也就不會達至應物之情性與哀
樂之情愫。

而從內容上看，孫過庭的闡述與孔穎達的基於《易傳》而發揚的易學思
想有著許多相同之處，例如書法應該包羅萬象，氣象萬千。且從內容的性質
看，變化無常。

其一、「包羅萬象，氣象萬千」

從上述可見，「始終之理」，從易學角度看，暗含「始終之道」，「六爻時
成」，事物終始，皆悉包羅。孫過庭說「鎔鑄蟲篆，陶均草隸」，就是不分書
體，要將書體的共通的東西加以提煉，找到他們共同的規律、義理，換言之，
書法本身有其運行的規律，這種規律是不分書體的。而這樣的規律皆悉包羅，
始終之道，因時而成。所以書法之點畫如八卦之爻，可以通萬象，達情懷，
得世理，列各異。

孫過庭又說：「數畫並施，其形各異，眾點齊列，爲體互乖」。前述是從
書體上去看待「始終之理」的氣象萬千，此又從具體書法的構成形式上去鉤
沉深遠，探賾索隱。書法的線——「數畫並施」，不能狀如算子，需要各形各

〔註199〕（唐）孔穎達：《周易正義》，（清）阮元校刻《十三經注疏》，整理本，北京
大學出版社，2000 年 12 月，312 頁。

異，因時制宜，猶如自然界之終始萬象，而點的分佈，亦同樣如此，不能「眾點齊列」，需要「爲體互乖」。孫過庭此處的「畫」與「點」的描述應該是互文見義。點也應該「其形各異」，畫也應該「爲體互乖」，闡述的是數畫、眾點還是數點、眾畫，並不爲關鍵點。言語未盡，其意已至。借助點畫之類，以至書法終始之道。於點畫外，亦有曲線，牽絲映帶，同理推論，亦可得焉，無須復次繁贅。所謂「得意忘言，得形忘意。」

　　又孔穎達《周易正義》云：「其六爻發揮之義，按《略例》（指王弼之《周易略例》）云：『爻者，言乎變者也』，故合散屈伸，與體相乖，形躁好靜，質柔愛剛，體與情反，質與原違。」〔註200〕根據孫過庭的上下文語境，以及易學思想上看，此「乖」字不帶有貶義，與其他地方使用「乖」字唯獨不同，例如「貴能古不乖時」，「總其終始，匪無乖互」，「有乖入木之術」，「草乖使轉，不能成字」，「五乖五合」，「圖貌乖舛」，「文鄙理疏，意乖言拙」，「既失其情，理乖其實」，「獨行之士，偏玩所乖」等等，這些「乖」字都表示否定意義或貶斥的意義。恰恰與所有其他例子相反，此處「爲體互乖」，因爲是從易學概念「與體相乖」而來，就表示一種積極的主動聚散的意圖，而非貶義，甚而至於沒有相應的價值判斷，只表示一種聚散的排列狀況。當代學者鄭曉華解釋「眾點齊列，爲體互乖」時說其點畫擱放，體式之間需要相互錯開，〔註201〕亦通。但是，如果根據孔穎達的「相」字或孫過庭的「互」字看，不僅要發散聚合，而且還要成爲有機統一體，聚集起來才能使各爻或各點畫成爲一個整體。所以孔穎達緊接著說：「是爻者所以明情，故六爻發散，旁通萬物之情。以初爲無用之地，上爲盡末之境。」〔註202〕因此就書法而言，也可以理解爲「爲體互乖」才能夠「傍通點畫之情，博究始終之理」，氤氳點畫，發散聚合，「挫萬物於筆端」，通自然運行之情，而得篇章囊括之理。

　　另，王弼說：「陰陽者，言其氣；剛柔者，言其形」，而《繫辭》又有：「剛柔以立本」，立本有體，孫過庭之「其形」與「爲體」受到易學思想的影響而以此爲立論對象。

　　由此可見，孫過庭認爲書法同樣需「皆悉包羅」，方可旁通萬物之情，曉

〔註200〕　（唐）孔穎達：《周易正義》，（清）阮元校刻《十三經注疏》，整理本，北京　　　　　　大學出版社，2000年12月，24頁。

〔註201〕　鄭曉華：《書譜》，中華書局，2012年7月第一版，236頁。

〔註202〕　（唐）孔穎達：《周易正義》，（清）阮元校刻《十三經注疏》，整理本，北京　　　　　　大學出版社，2000年12月，24頁。

始終之理。這種包羅萬象是一種有機整體：書體之間相互融合，點畫之間相互協調。

除了在書體與點畫形式的構成上做直接的闡發外，孫過庭還以「體五材之並用，儀形不極，象八音之迭起，感會無方」作爲書法構成、氣象比況的感歎。

「五材」一般指「金木水火土」。最早來自《尙書‧洪範》中的「五行」概念即「水火木金土」〔註203〕其中孔穎達引用了《左傳》的話：「天生五材，民並用之。」〔註204〕隋‧蕭吉《五行大義》：「天有五度以垂象，地有五材以資用，人有五常以表德」〔註205〕一句中有關「五材」的說法，也起源於《尙書‧洪範》篇。蕭吉還說：「五行爲萬物之先，形用資於造化，豈不先立其名，然後明其體用。」（《五行大義‧序》）此外《五行大義》第二章便是《辨體性》，即識辨五行或五材之體性，此體即形質之名，亦即蕭吉所說：「體者，以形質爲名；性者，以功用爲義。」具體對「體」而言：木尙溫柔，火以明熱，土含散持實，金則強冷，水以寒虛（《五行大義‧辨體性》）。而據《尙書‧洪範》「五行」條，五材之性爲：「木曰曲直，火曰炎上，土曰稼穡，金曰從革，水曰潤下，是其性也。」〔註206〕此按照蕭吉之意，爲用。總上二者，一體一用。孫過庭「體五材之並用」的「體」與「用」由此而來，「體」之意爲形質，名詞用作了動詞，意爲體味五材的形質與功用。《文心雕龍‧程器》也有有關五材並用的說法：「蓋人稟五材，修短殊用，自非上哲，難以求備。」

「儀形」用法應來源自《周易‧繫辭》：「易有太極，是生兩儀。」王弼注《老子》第二十五章，也涉及到「儀」與「形」的問題。他說：「精象不及無形，有儀不及五儀」。〔註207〕樓宇烈認爲，「形乃謂之器」；「儀」爲「容」，「有儀」指各種具體形狀的物體；並且引用《周易‧繫辭上》的「易有太極，是生兩儀」例子，舉孔穎達的兩儀四象相對的疏證，「謂兩體容儀」。〔註208〕

〔註203〕此序與後來五行的順序（相生相剋概念中的）即木火土金水不同。

〔註204〕（唐）孔穎達：《尙書正義》，（清）阮元校刻《十三經注疏》，整理本，北京大學出版社，2000年12月，357頁。鄭曉華亦注出此來源，見其著《書譜》，中華書局，2012年7月，227頁。

〔註205〕（隋）蕭吉《五行大義‧序》，（日）中村璋八《五行大義校注》，汲古書院，平成10年5月（1984），1頁。

〔註206〕（唐）孔穎達：《尙書正義》，（清）阮元校刻《十三經注疏》，整理本，北京大學出版社，2000年12月，357頁。

〔註207〕（周）老聃《老子》老子道德經上篇，王弼注，古逸叢書景唐寫本。

〔註208〕（魏）王弼注，樓宇烈校釋《老子道德經校注》，中華書局，2008年12月，

可見，「儀」「形」與《周易》具有語義上的淵源關係。孫過庭此處「儀」指太極所生之「陽儀」「陰儀」，「形」類於「象」。因為，「在天成象，在地成形，變化見矣。」〔註209〕象在《周易》指四象，「太陽」「少陰」「少陽」「太陰」，「不極」指「無極而太極」，含弘光大，沒有蹤跡可尋，可以造設萬物。所以指稱「不極」，表示書法如五行之五材一樣，具有無窮盡的美感力量。

亦正如如蕭吉在《五行大義》所言，五材資用，形資造化，這便是孫過庭使用「儀形」的緣由。蕭吉說：「夫萬物自有體質，聖人象類而制其名，故曰：名以定體。無名乃天地之始，有名則萬物之母」（《五行大義・序》）。由此可見孫過庭所說的：五材之用而卻「儀形不極」的意思，在於從《周易》的角度出來說明人類定體自然界化生萬物神妙之功，似儀形之「不極」；孫過庭在此也避開了道家的「無名」與「有名」，「始」與「母」的用法。

「儀形」另有一解。《文選・皇太子宴玄圃宣猷堂有令賦詩》陸機說：「儀刑祖宗，妥綏天保」。〔註210〕李善注：「毛詩曰：儀刑文王。」〔註211〕呂延濟注：「儀，則，刑，法。」〔註212〕《陸士衡文集・皇太子賜讌詩》：「明明隆晉……誕育皇儲，儀形在昔，微言時宣……」。〔註213〕劉運好根據如上釋，認為儀為準則，形通刑，效法之意，意為以為是準則並效法。〔註214〕可備一說，「儀形不極」可理解為體用五材，取法於它而無窮不盡。

《繫辭》：「古者包犧氏之王天下也，仰則觀象於天，俯則觀法於地，觀鳥獸之文，與地之宜」〔註215〕，韓康伯注到：「聖人之作《易》，無大不極，無微不究。大則取象天地，細則觀鳥獸之文，與地之宜也。」〔註216〕「不極」的意思是上至於天象，下至於地之文，無所不至，無所不包，所以叫無大不極，無微不究。正是一種取象簡易的路徑，《繫辭》「易簡而天下之理得矣」，

---

68 頁。

〔註209〕（唐）孔穎達：《周易正義》，（清）阮元校刻《十三經注疏》，整理本，北京大學出版社，2000 年 12 月，302 頁。

〔註210〕（晉）陸機《陸士衡文集》卷五詩上，清嘉慶宛委別藏本。

〔註211〕（南北朝）蕭統《文選》卷二十，胡刻本。

〔註212〕（南北朝）蕭統《六臣注文選》卷第二十七，四部叢刊景宋本。

〔註213〕（晉）陸機《陸士衡文集》卷五詩上，清嘉慶宛委別藏本。

〔註214〕劉運好：《陸士衡文集校注》，鳳凰出版傳媒集團，2007 年 12 月，276 頁。

〔註215〕（魏）王弼撰，樓宇烈校釋：《周易注》，中華書局，2011 年 6 月，363 頁。

〔註216〕（魏）王弼撰，樓宇烈校釋：《周易注》，中華書局，2011 年 6 月，363 頁。《繫辭》以後皆屬韓康伯補注王弼未盡之業。署名實應為：王弼，韓康伯注。

〔註217〕韓康伯說「有易簡之德，則能成可久可大之功」，〔註218〕「天地易簡，萬物各載其形」。〔註219〕唯有立象取象簡易之功，才能做到不極。不極之意，又方可以儀形而配，唯有儀形之象方可不極，因其意簡，取象意深，可致廣大，可盡精微，既能鈞沉深遠，亦能探賾索隱。

「八音」見之於《尚書・舜典》：「詩言志，歌詠言。聲依永，律和聲。八音克諧，無相奪倫，神人以和」，又見之於《周禮・春官・大師》中關於八音的詳細解釋：「金、石、土、革、絲、木、匏，竹」。〔註220〕鄭玄將每種質料歸屬於八種樂器。〔註221〕從六律，五聲，八音序列看，〔註222〕「八音」應該已經從八種樂器引申為他們演奏的音樂。當然從聲，音至樂有一個過程。〔註223〕但是此處「八音」已指代音樂。八音相間，克諧不易。就八音之樂器與演奏之音樂，可見取自然萬物之屬性，猶如天籟之俱，此起彼伏，跌宕之時，盛況怡然，感慨繫之，無方無體。

「無方」出自《周易・繫辭》，「故神無方，而易無體。」〔註224〕韓康伯注說：「方，體者，皆繫於形器者也。神則陰陽不測，易則唯變所適，不可以一方、一體明。」〔註225〕「方」指形體之邊際。《周易・繫辭傳》有：「方以類聚，人以群分。」方為具體物體，可以體會得到的，看得見摸得著的，即範圍有方；無方就是指神乎其神，捉摸不定，不知道從何而來，有神遇之感。所

〔註217〕（魏）王弼撰，樓宇烈校釋：《周易注》，中華書局，2011年6月，340頁。

〔註218〕（魏）王弼撰，樓宇烈校釋：《周易注》，中華書局，2011年6月，340頁。

〔註219〕（魏）王弼撰，樓宇烈校釋：《周易注》，中華書局，2011年6月，340頁。

〔註220〕鄭曉華亦注明此處出。見其著《書譜》，中華數據，2012年7月，227頁。

〔註221〕鄭云：「金，鍾鎛也；石，磬也；土，壎也；革，鼓鼗也；絲，琴瑟也；木，柷敔也；匏，笙也；竹，管簫也。」

〔註222〕《尚書・益稷》：「予欲聞六律，五聲，八音，在治忽；以出納五言，汝聽。」《周禮・春官・大師》：「大師掌六律六同，以合陰陽之聲。陽聲：黃鐘、大蔟、姑洗、蕤賓、夷則、無射。陰聲：大呂、應鍾、南呂、函鍾、小呂、夾鍾。皆文之以五聲，宮、商、角、徵、羽。皆播之以八音，金、石、土、革、絲、木、匏、竹。」陽律為律，陰律為呂。均俱見（清）阮元校刻《十三經注疏》本。「大師」播之以八音，是掌管八音之準，而「小師」才是小師掌教鼓鼗、柷敔、壎、簫、管、弦、歌的。

〔註223〕參本著有關孫過庭書法理論與音樂的關係一節。

〔註224〕（唐）孔穎達：《周易正義》，（清）阮元校刻《十三經注疏》，整理本，北京大學出版社，2000年12月，315頁。

〔註225〕（唐）孔穎達：《周易正義》，（清）阮元校刻《十三經注疏》，整理本，北京大學出版社，2000年12月，315頁。

以孔穎達在疏解《周易‧觀卦‧象辭》時說：「『神道』者，微妙無方，理不可知，目不可見，不知所以然而然，謂之神道，而四時之節氣見矣。」〔註226〕由此可見，「無方」的境地就是不知所以然而然，不可從道理上推測得到，也不可以目視。孔穎達《周易正義》中對《繫辭傳》的疏中又說：「云『由神而冥於神也』者，言聖人設教，法此神之不測，無體無方，以垂於教，久能積漸，而冥合於神，不可測也。」〔註227〕孫過庭於此感歎音樂的奇妙無窮，可以神乎，以妙萬物爲言。

綜上，「體五材之並用」是在形容自然界之「五行」的神妙與廣大，以至精微，在古人的宇宙論圖式裏，五行已經足以代表萬千世界，體五材即可得天地之理，順萬物之情，所以「儀形」無邊，臻至「不極」。而八音不易和諧，錯而迭起，更讓人聯想到宇宙洪荒，無邊無際，包羅萬象，以至「無方」。

「不極」與「無方」有著同等的境域。在孫過庭看來，書法也有著「不極」與「無方」的正大氣勢，包悉萬象。

其二、「變化無常」

之前曾經引述過，孔穎達疏有關對於終始之道的疏解，他說「以乾之爲德，大明曉乎萬物終始之道，始則潛伏，終則飛躍，可潛則潛，可飛則飛，是明達乎始終之道，故六爻之位，依時而成」。〔註228〕《繫辭》：「……原始反終，故知死生之說」。〔註229〕孔穎達認爲，「言用易理，原窮事物之初始，反覆事物之終末，始終吉凶，皆悉包羅，以此之故，知死生之數也。」〔註230〕

在孔穎達眼裏，終始之道，既包羅萬象，又變化無常，可潛則潛，可飛則飛。孫過庭認爲，書法點畫運行的始終之道，正如六爻始成至終的道理一樣，變化無常，需要明白其中的過程，則可動可靜，可潛可飛，他的語言描述爲「乍顯乍晦」，「若行若藏」，「留不常遲」，「遣不恒疾」，「帶燥方潤」，「將

〔註226〕（唐）孔穎達：《周易正義》，（清）阮元校刻《十三經注疏》，整理本，北京大學出版社，2000年12月，115頁。

〔註227〕（唐）孔穎達：《周易正義》，（清）阮元校刻《十三經注疏》，整理本，北京大學出版社，2000年12月，320頁。

〔註228〕（唐）孔穎達：《周易正義》，（清）阮元校刻《十三經注疏》，整理本，北京大學出版社，2000年12月，9頁。

〔註229〕（唐）孔穎達：《周易正義》，（清）阮元校刻《十三經注疏》，整理本，北京大學出版社，2000年12月，312頁。

〔註230〕（唐）孔穎達：《周易正義》，（清）阮元校刻《十三經注疏》，整理本，北京大學出版社，2000年12月，312頁。

濃遂枯」，處於一種「超以象外，得其環中」的境界，可行可藏，可燥可潤，可濃可枯，隨時調用而不拘。不能拘泥於或常遲或恒疾，或僅燥或僅潤，或只濃或只枯的一方面。《繫辭》說「退藏於密」，〔註 231〕「神以知來，知以藏往」。〔註 232〕《文賦》：「若夫應感之會，通塞之紀，來不可遏，去不可止，藏若景滅，行猶響起。」同理，文學之美與書法之美的由來與規律都在「行」與「藏」，「顯」與「晦」的無窮變化之中。變化無常無恒，做到神妙萬物的境界，不知不覺的達到妙域。

如前述引用的《繫辭》「不疾而速，不行而至」一句，韓康伯注：「感而遂通，故不須急疾，而事速成」。〔註 233〕孫過庭的「留不常遲，遣不恒疾」亦類似，陸機《琴賦並序》也有類似的藝術美學闡發：「疾而不速，留而不滯。」強調自然行事，情之所為須遵循萬物之本「性」，滯留不是一直都遲緩，調遣不是一直都迅速，快慢相互變化，無須人為限定，唯有自然所適。此自然，就是依循點畫之性理，調遣而已，最後追求「情」合於「性」，在「窮」萬象之「變態」於毫端時，臻於「合情調於紙上」的境域。似陸機《文賦》所說「籠天地於形內，挫萬物於筆端，」此「窮變態於毫端」就是一種「性」的客觀存在，「合情調於紙上」就是一種「情」的主觀運用。

三、運用

孫過庭說「假令運用未周，尚虧工於秘奧」，是對於情之運用在性上的結果，結合上下文看，不是指技術上的周詳一意，而是剛柔遲速這種天性沒有得到很好的掌握，因而秘奧虧工，未知幾微。又說「波瀾之際，已濬發於靈臺」，陸機《文賦》有「雖濬發於巧心，或受蚩於拙目」一句，仍然可以看作是心之情性要「得其環中」，不要偏於一隅，剛柔遲速之天性，自然就會「容與俳徊」，當想調動的之時，「波瀾之際」，則隨時適用，濬發靈府。這樣方能「無間心手」、「忘懷楷則」。

因此，《書譜》在這一節（「《易》曰：『觀乎天文』」至「猶悋筌蹄」）與

〔註 231〕 （唐）孔穎達：《周易正義》，（清）阮元校刻《十三經注疏》，整理本，北京大學出版社，2000 年 12 月，338 頁。

〔註 232〕 （唐）孔穎達：《周易正義》，（清）阮元校刻《十三經注疏》，整理本，北京大學出版社，2000 年 12 月，338 頁。

〔註 233〕 （唐）孔穎達：《周易正義》，（清）阮元校刻《十三經注疏》，整理本，北京大學出版社，2000 年 12 月，336 頁。

上一節（「然消息多方」至「偏玩所乖」）所呈現的並沒有過多在技術上做出闡發，相反更多借助於易學思想的性情論，表述客觀之性的天質自然屬性即剛柔遲速，並且說明動而產生「情」，應該氣象萬千，變化無常，去適應自然之性。

「變化無常」也並非變動不拘，還受制於一點之規，一字之準——「一點成一字之規，一字乃終篇之準。」就是定下一個基調後，後面的行文，不論顯晦、行藏、燥潤、濃枯都有一個協同對應的標準，有跡可循。這種協同對應還需做到「違而不犯」與「和而不同」，簡言之也是做到形式的多樣化，美學的層次化。「違」之意在此表示一種狀態，並無價值判斷，「犯」屬於侵犯，干涉。「違」在易學上是一種爻象關係，一種天然之性，「犯」則是一種「繫辭」之意，屬於情。「和而不同」出自《論語·子路》，「君子和而不同」，指順應而又有差異。「違而不犯」、「和而不同」實際上是從兩個方面去看待在基準上的變化，既要在天性上存在差異，但是不侵犯對方，不侵犯則要和順，和順還要有不相同，要表現出差異來。

當然，規矩和標準在藝術美學上應處於無形之中，否則有人工造作之感，不自然。《繫辭》所說的「不疾而速，不行而至」的一個含義可以理解為自然而為，自然情論。《繫辭》還說：「退藏於密」，「日用而不知」，「神以知來」，「知以藏往」，也是指天道人事，其道深微，藏諸其用。孫過庭說：「泯規矩於方圓，遁鉤繩之曲直」，規矩方圓、鉤繩曲直之外，要藏諸其用，不可為顯諸，須自然而然，不可造作矯揉。「規矩方圓」與「鉤繩曲直」的語言連用出自《淮南子》：「規矩不能方圓，鉤繩不能曲直」，〔註234〕《文賦》：「雖離方而遁圓，期窮形而盡相。」也是在強調規矩方圓只是工具，要讓這種形而下之器密藏，以道神妙萬物。

當掌握了這類藝術之美背後的哲學義涵，技術的東西都可以放棄掉，所謂「得魚獲兔」，不必吝惜筌蹄，「刻鶴圖龍」，無須模仿成真，就是「得意忘象，得象忘言」。「無間心手」，「忘懷楷則」，做到「背羲獻」「違鍾張」之技術，也能夠無失而尚工。自己的作品和鍾張二王的作品就像「絳樹」「青琴」，「隨珠」「和璧」一樣可比，只是形式技術不一樣，姿態篇章相異，其所描繪的背後的天性之美，情感之至，無所區別。

〔註234〕（漢）劉安撰，合江何寧集釋《淮南子》，中華書局，1998 年 10 月，80 頁。

第五節 孫過庭審美意象源於易學思想

孫過庭書學所呈現的易學思想極盡精微，涉及到許多根本性的內容。語言上呈現出易學的思維規律，有的是直接使用卦辭或爻辭，有的是使用卦象或爻象，表達審美意象，進一步深化王弼或孔穎達的易學思想。

一、美學概念出自易學術語舉隅

其一、直接出自卦爻辭或相關傳與注

如「躍泉之態」源自《乾卦・九四》爻辭：「或躍在淵」。「觀乎天文，以察時變，觀乎人文，以化成天下」自《賁卦・象傳》。「天地之心」自《復卦・象傳》，而「陽殊陰慘」則是來源於復卦的卦象。「童蒙」來自《蒙卦》之卦辭，「發啓童蒙」來自王弼注《需卦・象傳》「童蒙已發」。而「蒙無所從」的說法也與此有關。「旁通點畫之情，博究始終之理」源自《乾卦・文言傳》：「六爻發揮，旁通情也」，《乾卦・象傳》：「大明終始，六位時成。」

孫過庭那裏，很有可能將書法的點畫看做是能夠象況萬千世界的爻。結合爻之剛柔立本合體，性情論，陰陽之消息，再看所謂「一畫之間，變起伏於鋒杪；一點之內，殊衄挫於毫芒」，更讓我們相信：在很大程度上，孫過庭是通過從爻到卦的形成以及過程的想像，而構造出一系列書法語詞與理論體系。

其二、源自卦爻象

「山安」自「艮卦」之卦象。如「小過」卦，艮下震上，王弼注：「上愈無所適，下則得安。」〔註235〕「剝」卦《大象傳》：「山附於地，剝，上以厚下安宅」，〔註236〕「漸」卦王弼注六二爻說：「磐，山石之安者也」。〔註237〕

其三、出自《繫辭》

「近取諸身」直接源自《繫辭》。「剛柔合體」、「儀形不極」、「感會無方」則是間接源自《繫辭》，是對繫辭的化用。

「書契」源自《繫辭》：「上古結繩而治，後世聖人易之以書契，百官以

〔註235〕（唐）孔穎達：《周易正義》，（清）阮元校刻《十三經注疏》，整理本，北京大學出版社，2000 年 12 月，287 頁。

〔註236〕（唐）孔穎達：《周易正義》，（清）阮元校刻《十三經注疏》，藝文印書館影引，64 頁。

〔註237〕（唐）孔穎達：《周易正義》，（清）阮元校刻《十三經注疏》，藝文印書館影引，117 頁。

治，萬民以察，蓋取諸夬。」〔註238〕「易雕宮於穴處」一句，出自《周易·繫辭》，「上古穴居而野處，後世聖人易之以宮室」。〔註239〕

「凜之以風神，溫之以妍潤，鼓之以枯勁，和之以閑雅」一句句式出自《繫辭》：「鼓之以雷霆，潤之以風雨……」〔註240〕其思想，如前所述，也與此相關，剛柔並舉，「鼓之舞之以盡神」，從而達到萬物和生的狀態，也就才能夠「和」得閑雅，「達性情」「形哀樂」。

此外，遲速論：「能速不速，所謂淹留，因遲就遲，詎名賞會」，「將反其速」也可以看做是從《繫辭》中「不疾而速，不行而至」的一種化用。「乍顯乍晦，若行若藏」亦源自「退藏於密」「神以知來，知以藏往。」

其四、源自王弼或孔穎達的易學思想

「得魚獲兔，猶恡筌蹄」出自《莊子·外物》：「荃者所以在魚，得魚而忘荃；蹄者所以在兔，得兔而忘蹄；言者所以在意，得意而忘言。」但王弼的《周易略例·明象》中說「言者，象之蹄，象者，言之筌也」〔註241〕並且說：「盡意莫若象，盡象莫若言」，〔註242〕從前後孫過庭觀物取象，立象見意的行文邏輯看，與王弼這一意、象與言的易學思想有密切關係。

另外孫過庭說「博究始終之理」，也與王弼之注與孔穎達疏有關聯。王弼說「乾元，通物之始」，孔穎達疏說「以乾之為德，大明曉乎萬物終始之道，始則潛伏，終則飛躍，可潛則潛，可飛則飛，是明達乎始終之道，故六爻之位，依時而成。」〔註243〕《繫辭》：「……原始反終，故知死生之說。」〔註244〕孔穎達「言用易理，原窮事物之初始，反覆事物之終末，始終吉凶，皆悉包

〔註238〕（唐）孔穎達：《尚書正義》，（清）阮元校刻《十三經注疏》，整理本，北京大學出版社，2000年12月，2頁。

〔註239〕（魏）王弼注，（唐）孔穎達疏，盧光明，李申整理：《周易正義》，北京大學出版社，2000年12月，355頁。

〔註240〕（唐）孔穎達：《周易正義》，（清）阮元校刻《十三經注疏》，整理本，北京大學出版社，2000年12月，304頁。

〔註241〕（魏）王弼：《周易略例·明象》，載《周易校注》，樓宇烈，中華書局，2011年6月，415頁。

〔註242〕（魏）王弼：《周易略例·明象》，載《周易校注》，樓宇烈，中華書局，2011年6月，414頁。

〔註243〕（唐）孔穎達：《周易正義》，（清）阮元校刻《十三經注疏》，整理本，北京大學出版社，2000年12月，9頁。

〔註244〕（唐）孔穎達：《周易正義》，（清）阮元校刻《十三經注疏》，整理本，北京大學出版社，2000年12月，312頁。

羅，以此之故，知死生之數也。」〔註245〕「原始反終」，「原始要終」，終始之理成爲一種識時的道理。在孫過庭看來，應該是指點畫、結字、篇章，人們應該知道他們形成的過程及原理，這樣才能做到包悉萬象，變化無常，以致合情調於紙上。

孫過庭「剛柔、遲速」並舉，出自孔穎達疏「乾道變化，各正性命」時說的「性者，天生之質，若剛柔遲速之別。」〔註246〕如果明白易學中爻之性質——剛柔，爻變之屬性——遲速，則對於孫過庭的原生邏輯與出發點就會有比較深刻的認識。

進而，有關性情論體系的展開，與王弼及孔穎達不無關係。王弼注曰：「不爲乾元，何能通物之始，不性其情，何能久行其正？是故始而亨者，必乾元也。利而正者，必性情也。」〔註247〕孔穎達疏說：「性者，天生之質，正而不邪；情者，性之欲也。言若不能以性制情，使其情如性，則不能久行其正。」〔註248〕孫過庭並沒有明確性情的分界點，而通過相關闡釋來對王弼、孔穎達性情論進行書法上的運用。剛柔遲速是其性，點畫之變是其情。

二、審美意象與思想源自易學

如上各節所論，主要從易之變易的思想，立象與取象比類，性情論之性論——剛柔與遲速，性情論之情論——包悉萬象與變化無常幾方面去探索孫過庭的易學美學思想、審美意象等。

其一、變易的思想

變易的思想來自《周易》，「質文三變」直接源自於董仲舒《春秋繁露·三代改制》篇，皇侃疏《論語集解》也曾經引用。孔穎達說：「變化運行，在陰陽二氣，故聖人初畫八卦，設剛柔兩畫，象二氣也。布以三位，象三才也。謂之爲易，取變化之意。」〔註249〕這是「易」的一個含義——變易。

〔註245〕 （唐）孔穎達：《周易正義》，（清）阮元校刻《十三經注疏》，整理本，北京大學出版社，2000 年 12 月，312 頁。

〔註246〕 （唐）孔穎達：《周易正義》，（清）阮元校刻《十三經注疏》，整理本，北京大學出版社，2000 年 12 月，9 頁。

〔註247〕 （魏）王弼撰，樓宇烈校釋：《周易注》，中華書局，2011 年 6 月，7 頁。

〔註248〕 （唐）孔穎達：《周易正義》，（清）阮元校刻《十三經注疏》，整理本，北京大學出版社，2000 年 12 月，24 頁。（清）李道平以爲此句爲王注，誤，見氏著：《周易集解纂疏》，中華書局，1994 年 3 月，60 頁。

〔註249〕 （唐）孔穎達：《周易正義》，（清）阮元校刻《十三經注疏》，整理本，北京

　　孫過庭將古之「書契」的原始時代作爲一種比較，當然這也似乎是那時人們常用的比況方式——引用《易經》之「書契之作」，比如劉勰，張懷瓘等。前文已經提到的「書契」暗含決斷之意，比「記言」更進一步。僅僅「記言」也可以表明上古之質樸與文華觀念與現今不同，但是就原意涵而言，「書契」還應該含有決斷萬事，樹立規矩方圓的意思，樹立規矩方圓，就意味著處於質樸時代崇尚的美與現今的美標準就有差異，無論質樸與文華。所以對今天而言就要「變化常然」，貴在借古開今，做到「古不乖時」與「今不同弊」。

　　變易，如果說是時間性的特徵，那麼取象，就是空間性的立論。

　　其二、立象與取象比類

　　立象的目的就是通過象表達深邃之意，立象以萬物之情的表現爲宗旨，再通過言語繫辭見意。以簡易之象，可鉤沉深遠，探賾索隱。是故《繫辭》說「聖人以有見天下之賾，而擬諸其形容，物象其意，是故謂之象。」〔註250〕

　　從立象以盡意，在意、象、言三者之間，象表達意，言表達象，王弼所說的「夫象者，出言者也；言者，明象者也。」〔註251〕從呈現的角度看，就是從言到象，再從象到意的關係。

　　在孫過庭看來，書法微妙與玄奧，「一畫之間，變起伏於鋒杪，一點之內，殊衄挫於毫芒」，《繫辭》說：「一闔一闢謂之變，往來不窮謂之通」，「幾微」之處，玄妙深奧，變化多端。該變化無處不在，無時不在，需細微體察。「觀夫懸針垂露之異，奔雷墜石之奇，鴻飛獸駭之資，鸞舞蛇驚之態，絕岸頹峰之勢，臨危據槁之形」。通過這種簡單的意象比況，人們就能夠清晰瞭解到書法的複雜情節。這就像易學之觀物取象，立象見意一樣。

　　從《周易》之立象觀與取象比類的角度去理解孫過庭的行文邏輯：從排比句式中的「異」、「奇」、「姿」、「態」、「勢」、「形」到「崩雲」與「蟬翼」，再到「泉注」與「山安」，再從「一畫之間，變起伏於鋒杪，一點之內，殊衄挫於毫芒」到「心昏擬笑之方」與「手謎揮運之理」，就是沿著一種用簡單之「象」描摹複雜的書法萬象，以「通萬物之情」的邏輯；如果不懂其中的深邃賾隱，隨意揮灑，那就是點畫的堆積，不足以爲是書。

　　　　　　大學出版社，2000 年 12 月，5 頁。

〔註250〕　（魏）王弼撰，樓宇烈校釋：《周易注》，中華書局，2011 年 6 月，349 頁。

〔註251〕　（魏）王弼：《周易略例‧明象》，載《周易校注》，樓宇烈，中華書局，2011年 6 月，414 頁。

　　因此，如果對此不瞭解，不學習古人，不勤奮練習，簡單積點畫而成字，就會「任筆爲體，聚墨成形」，「心昏擬效之方，手迷揮運之理」，以此強爲之求妍求妙，就是錯誤的路徑。書法與非書法的區別在於此。

　　如此推之，《周易》的立象觀對於理解孫過庭的書法美學觀念大有裨益。

　　其三、性情論之性論

　　象有剛柔之性，意有合情之理。

　　剛柔遲速兼而論之，是孫過庭的創造。其受到孔穎達在疏「乾道變化，各正性命」時的影響，孔穎達說：「性者，天生之質，若剛柔遲速之別；命者，人所稟受，若貴賤夭壽之屬是也。」〔註252〕剛柔是指爻性，遲速是指剛柔相變的特性。從「剛柔相推以生變化」的角度去理解剛柔遲速兼而論之，是理所當然，如果僅僅從孫過庭的書論去尋找蹤跡，理無得勝，渾然不知所宗。

　　剛柔鉤沉深遠，探之其賾，擬自然萬物，精深之至，所以書法也要「察之尚精，擬之貴似」，否則就稀疏凋落，妍美不具。

　　剛柔立本合體，是藝術美學的基本組成。剛柔須相間，不能偏重。剛柔對應的骨氣與遒潤亦如此，如此方得眾妙之所歸。有柔無骨氣之剛，空照無所依託。有骨無遒麗之潤，枯槎無柔險絕。兼而有之，是爲不易；「偏工就易」，「盡善難求。」

　　遲速歸於自然，須不期而至，「不疾而速」，不能偏追或疾或緩，要返回到點畫的本質，該快的要快，該慢的要慢。屬於慢的，能快起來，也不要快。反之亦然。這樣才能行臻會美，達至絕倫。

　　學者從剛柔遲速之本根出發，可能就以自己的性情來發揮，或只剛很不柔順，或只直挺不遒潤，或只溫柔傷於軟緩，只剛勇傷於剽迫；或矜持而拘束，或隨意失範，或遲疑而滯塞，或行重蹇鈍。這些都是偏玩其所乖而至。學習需要克服這些，做到剛柔相兼，遲速返「速」，回歸自然，「不行而至」。

　　剛柔還需相應，潤之風雨，鼓之雷霆，自然萬物，齊而用之，相應相和，達到和的目的，以閒雅的品格，和合相生，這樣才能達其情性，形其哀樂。這裡面「閒雅」與「達其情性，形其哀樂」的思想單純從易學思想還看不到，需要從禮樂之教化，經學之綱常才能順承推之，相關論述見本著經學思想一章。

〔註252〕（唐）孔穎達：《周易正義》，（清）阮元校刻《十三經注疏》，整理本，北京大學出版社，2000年12月，9頁。

此外，值得指出的是，孫過庭性情論的根本是易學思想，但是否也受到文論例如劉勰《文心雕龍‧體性》與《情采》篇的影響還需要進一步探究。因為性情論在文學領域文論領域是文藝美學作為美學的根本性論題。從本著有關於孫過庭對文學文論思想的繼承一章可見，文論思想也是孫過庭的行文結構的主要來源，而文論裏面也有有關剛柔的大量論述。不論孫過庭的剛柔論性情論是直接來自於易學思想還是受文論中的易學思想啟發而來，都可見易學思想對他影響非常大。

陽剛乃是中國美學的特徵之一。〔註253〕在孫過庭這裡，並沒有特別強調剛的一面而忽視柔的一面，孫過庭剛柔並重，兼而論之。

其四、性情論之情論

根據孫過庭「消息多方，性情不一」的論述，性情論應淵源於《周易》，因為消息與性情都有其當時的特殊含義。其中《乾卦‧文言傳》：「乾元者，始而亨者也。利貞者，性情也。」〔註254〕王弼注：「不為乾元，何能通物之始無不性其情，何能久行其正？」〔註255〕性情是利正的。性其情，就是以天性為導向，情要遵循天性的終始之理。性為靜，情為動。孔穎達說：「不性其情，何能久行其正者，性者天生之質，正而不邪；情者性之欲也。言若不能以性制情，使其情如性，則不能久行其正。」〔註256〕

在孫過庭看來，剛柔遲速這些性質就似乎書法的稟生之性。而去發揮其變化之端，包悉萬千的就是一種情。孫過庭就是以此為基點，先論天性之剛柔遲速，再論用情之包羅萬象與變化無常。

包羅萬象就是「儀形不極」、「感會無方」、「其形各異」、「為體互乖」。變化無常就是「遲疾」不常，燥、潤、濃、枯之並舉。

用情還要求「退藏於密」，不露規矩方圓，「神以知來，知以藏往」，各種情態盡到。做到以上這些才能合「情調」於紙上。

得到如上的「性情」真諦，才是學書的真正目的。鍾張二王的工夫盡可背之無虞；只不過和他們是形式的不同，妍媚特質是一樣的。

〔註253〕劉剛紀：《周易美學》，武漢大學出版社，2006 年 10 月，110 頁。
〔註254〕（魏）王弼撰，樓宇烈校釋：《周易注》，中華書局，2011 年 6 月，7 頁。
〔註255〕（魏）王弼撰，樓宇烈校釋：《周易注》，中華書局，2011 年 6 月，7 頁。
〔註256〕（唐）孔穎達：《周易正義》，（清）阮元校刻《十三經注疏》，整理本，北京大學出版社，2000 年 12 月，24 頁。

第五章　道家哲學的取法模式

第一節　書法之道——形上之道

自「夫心之所達」至「務裨學者」這一段，孫過庭從道家角度著手，比況書法之道——一種形而上之道。

「夫心之所達，不易盡於名言」，恰似《老子‧第一章》：「道可道，非常道，名可名，非常名。」〔註1〕形上之道，不可言說，語言文字對於抽象的道理是難以加以形容，難以說得清楚的。《老子‧第十四章》：「繩繩不可名」，綿綿不絕而不可名狀。「言之所通，尚難形於紙墨」則說明始所言說的東西，儘管已經說出來，但組織整理，形成文章，說明道理，還是一件難事，「是謂恍惚」。

「粗可彷彿其狀，綱紀其詞」，亦即其狀難名，只能彷彿似之，一如老子說「其上不皦，其下不昧，繩繩不可名，復歸於無物，是謂無狀之狀，無物之象，是謂恍惚」。〔註2〕「能知古始，是謂道紀」。〔註3〕「道紀」即為道的綱紀之意。〔註4〕「綱紀其詞」意思是用語言表述其中書法之道的綱紀與道理。

「冀酌希夷，取會佳境」，見諸《老子‧第十四章》：「視之不見名曰夷，聽之不聞名曰希，搏之不得名曰微。」有學者認為希夷指虛寂玄妙，〔註5〕實

〔註1〕（魏）王弼注，樓宇烈校注：《老子道德經注校釋》，中華書局，2008年12月，1頁。

〔註2〕（魏）王弼注，樓宇烈校注：《老子道德經注校釋》，中華書局，2008年12月，31頁。

〔註3〕（魏）王弼注，樓宇烈校注：《老子道德經注校釋》，中華書局，2008年12月，32頁。

〔註4〕陳鼓應：《老子注釋及評介》，中華書局，2009年2月，114頁。

〔註5〕鄭曉華：《書譜》，中華書局，2012年7頁，135頁。

際上，本文認為，更多的表示一種道之恍惚，繩繩不可名之狀態，就是一種形而上之道。這種形上實存之道，與現實世界有所不同，並非具象的經驗所能涉及。〔註6〕亦即孫過庭所謂：「夫心之所達，不易盡於名言，言之所通，尚難形於紙墨」。

而「闕而未逮，請俟將來」正是一種對道之言說的懷疑，孫過庭認為道的存在或許正如老子一樣，「道可道，非常道」，不可名狀。因此對於現在所論及的執使轉用之由，只能是彷彿其形狀，希望能夠抓住「希夷」之方，抽象之道，不可能盡其所有，更遑論具象之法了。所以才要「闕而未逮，請俟將來。」這種請俟將來，是說將來才能說明白個中原委，還是說等待將來大家自行怯而悟之，並未十分明確。

所論執、使、轉、用四法：執為執筆之法；用為點畫向背可簡言之點畫，因此使轉與用即使轉與點畫之類。這便與前述論及的「形質」與「性情」相關聯，他說「真以點畫為形質，使轉為情性；草以點畫為情性，使轉為形質」。亦即，孫過庭《書譜》除了錄入書家、作品、書論之外，還會闡明關於技術之道的執、使、轉、用四法。可見，《書譜》是一個龐大而複雜的工程。

「方復會其數法，歸於一途」與老子之「復歸於無物」具有內在一致性，就是超越具象之實體及其經驗，以一種書法的常用規律──一種道的抽象歸納為旨歸，以老子「迎之不見其首，隨之不見其後」（《老子‧第十四章》）的形而上之道為宗，就可以「編列眾工，錯綜其妙」。以至「舉前人之未及，啓後學於成規」，有如老子之「執古之道，以御今之有」。〔註7〕

書法之道乃為形上之道，那麼取法肯定是源於「道」的，而「道」法之自然。

第二節　「同自然之妙有」──法自然之道

一、「同自然之妙有」的內涵

其一、釋「同自然之妙有」

「同自然之妙有，非力運之能成」中，自然之妙有，語出孫綽《遊天台

〔註6〕陳鼓應：《老子注釋及評介》，中華書局，2009年2月，115頁。
〔註7〕（魏）王弼注，樓宇烈校注：《老子道德經注校釋》，中華書局，2008年12月，32頁。

山賦》：「太虛遼廓而無閡，運自然之妙有。」〔註8〕該文收錄在《文選》中。孫綽之語自道家出，其前半句尚虛無，後半句法自然。李善注該句文多達二百三十餘字，可謂用心之極，亦從道家者流，亦從佛教大乘空宗者說。〔註9〕李善注曰：「太虛，謂天也。自然，謂道也。……妙有，謂一也。言大道運彼自然之妙一而生萬物也。……鍾會曰：莫知所出，故曰自然。王弼曰：自然，無義之言，窮極之辭也。又曰：妙者，極之微也。……謂之爲妙有者，欲言有，不見其形，則非有，故謂之妙……阮籍《通老子論》曰：道者自然，……」〔註10〕「自然之妙有」，據李善注，乃大道運彼自然，妙生萬物，自然爲道。所以就要法之自然。一方面，自然界，是取法對象；另一方面，按王弼之解，自然爲無義之言，窮極之辭，極微爲妙，不見其形，或者按照大乘空宗，非有之有，無形之妙有；故其千變萬化，所以法自然就等於取法變態於毫端，窮極其眾妙。

因此，所謂「同自然之妙有」，內含兩層意思，一層是法道，法自然，二層是自然之妙，存而法之。如上所論，自然之妙來源於其本身的特性，道性自然。

孫過庭所舉之「異」、「奇」、「資」、「態」、「勢」、「形」，便是法自然之萬象。或重或輕，或導或頓，乃自然變遷之序列。日月星辰，天地幻化，纖纖落落，其猶自在。實爲道之所在，法自然即是法道，老子所云：「道法自然」。自然之中存妙理——一種道的存在：點畫形態、起伏衄挫、鋒杪毫芒。不諳此道，則任筆而爲體，聚墨以成形，心昏而手迷，不得妍妙之理，因而不知所宗。這便是書法之道法自然之道的妙理所在。

其二、「非力運之能成」的內涵

《紅樓夢》第十七回：寶玉：「老爺教訓的固是，但古人常云『天然』二字，不知何意？」眾人忙道：「爲何連『天然』也不知？天然者，天之自然而有，非人力之所成也。」〔註11〕恰與孫過庭所謂「同自然之妙有，非力運之

〔註8〕 （南北朝）蕭統《文選》卷十一，胡刻本。

〔註9〕 「妙有」爲佛教術語，大乘空宗指非有之有，與非空之空的眞空相對而論。丁福保說：「非有之有曰妙有，以對於非空之空而曰眞空也，《業疏濟緣記》一上曰：是知妙有則一毫不立，眞空則因果歷然。」丁福保編：《佛學大辭典》，上海書店，1991年12月，1203頁。

〔註10〕 （南北朝）蕭統《文選》卷十一，胡刻本。

〔註11〕 （清）曹雪芹，高鶚著，中國藝術研究院，紅樓夢研究所校注：《紅樓夢》，人民文學出版社，1996年12月，225頁。

能成」如出一轍。同自然之妙，自然爲本性，不可人力爲之而改變，正如王弼說：「法自然者，在方而法方，在圓而法圓。」〔註12〕道在萬物，而順萬物之性。道不可違自然，得其本性，道順自然。並非人力所能夠有意爲之而成。

當代學者陳鼓應說「自然是道的本性」。〔註13〕道法自然，就是以自然爲旨歸，此爲老子哲學的基本精神。而劉笑敢提出人文自然之理念，自然是最高價值，終極關懷，最高目標是人類整體狀態的自然和諧。〔註14〕張祥龍之緣構發生說（Ereignis）認爲「拒絕計算、隱約可知、渾然天成。」〔註15〕所以道家式的自然爲一草一木皆詩意，大自然中有人文。這就是說人爲自然之一員，自然爲人提供了道的實在。

在孫過庭看來，書法之道，作爲人類的藝術，同樣在自然之中，書爲自然中的人文，書亦純任自然而不可虛妄，獨應本分，不可矯揉——非力運之能成。

其三、「妙擬神仙」的解讀

「詎若功定禮樂，妙擬神仙」，前半句從經學出，後半句則自道家而來。司馬遷《史記‧樂書》有「王者工成作樂，治定制禮……仁近於樂，義近於禮。樂者敦和，率神而從天……」〔註16〕與孫過庭之「詎若功定禮樂，妙擬神仙」很像，不知是否也有影響？司馬遷是黃老道家者流，從這兒也可以得到佐證，因爲儒家是「不事鬼神」，「不問鬼神」的。〔註17〕嵇康之《養生論》，其中有言：「世或有謂神仙可以學得，不死可以力致者」，〔註18〕「夫神仙雖不目見，……似特受異氣，稟之自然，非積學所能致也。」〔註19〕「妙擬神仙」，神仙二字不會是儒家言語，孫過庭所論妙擬神仙，或許從嵇中散此語或

〔註12〕（魏）王弼注，樓宇烈校釋：《老子道德經校釋》，中華書局，2008 年 12 月，64 頁。

〔註13〕陳鼓應：《老子注譯及評介》，中華書局，2009 年年 2 月，165 頁。

〔註14〕劉笑敢：《老子古今：五種校勘與析評引論》，中國社會科學出版社，2006 年 5 月，46～59 頁。

〔註15〕張祥龍：緣構發生理論（Ereignis）：「天地神人交蕩著，……拒絕計算、隱約可知、渾然天成。見氏著：《海德格爾與中國天道》，北京三聯書店，1996 年 9 月，170 頁。

〔註16〕《史記》，中華書局，1959 年 9 月第一版，1193 頁。

〔註17〕《論語》《雍也》篇說：「樊遲問知。子曰：『務民之義，敬鬼神而遠之，可謂知矣。』」；《先進篇》：「季路問事鬼神。子曰：『未能事人，焉能事鬼？』」

〔註18〕（三國）嵇康《嵇中散集》卷三，四部叢刊景明嘉靖本。

〔註19〕（三國）嵇康《嵇中散集》卷三，四部叢刊景明嘉靖本。

類似文獻中化用而來。嵇康《養生論》中認定神仙之猶存，源自一種玄學清談之風。魏晉以來，玄學之三玄爲《老子》、《莊子》以及《周易》，玄學之境，就是從根本上看爲老莊道家崇尙自然之風。「神仙」之語，所喟歎乃是自然之神妙莫測，窮極之至，稟之自然，所以不可以力致焉。

值得一提的是，在「妙擬神仙」之外，孫過庭尙有「不激不勵，風規自遠」這樣的境界論，「風規」也是一種魏晉以來玄談風氣之語，如鍾嶸《詩品》：「平叔《鴻鵠》之篇，風規見矣。」「彥伯《詠史》，雖文體未遒，而鮮明緊健，去凡俗遠矣。」所以從一定程度上說，孫過庭還受到了玄學之清談風及其文學作品思想中風規品格論的影響。總之也爲道家之遺緒。

當然，法自然之道，除了如上所論，與自然合一，法其微妙，不可強梁爲之外，孫過庭也強調，要運用盡於精熟，如庖丁解牛，規矩方圓了然於胸，這樣才能「自然」而「容於徘徊」，翰逸神飛。

二、道法自然之特點——天地無窮

如本著文學淵源一章中論及，「猶挻埴之罔窮，與工爐而並運」，此語應是化用陸機《文賦》中「同橐籥之罔窮，與天地乎並育」〔註20〕一句。

「挻埴」出自《老子・十一章》中，「埏埴以爲器，當其無，有器之用」。「橐籥」自《老子・五章》：「天地之間，其猶橐籥乎，虛而不屈，動而愈出」。王弼注《老子・第五章》「橐籥」「虛而不屈」「動而愈出」爲「任自然，故不可得而窮」。〔註21〕「埏埴」與「橐籥」皆爲「無窮」之意。孫過庭此處將橐籥化爲挻埴。關於「埏埴」，孫過庭寫作「挻埴」，〔註22〕《老子》傳世文獻多作「埏埴」，諸多注家如紀昀、羅振玉、馬敘倫認爲當作「挻埴」。朱謙之以爲二者義皆通，不必改字。〔註23〕羅振玉認爲《經典釋文》出「挻」字，因而可證王弼本亦爲「挻」，《說文》無「埏」字。可見，孫過庭所見《老子》作「挻埴」，對《老子》此章條「挻」字之考或許可作爲直接證據。

「工爐並運」亦與「天地並育」如出一轍。在本著文學淵源一章將會述

〔註20〕（晉）陸機《文賦》，自（梁）蕭統編，（唐）李善注《文選》，（清）胡克家重刻宋淳熙本。
〔註21〕（魏）王弼注，樓宇烈校注：《老子道德經注校釋》，中華書局，2008 年 12 月，26 頁。
〔註22〕見墨蹟本《書譜》，臺北故宮博物院藏。
〔註23〕朱謙之：《老子校釋》，中華書局，1984 年 11 月，44 頁。

及，賈誼《鵬鳥賦並序》有「且夫天地爲爐兮，造化爲工」〔註24〕一句。李善之注說「《莊子》，子黎曰：今一以天地爲大爐，以造化爲大冶，惡乎往而不可哉？」〔註25〕因此天地，工爐互爲代名詞，俱指自然。賈誼還說：「千變萬化兮，未始有極。」〔註26〕李善注：「列子曰：千變萬化，不可窮極。莊子曰：若人之形者，萬化而未始有極。司馬彪曰：當復化而爲無。忽然爲人兮，何足控摶。」〔註27〕天地，工爐，皆是自然，千變萬化，不可窮極。孫過庭以工爐指涉自然，與工爐並運，就是法之自然，自然爲道之所在，眾妙之歸。

因此，自然之會妙，擬似神仙，如挺埴，如工爐，亦如橐籥，如天地。一方面在於道在自然，須法之自然，另一方面，挺埴與橐籥，工爐與天地，無窮之變化，以無爲用，是爲道法自然之特點。

本節所要闡明的是道法自然，千變萬化這一特點。道法自然，孫過庭更進一步提出「泯規矩於方圓」這一順應萬物之方圓的深層取法思想。

第三節 「泯規矩於方圓」——在方法方，在圓法圓

《書譜》有「泯規矩於方圓，遁鉤繩之曲直」一語，該語出自《淮南子》：「規矩不能方圓，鉤繩不能曲直。」〔註28〕何寧集釋注「雖規矩方圓，無以施於此。」〔註29〕本著文學淵源一章中，也將提及文學作品中也有常引用規矩方圓的思想。例如，陸機《文賦》說：「雖離方而遁圓，期窮形而盡相。」〔註30〕從《淮南子》到陸機，都在論說一種規矩方圓不可定爲一尊，隨其自然而然的規律。

這正如漢隱士嚴遵《老子指歸》所言「……故，其爲物也，虛而實，無而有，圓而不規，方而不矩，繩繩忽忽，無端無緒，不浮不沉，不行不止，爲於不爲，施於不與，合囊變化，負包分理。」〔註31〕就是規矩不拘泥於某

〔註24〕（南北朝）蕭統《文選》，中華書局，第二冊，1986年8月，607頁。
〔註25〕（南北朝）蕭統《文選》，中華書局，第二冊，1986年8月，607頁。
〔註26〕（南北朝）蕭統《文選》，中華書局，第二冊，1986年8月，607頁。
〔註27〕（南北朝）蕭統《文選》，中華書局，第二冊，1986年8月，607頁。
〔註28〕（漢）劉安撰，合江何寧集釋《淮南子》，中華書局，1998年10月，80頁。
〔註29〕（漢）劉安撰，合江何寧集釋《淮南子》，中華書局，1998年10月，80頁。
〔註30〕（南北朝）蕭統《文選》卷十七，胡刻本。
〔註31〕（漢）嚴遵著，王德有點校：《老子指歸》，中華書局，1994年3月，9頁。

一種固定的方或圓，有其自在的形態，無端跡可尋。這便是王弼所說的：「……法自然者，在方而法方，在圓而法圓，於自然無所違。」〔註32〕法無定法，不拘一格。所謂人不違之地，乃得之安全；地不違之天，乃得之全載；天不違之道，乃得之全覆；道不違之自然，乃得其性。〔註33〕按照莊子的說法，就是道之無所不在，道在螻蟻，在稊稗，在瓦甓，在屎溺。〔註34〕

這就說明，道自身無方無圓，隨其萬物之方圓而行，順勢而為。

「泯規矩於方圓，遁鉤繩之曲直」就是這樣一種取法觀念，方圓曲直在書法之道看來只是形式上的東西，真正的規律在現象背後。

規為圓規，矩為畫直角或方形的東西。段玉裁說：「圓出於方，方出於矩。古規矩二字不分用」。〔註35〕認為規矩二字有分用者為互文。〔註36〕按許慎《說文解字》：規矩即法度。〔註37〕鉤繩為木工用以正曲直之工具。《莊子・馬蹄》：「陶者曰：我善治埴。圓者中規，方者中矩。匠人曰：我善治木，曲者中鉤，直者應繩。」〔註38〕《管子・形勢解》：「奚仲之為車器也，方圓曲直皆中規矩鉤繩，故機旋相得，用之牢利，成器堅固。」〔註39〕規矩鉤繩只不過是方圓曲直等形狀用以矯揉隳栝之工具，規畫圓，矩得方，鉤成曲，繩校直。「泯規矩於方圓，遁鉤繩之曲直」有互文之意，分而視之，在方圓之中泯去規矩，在曲直中遁去鉤繩；合而歸之，意即不要重視規矩與鉤繩這類具體法則的東西，要自然順勢，隱匿規矩，在方法方，在圓法圓，要做到「虛而實，無而

〔註32〕　（魏）王弼注，樓宇烈校注：《老子道德經注校釋》，中華書局，2008 年 12 月，64 頁。

〔註33〕　（魏）王弼注，樓宇烈校注：《老子道德經注校釋》，中華書局，2008 年 12 月，64 頁。

〔註34〕　（晉）郭象注，（唐）成玄英疏，曹礎基，黃蘭發校點：《南華真經注疏》，中華書局，1998 年 7 月，428～429 頁。

〔註35〕　（清）段玉裁《說文解字注》卷十篇下，清嘉慶二十年經韻樓刻本。

〔註36〕　（清）段玉裁《說文解字注》卷十篇下，清嘉慶二十年經韻樓刻本。

〔註37〕　（清）段玉裁《說文解字注》卷十篇下，清嘉慶二十年經韻樓刻本。「圓出於方，方出於矩」出自《周髀算經》，其意在勾股定理之推導，圓內之勾股，可政方圓。段玉裁此引文似與規矩之本意不合，「圓出於方，方出於矩」是在論述勾三股四絃五之數學，從而窺探方圓之間的關係，此方為直角之方，與規矩之矩方為矩形，並不全同。（漢）趙君卿注《周髀算經》上，光緒丙戌年槐廬叢書本。

〔註38〕　（晉）郭象注，（唐）成玄英疏，曹礎基，黃蘭發校點：《南華真經注疏》，中華書局，1998 年 7 月，195 頁。

〔註39〕　（春秋戰國）管仲《管子》，景印摛藻堂四庫薈要本卷二十。

有，圓而不規，方而不矩」〔註40〕，無端亦無緒，但又合囊而變化，即陸機所說：「離方遁圓」，期以之「窮形盡相」。有學者指出：孫過庭此處是指，不要出現過於規範的如圓規和角尺畫出來一樣的圓線和直線；〔註41〕還有認爲：不依靠規矩可以方圓合法度，去除鉤繩工具而曲直也可以運用自如，〔註42〕都是從字面意思上去闡釋，沒有深入到背後的義理——即一種自然而然，遁去法則的取法思想，不拘泥於規矩方圓之類，唯情合是求。

圍繞規矩方圓，鉤繩曲直，孫過庭的行文邏輯爲：道，沖之以爲和，只要「和而不同」即可；「留不常遲，遣不恒疾」就是疾速不是恒定的常理，須疾時則疾，須慢時則慢，無固定的快慢法則；「帶躁方潤，將濃遂枯」亦如此，躁潤、濃枯之法，沒有明顯的界限，自然而爲，瞬間變化；「乍顯乍晦，若行若藏」乃在於一種規則方圓的行跡，時隱時顯，若隱若藏，不拘一則。

方其如此，才能順勢，窮萬般變化於紙上，情調方與器合。心手無間，法則藏後。羲獻鍾張，得而忘形。正如《莊子·外物》篇所言的「荃者所以在魚，得魚而忘荃；蹄者所以在兔，得兔而忘蹄；言者所以在意，得意而忘言。吾安得夫忘言之人而與之言哉？」〔註43〕即孫過庭所言「得魚獲兔，猶恡荃蹄」，同一義理所在。就是說，在方而法方，在圓而法圓，才能忘掉所學的規矩方圓，繩繩忽忽，無端無緒，無而爲有，立自身之美。達到一種技進乎道的境界，「規矩諳於胸襟」，意在筆前，「瀟灑流落」，最後方得「翰逸神飛」。

第四節　餘論——源自道家的藝術哲學方法論

除了上述思想，藝術哲學方法論上，〔註44〕《書譜》也有許多與道家具

〔註40〕 （漢）嚴遵著，王德有點校：《老子指歸》，中華書局，1994 年 3 月，9 頁。

〔註41〕 鄭曉華：《書譜》，中華書局，2012 年 7 月，233 頁。

〔註42〕 馬國權：《〈書譜〉譯注》，紫禁城出版社，2011 年 7 月，117 頁。馬國權還指出，泯規矩意即不要圓規和曲尺，誤。規爲圓具，矩爲方具，規矩二字不見得有曲尺之意。唯鉤繩中才有曲尺。鉤畫曲，繩得直。

〔註43〕 （晉）郭象注，（唐）成玄英疏，曹礎基，黃蘭發校點：《南華真經注疏》，中華書局，1998 年 7 月，534 頁。

〔註44〕 藝術及藝術哲學的說法，古代智者，包括孫過庭在內不存在類似的表述，但是思想方法上確實存在一定的思辨性與形上之理，尤其是老莊哲學爲代表的道家哲學以及影響後世的玄學等，而在藝術上也當然存在一定形式的藝術哲學原理。是故本文姑且用當代的哲學語言加以表示類似或相同的概念。語言，

有明顯的取法關係。

「得魚獲兔,猶悋筌蹄」語出《莊子》,此例前文已列示出出處,表示得意忘言,得言忘象的方法論。直接自《莊子》出的還有:「朝菌不知晦朔,蟪蛄不知春秋」。〔註45〕意即知音難尋,亦因背景不同,認識局限,不必強求。另「豈可執冰而咎夏蟲哉」是從《莊子·秋水》「夏蟲不可以語於冰者,篤於時也」〔註46〕化用而出。而「庖丁之目,不見全牛」是出自《莊子·養生主》,該篇原意爲養生之道,借助庖丁之典故來闡釋一種以無厚入乎有間的哲理,告訴大家要以神遇不宜目視的態度,恢恢乎而才能遊刃有餘,方可養生。〔註47〕孫過庭藉此說明一種心手都要精熟,運用達到自然,從容徘徊的境界。

從《莊子》或郭象《莊子注》而出的詞語還有「時然一變,極其分矣」之「分」,就是《莊子注》所論之「性分」說,《齊物論》:「一受其成形,不亡以待盡」,〔註48〕郭象注曰:「言性各有分,故知者守知以待終,而愚者抱愚以至死,豈有能中易其性者也。」〔註49〕這是莊子論智慧層面之性分,當然還有《駢拇》注中形貌、才能、德性之性分。〔註50〕性分是一種天生的眞實存在。正如孫過庭所言學習書法的平正到險絕,再到平正一樣,隨著人的不同成長階段而發展變化。當然,性分也是需要通過學習,後天練習才能展現表達出來。

正如王弼所說,須得意而忘言。表達所指,經驗所涉,意到則可。其實這裡面也蘊含著語言學上能指和所指的内涵。

〔註45〕 (晉)郭象注,(唐)成玄英疏,曹礎基,黃蘭發校點:《南華眞經注疏》,中華書局,1998 年 7 月,5 頁。

〔註46〕 (晉)郭象注,(唐)成玄英疏,曹礎基,黃蘭發校點:《南華眞經注疏》,中華書局,1998 年 7 月,329 頁。

〔註47〕 (晉)郭象注,(唐)成玄英疏,曹礎基,黃蘭發校點:《南華眞經注疏》,中華書局,1998 年 7 月,67～69 頁。莊子此爲養生論,所以庖丁解牛故事之所用,在於闡明一種養生理論:以神養而不以目視,以無厚入有間。《老子·第四十三章》同理:「天下之至柔,馳騁天下之至堅,無有入無間,吾是以知無爲之有益。不言之教,無爲之益,天下希及之。」

〔註48〕 (晉)郭象注,(唐)成玄英疏,曹礎基,黃蘭發校點:《南華眞經注疏》,中華書局,1998 年 7 月,30 頁。

〔註49〕 (晉)郭象注,(唐)成玄英疏,曹礎基,黃蘭發校點:《南華眞經注疏》,中華書局,1998 年 7 月,30 頁。

〔註50〕 如《駢拇》注:「夫長者不爲有餘,短者不爲不足,此則駢贅皆出於形性,非假物也」,爲形貌之性分,「人有棄才,物有棄用,豈是至治之意哉!夫物有小大,能有多少」,是謂才能之性分,「夫曾史性長於仁耳,而性不長者,橫復慕之,慕之而仁,仁已偏矣」,是德性之性分。

性分的概念，劉勰《文心雕龍·養氣》中也有，比如「器分有限，智用無涯」。〔註51〕這說明性分之理論在當時是一個常見的課題。劉勰所論涉及到郭象《莊子·養生主》注文：「天性所受，各有本分，不可逃，亦不可加」。〔註52〕先天之性是否可以改變，是一個哲學課題。從《書譜》關於學習思想一段來看，即從「嘗有好事」至「斷可明焉」，孫過庭所論還是遵循這種傳統的從哲學到藝術的思想脈絡，認爲性分不可更改。比如他說：「自矜者將窮性域」，自我誇獎的人，沒有充分調動出其性情，就算窮盡性分之域，不能前進——「絕於誘進之途」。可見性分在其看來，是一種在藝術創作中非常重要的力量。孫過庭重情，由情而入理，同時還重視性分之域。〔註53〕需要指出，「自矜者」恰與《老子·第二十二》「不自矜，故長」〔註54〕中「自矜」的含義一致。

出自《老子》的有「下士聞道，大笑之；不笑之則不足以爲道也」〔註55〕一語，見《第四十一章》。是從老子文獻的角度論證一種知音的層次問題，也是在闡明知音難尋，非普通人能理解自己的藝術審美理想的藝術哲學原理。其次，如《書譜》之「強名爲體」，與《老子·第二十五章》「吾不知其名，字之曰道，強爲之名曰大」〔註56〕有一定語源關係。只不過，孫過庭是表達否定的句式，意在言說一種不分用情之差異性的錯誤藝術方法。而老子該篇之「強名」其實也是勉強爲之之意，大意接近。《書譜》這種強名者，雖有「目擊而道存」，但尚且還「心迷義舛」。「目擊道存」出自《莊子·田子方》：「仲

〔註51〕（梁）劉勰：《文心雕龍·養氣》，四部叢刊景明嘉靖刊本。

〔註52〕（晉）郭象注，（唐）成玄英疏，曹礎基，黃蘭發校點：《南華眞經注疏》，中華書局，1998年7月，71頁。

〔註53〕性分在傳統哲學與美學看來，不可更改，孫過庭未提及此藝術哲學原理，但是從其行文看，也是接受這類觀點的。否則不會只重視情之調用，而不重及性分的培養。現代哲學觀認爲：「人因後天的習得而生的種種改變，也不能全然無視，而一旦萬物的本性被理解爲種種可實現的可能性的界限，而這種可能性又需要某種後天的過程才能實現出來，那麼，哲學與常識的衝突就是找到了合理的解決。」楊立華，《郭象〈莊子注〉研究》，北京大學出版社，2010年2月，126頁。

〔註54〕（魏）王弼注，樓宇烈校注：《老子道德經注校釋》，中華書局，2008年12月，56頁。

〔註55〕（魏）王弼注，樓宇烈校注：《老子道德經注校釋》，中華書局，2008年12月，111頁。

〔註56〕（魏）王弼注，樓宇烈校注：《老子道德經注校釋》，中華書局，2008年12月，63頁。

尼曰：若夫人者，目擊而道存矣，亦不可以容聲矣。」〔註57〕按照成玄英疏「擊，動也。」「體悟之人，言忘理得，目裁運動，玄道存焉。」〔註58〕「目擊道存」就是體悟得道，在乎瞬間，而不需言語。有學者說是一種對美的瞬間的把握。〔註59〕孫過庭之意是指一種偶然獲得的瞬時性，但這種偶然性並不是規律，所以向且心昏手迷焉。還有例如，孫過庭所說「眾妙攸歸」之「眾妙」，可能也與《老子·第一章》中「玄之又玄，眾妙之門」〔註60〕存在一定的語源聯繫。

當然，還有其他語彙，比如「若毫釐不察，則胡越殊風者焉」中「胡越」見之於《淮南子·俶眞訓》：「是故自其異者視之，肝膽胡越；自其同者視之，萬物一圈也」，〔註61〕高誘注「肝膽喻近，胡越喻遠」。〔註62〕就是萬物雖然有所不同，但具有相同道理或性質，認爲不同的看起來就會相差甚遠，認爲相同的則認爲一回事。亦見之於《莊子·德充符》：「仲尼曰：自其異者視之，肝膽楚越也；自其同者視之，萬物皆一也。」〔註63〕郭象注「恬苦之殊性，美惡之情背」〔註64〕成玄英疏曰「楚越迢遞，相去數千，而於一體之中，起數千之遠，例見之徒，例皆如是」。〔註65〕都是在說明胡越或楚越數千里之遙，但是爲一體，而異者視之則是相去甚遠，同者視之則爲「一圈」。肝膽胡越之用法還見之於《文心雕龍》〔註66〕等，義亦略同，形容一種較遠的差異，可

〔註57〕（晉）郭象注，（唐）成玄英疏，曹礎基，黃蘭發校點：《南華眞經注疏》，中華書局，1998年7月，405頁。

〔註58〕（晉）郭象注，（唐）成玄英疏，曹礎基，黃蘭發校點：《南華眞經注疏》，中華書局，1998年7月，405頁。

〔註59〕朱良志：《「象」——中國藝術論的基元》，載《文藝評論》，1988年06月。

〔註60〕（魏）王弼注，樓宇烈校注：《老子道德經注校釋》，中華書局，2008年12月，2頁。

〔註61〕（漢）劉安撰，合江何寧集釋《淮南子》，中華書局，1998年10月，116頁。

〔註62〕（漢）劉安等編著，高誘注：《淮南子》，上海古籍出版社，影印浙江書局本，1989年9月，203頁。

〔註63〕（晉）郭象注，（唐）成玄英疏，曹礎基，黃蘭發校點：《南華眞經注疏》，中華書局，1998年7月，112頁。

〔註64〕（晉）郭象注，（唐）成玄英疏，曹礎基，黃蘭發校點：《南華眞經注疏》，中華書局，1998年7月，112頁。

〔註65〕（晉）郭象注，（唐）成玄英疏，曹礎基，黃蘭發校點：《南華眞經注疏》，中華書局，1998年7月，112頁。

〔註66〕《文心雕龍·比興第三十六》「物雖胡越，合則肝膽」。《附會第四十三》：「故善附者異旨如肝膽，拙會者同音如胡越。」

見是爲一較爲常用的典故。孫過庭所言之「胡越殊風」正是用了此典，用以說明對於毫釐這樣的細節都不能觀察到的「異者」，則猶如胡越一樣，正如郭象注「恬苦之殊性」，與所追求的真理相差就會甚遠。

另如：「隋珠和璧」，語出《淮南子・覽冥訓》：「譬如隋侯之珠，和氏之璧」。〔註67〕用以比喻兩種妍美的物質。

第五節　小結——取法於「道」

《書譜》在道家思想層面，由此可見，主要在於一種取法的思想，同自然之妙有，通於自然。不可以力運而成，只能自然而然，任其自然，天然渾成。另一方面，從「妙擬神仙」之語可見，孫過庭所嘖歎的乃是自然之神妙莫測，窮極之稱。稟取自然，不可以力致。道在自然，法自然之道，自然之態千變萬化，各種「異」、「奇」、「資」、「態」、「勢」、「形」，盡其所極；輕、重、導、頓，各盡其有；又似日月星辰，纖纖落落。點畫之間，見其鋒杪毫芒，內涵隤奧。這樣才能悉知何爲書法，否則就會任筆聚墨，心昏而手迷，不知所宗，何得其妍妙焉？

法之自然，還需得魚忘筌，得兔忘蹄，所謂得意忘言，得言忘象。忘卻規矩鉤繩——「泯規矩於方圓」，求其窮極變化，行藏若定，「合情調於紙上」。一方面離方遁圓，另一方還要窮形盡相。把學到的規矩隱匿泯滅，虛而實，無而有，「超以象外，得其環中」；羲獻鍾張，其工尚在，違而不失。同時，心手無間，楷則忘之，在方法方，在圓法圓，圓而不規，方而不矩，猶如「隋珠和璧」，不同法而同樣妍美。

如上，便是法之自然的兩個層次。

其他如性分與胡越，或多或少也有取法的思想成分在裏面，但這種取法更多是一種哲理層面的方法。性分說重視天性成分，各個時段有不同的性格，須充分利用。「胡越殊風」則意味著：異者視之相差千里，同者視之如出於「一圈」，這是藝術領域的哲學觀念問題。

〔註67〕　（漢）劉安等編著，高誘注：《淮南子》，上海古籍出版社，影印浙江書局本，1989 年 9 月，63 頁。

第六章　從前代書學繼承的本體內容

第一節　唐以前書學概況

　　唐以前的書法著作，今天能夠看到的可靠的屈指可數，比如東漢趙壹《非草書》，載於唐末張彥遠的《法書要錄》，西晉成公綏《隸書體》，載於唐中期徐堅編撰的類書《初學記》，後由明人張溥輯入《成公子安集》，載入《晉書》的西晉衛恒《四體書勢》和西晉索靖的《草書勢》，以及載入《法書要錄》的南北朝時期羊欣《採古來能書人名》，虞龢《論書表》，王僧虔《論書》，江氏《論書表》，陶弘景與梁武帝之間的論書（啓），袁昂《古今書評》，庾元威《論書》以及庾肩吾《書品》等。如上是在今天看來，基本沒有「問題」的唐以前的書論清單。

　　這些書論的特點是：南北朝以前把書論當作「賦體」來作，行文具有很強的文學性。內容上看，具有專題性，比如趙壹論草書，衛恒論古文、篆書、隸書和草書。其中有論技術的內容，比如趙壹論心手關係（當然，趙壹《非草書》本文核心主要是批判寫草者「不務正業」），也有論書法發展史的，比如衛恒《四體書勢》，其中衛恒還以四個「讚述」論書四種書體的特點。南北朝以後的書論，雖然像羊欣、虞龢的重點在書法史，但其中最爲出彩的仍然是以鍾張二王尤其是二王爲核心，論述書法美學的那部分。

　　另外，還有零星存在於文論之中的，後人乃至今天學者不夠重視的部分文章，比如收入鮑照《鮑明遠集》的《飛白書勢銘》，其中有「……超工八法，盡奇六文，鳥企龍躍，珠解泉分，輕如遊霧，重似崩雲，絕鋒劍摧，驚勢箭

飛，差池燕起，振迅鴻歸，臨危制節，中險騰機，……絲縈髮垂……又安能匹君子品之，是最神筆。」〔註1〕其一，孫過庭的「重若崩雲，輕如蟬翼」就應該來源於此，其二，鮑照的行文乃賦類的文學作品的方式，與《四體書勢》等相似，沒有走向南北朝以來以「二王」為中心的路子。

此外，過去認為是託偽的書論，有材料尤其是敦煌寫本可以佐證部分內容的真實性，比如《法書要錄》中王羲之《自論書》，前部分為真，即抄襲《尚想黃綺帖》，後面為偽。這說明大家認為是偽的書論文章或許是層疊疊加，是不同時期不同人多次創作的結果。這部分內容也在本文論述之列。況且正像《書譜》中孫過庭對於傳為王羲之所作的《題筆陣圖》有疑問一樣，就算是託偽之作，他也看過有關託偽內容，在梳理孫過庭思想來源的時候，也需要將某些相關內容囊括進來。

當然，不知道孫過庭其時看到的書論清單與今天是否一樣。通過分析這些或可靠或託偽的書論文章，依然能夠看到孫過庭與唐以前書論之間的某些繼承與推進關係。下文分別從二王評價思想溯源、孫過庭技法理論、書體與字體、藝術與非藝術的批評觀以及用典等各個方面去論證與呈現這些繼承與推進之關係。二王評價思想是《書譜》自開篇以至於文末貫穿其中的一個主題，所以本文放置於最前；其次是孫過庭對於技法理論的總結與開創，其在書論史上有震耳發聵的作用，故次之；而書體與字體，書法與非書法，藝術與非藝術的評價，是為藝術觀念的高度自覺，再次之；最後遍檢《書譜》全文，分析孫過庭使用的典故與歷代書論之間深刻的淵源關係。

第二節　二王評價思想

一、《書譜》與二王評價相關語言來源考察

如下，根據孫過庭的行文順序，對其中涉及到二王評價的段落，進行語言上的梳理與考證。

「漢魏有鍾張之絕，晉末稱二王之妙」，來源於虞龢《論書表》：「鍾、張信為絕倫」，「厥後群能間出，洎乎漢、魏，鍾、張擅美，晉末二王稱英」〔註2〕這兩句。鍾張信為絕倫，孫過庭後面也有直接引用。實際上就是王羲之對於

〔註1〕　（南北朝）鮑照：《鮑明遠集》，鮑氏集卷第十，四部叢刊景宋本。
〔註2〕　（唐）張彥遠《法書要錄》卷二，（明）毛晉校，津逮秘書本。

鍾張的評價。而稱妙稱英則是魏晉以來的品評觀念。《論書表》有「八體宣其妙」，「子敬窮其妍妙」，「賞析彌妙」，「莫不妙極」，「過江亡失，常痛妙迹永絕」〔註3〕等等。當然此妙與張懷瓘之「神」「妙」「能」之妙還不是同一回事，不在同一個概念層次上。

其次，《書譜》說：「王羲之云：『頃尋諸名書，鍾張信為絕倫，其餘不足觀。』可謂鍾張云沒，而羲獻繼之。又云：『吾書比之鍾張，鍾當抗行，或謂過之。張草猶當雁行。然張精熟，池水盡墨，假令寡人耽之若此，未必謝之。』」

前半句來自虞龢《論書表》：「羲之書云：『頃尋諸名書，鍾、張信為絕倫，其餘不足存。』又云：『吾書比之鍾、張，當抗行；張草猶當雁行。』」〔註4〕語言基本一致，說明孫過庭對當時所傳的書論相關文獻比較熟悉。後半句來與《論書表》一起載於《法書要錄》的王羲之《自論書》中一段基本相似，其中說「張精熟過人，臨池學書，池水盡墨。若吾耽之若此，未必謝之。」〔註5〕馬國權說：「張彥遠的《法書要錄》所引與此相同，可見《書譜》在唐代即已流行，並為著作家所援引。」〔註6〕據此，馬國權認為張彥遠的《法書要錄》所輯錄的王羲之《自論書》為唐代所出的託名偽文。馬先生此判斷稍嫌武斷，與《筆陣圖》等類似，就算是託名偽文，其產生年代也可以是比較早的。其次，孫過庭所引，正如其他段落，應該是其時代有相傳的文本。《自論書》確實有以《論書表》中相關用語與《書譜》中這句話合成之嫌，但也有可能孫過庭看到了或聽說了較早的相關傳世文本，比如《自論書》，而《論書表》的依據可能與這些傳世文本有淵源關係。所以認為《自論書》是唐代偽出，只是可能性中的一種，而且可能性是比較小的那種。

英國圖書館藏斯坦因 3287 號為敦煌人所抄的小楷《尚想黃綺帖》，其中內容：「尚想黃綺，意想疾於繇，年在襄，吾（書）比之鍾張，鍾當抗行，或謂過之，張草猶當雁行。然張精熟，池水盡墨，假令寡人耽之若此，未必謝之。後之達解者，知其評之不虛也。臨池學書，池水盡墨，好之絕倫，吾弗及也。」〔註7〕相關考證俱載日本敦煌研究學者池田溫的《關於敦煌遺書中王

〔註3〕（唐）張彥遠《法書要錄》卷二，（明）毛晉校，津逮秘書本。
〔註4〕（唐）張彥遠《法書要錄》卷二，（明）毛晉校，津逮秘書本。
〔註5〕（唐）張彥遠《法書要錄》卷一，（明）毛晉校，津逮秘書本。
〔註6〕馬國權：《書譜譯注》，紫禁城出版社，2011 年 7 月，40 頁。
〔註7〕據學者研究，在編號斯 214，斯 3287，伯 2378，伯 2671，伯 3368 等多卷中都有類似內容的寫本，以伯 3287 最為清楚。（日）池田溫：《敦煌本に見える

義之書論》。〔註8〕當代學者有根據虞龢《論書表》，蕭衍與陶弘景書啓中論及《尚想黃綺帖》，以及唐初歐陽詢《藝文類聚》中卷九有條云：「王義之云：張芝臨池學書，池水盡墨，寡人耽之若是，未必後之」等等證據，判斷《法書要錄》中《自論書》前部分爲眞，即抄襲《尚想黃綺帖》，後面爲僞，即部分眞部分僞。〔註9〕

　　因此盲目的斷定書論之眞僞是值得推敲的。因爲張彥遠自其高祖河東公就開始收藏珍秘，世家所傳，其中比較明顯屬於託名人之僞書只有衛夫人《筆陣圖》、王義之《題〈筆陣圖〉後》，但其餘可靠性還是比較高的。

　　「池水盡墨」的表述亦見於宋羊欣《採古來能書人名》中張芝條：「臨池學書，池水盡墨」。〔註10〕當然其中《晉書‧王義之傳》亦有記錄：「……每自稱『我書比鍾繇，當抗行；比張芝草，猶當雁行也』。曾與人書云：『張芝臨池學書，池水盡黑，使人耽之若是，未必後之也。』」〔註11〕載於《晉書》的衛恒《四體書勢》也有對張芝學書用功至勤的記載：「弘農張伯英者因而轉精其巧，凡家之衣帛，必先書而後練之。臨池學書，池水盡墨」。〔註12〕

　　再次，《書譜》說：「評者云：『彼之四賢，古今特絕；而今不逮古，古質而今妍』」。與此對應的是虞龢《論書表》中：「夫古質而今妍，數之常也；愛妍而薄質，人之情也。鍾、張方之二王，可謂古矣，豈得無妍質之殊？且二王暮年皆勝於少，父子之間又爲今古，子敬窮其妍妙，固其宜也。然優劣既微，而會美俱深，故同爲終古之獨絕，百代之楷式。」〔註13〕下文會專門論述評價孫過庭與虞龢的二王高低品評問題。

　　再有，「推張邁鍾之意」，自虞龢《論書表》：「羊欣云：『義之便是小推張，不知獻之自謂云何？』」〔註14〕即推崇張芝，超越鍾繇之意。

　　　　王義之論書》，載《中國書論大系》，月報5，1979年，6，8～12頁。張天弓：《張天弓先唐書學考辨文集》，榮寶齋出版社，2009年12月，129頁。
〔註8〕　（日）池田溫：《敦煌本に見える王義之論書》，載《中國書論大系》，月報5，1979年，6，8～12頁。
〔註9〕　張天弓：《張天弓先唐書學考辨文集》，榮寶齋出版社，2009年12月，129～147頁。
〔註10〕　（唐）張彥遠《法書要錄》卷一，（明）毛晉校，津逮秘書本。
〔註11〕　（唐）房玄齡等撰《晉書》卷八十列傳第五十，汲古閣十七史本。
〔註12〕　（唐）房玄齡《晉書》卷三十六列傳第六，清乾隆武英殿刻本。
〔註13〕　（唐）張彥遠《法書要錄》卷二，（明）毛晉校，津逮秘書本。
〔註14〕　（唐）張彥遠《法書要錄》卷二，（明）毛晉校，津逮秘書本。

其次，孫過庭：「又云：『子敬之不及逸少，猶逸少之不及鍾張。』」此見於蕭衍《觀鍾繇書法十二意》：「又子敬之不迨逸少，猶逸少之不迨元常。」〔註15〕亦見於蕭子雲《梁蕭子雲啓》：「逸少不及元常，猶子敬之不及逸少」。〔註16〕因爲虞龢與這種觀點不合，故未見於其《論書表》，後文會涉及。

再次，孫過庭所言：「元常專工於隸書，伯英尤精於草體，彼之二美，而逸少兼之。擬草則餘眞，比眞則長草，雖專工小劣，而博涉多優；總其終始，匪無乖互。」此段關於王羲之與鍾張的比較，見庾肩吾《書品》：「惟張有道、鍾元常、王右軍其人也。張工夫第一，天然次之，衣帛先書，稱爲『草聖』。鍾天然第一，工夫次之，妙盡許昌之碑，〔註17〕窮極鄴下之牘。王工夫不及張，天然過之；天然不及鍾，工夫過之。羊欣云：『貴越群品，古今莫二』。兼撮眾法，備成一家，若孔門以書，三子入室矣。允爲上之上。」〔註18〕庾肩吾認爲張芝擅草，尊爲草聖，鍾繇則擅隸書（碑體、楷書），王羲之並採眾法，自成一家之美，孫過庭亦如是說。宋羊欣《採古來能書人名》：「弘農張芝……尚草書，精盡絕倫，……穎川鍾繇……有三體：一曰銘石之書，最妙者也……，王羲之，……博精群法，……古今莫二」，〔註19〕同樣也表明張芝尤擅草，鍾繇最攻隸（楷），而逸少博採眾法，兼採諸家，是爲古今第一。這應該是自六朝以來的共識，也是孫過庭對過去書法思想的繼承。

隨後，孫過庭將王羲之與王獻之進行比較，他說「謝安素善尺牘，而輕子敬之書。」「素善尺牘」語出虞龢《論書表》，其中有言「盧循素善尺牘，尤珍名法。」〔註20〕而後孫過庭又說：「而輕子敬之書。子敬嘗作佳書與之，謂必存錄，安輒題後答之，甚以爲恨」不知從何出？而之後的「安嘗問敬：『卿書何如右軍？』答云：『故當勝。』安云：『物論殊不爾。』子敬又答：『時人那得知！』」出自虞龢《論書表》：「謝安嘗問子敬：『君書何如右軍？』答云：『故當勝。』安云：『物論殊不爾。』子敬答曰：『世人那得知。』」〔註21〕該

〔註15〕　（唐）張彥遠《法書要錄》卷二，（明）毛晉校，津逮秘書本。

〔註16〕　（唐）張彥遠《法書要錄》卷一，（明）毛晉校，津逮秘書本。

〔註17〕　鍾繇《許昌碑》一語，在傳王羲之書論《題衛夫人〈筆陣圖〉後》中有「……又之許下，見鍾繇、梁鵠書……」，可以側面證明該斷書論儘管可能偽託，但還是有一定的典故或思想的傳承性，並不是空穴來風。

〔註18〕　（唐）張彥遠《法書要錄》卷二，（明）毛晉校，津逮秘書本。

〔註19〕　（唐）張彥遠《法書要錄》卷一，（明）毛晉校，津逮秘書本。

〔註20〕　（唐）張彥遠《法書要錄》卷二，（明）毛晉校，津逮秘書本。

〔註21〕　（唐）張彥遠《法書要錄》卷二，（明）毛晉校，津逮秘書本。

段《世說新語》也有類似的表述：「謝公問王子敬：『君書何如君家尊？』答曰：『固當不同。』公曰：『外人論殊不爾。』王曰：『外人那得知！』」〔註22〕《世說新語》所載並沒有表明王獻之說過自己勝過其父，只不過是與乃父不同而已。《晉書·王羲之傳》：「安又問曰：『君書何如君家尊？』答曰：『故當不同。』安曰：『外論不爾。』答曰：『人那得知！』」〔註23〕亦與《世說新語》一致。可見，《論書表》所述可能已經偏離了當時所傳，而孫過庭反而以訛傳訛。而且，如果釋讀為「固當勝」，前後文義不通，與謝安所問「物論殊否爾」邏輯上並不通順。只能牽強以為子勝父之事屬於特殊情況，外人不得而知。但是如果照《世說新語》「固當不同」，則說明王獻之說自己與王羲之不同點，外人不知道其中的特殊情況，所以外人不可論之。如此則文從字順。

最後，孫過庭引用了兩個典故即「假託神仙」，與「臨行題壁」，二者皆未見於唐前典籍，無從稽考。

二、孫過庭二王評價的思想淵源

其一、唐以前對二王的評價

孫過庭對於二王的評價是籠而統之，子敬不如羲之，沒有象羊欣《採古來能書人名》那樣說子敬：「骨勢不及父，而媚趣過之」。〔註24〕羊欣並且說王羲之與王獻之不同的地方在於，王羲之博精群法，而特善草、隸，王獻之善隸、稿。但是羊欣同樣也說王羲之「古今莫二」，該句庾肩吾《書品》亦引。〔註25〕虞龢《論書表》引（未見於《採古來能書人名》）羊欣的話說：「張字形不及古，自然不如小王」。〔註26〕唐中期張懷瓘在《書斷下》中也引用羊欣同樣的話。〔註27〕可見羊欣評價二王各有風騷，互有差等。

虞龢《論書表》中除以上外，有幾處提及二王的。

第一，「夫古質而今妍，數之常也；愛妍而薄質，人之情也。鍾、張方之二王，可謂古矣，豈得無妍質之殊？且二王暮年皆勝於少，父子之間又為今

〔註22〕（南北朝）劉義慶《世說新語》卷之下，四部叢刊景明袁氏嘉趣堂本。

〔註23〕（唐）房玄齡等撰《晉書》卷八十列傳第五十，汲古閣十七史本。

〔註24〕（唐）張彥遠《法書要錄》卷一，（明）毛晉校，津逮秘書本。

〔註25〕後來中唐張懷瓘《書斷》之評論中，該評據信為趙儇所作。見遊、余紹宋《書畫錄解題》卷四，國立北平圖書館，1932年6月。

〔註26〕（唐）張彥遠《法書要錄》卷二，（明）毛晉校，津逮秘書本。

〔註27〕（唐）張彥遠《法書要錄》卷九，（明）毛晉校，津逮秘書本。

古，子敬窮其妍妙，固其宜也。然優劣既微，而會美俱深，故同為終古之獨絕，百代之楷式。」〔註28〕可見虞龢認為，在王羲之與王獻之之間，屬於繼承與發展的關係，父與子之間的一古一今，猶如鍾張比之二王，亦是一古一今；而子敬窮其妍妙，當然是適宜的；二王都是「終古獨絕」，「百代楷式」。從而可見，虞龢對二王的評價也是各有千秋，特徵不同，這與羊欣的觀點是一致的。

第二，「二王書，獻之始學父書，正體乃不相似。至於絕筆章草，殊相擬類，筆跡流懌，宛轉妍媚，乃欲過之。羲之書，在始未有奇殊，不勝庾翼、郗愔，迨其末年，乃造其極。」〔註29〕這與第一點基本類似，不同的是正面表明王獻之學其父，但正體不同，至於章草之類，王獻之也在乎宛轉妍美，超過王羲之；而王羲之只有到了晚年才臻其極致。二人是有所不同的。

第三，「謝奉起廟，悉用裌材，右軍取裌，書之滿床，奉收得一大簣。子敬後往，謝為說右軍書甚佳，而密已削作數寸裌板，請子敬書之，亦甚合，奉並稱錄。」〔註30〕虞龢引用這個典故，既說明一個社會上對子敬之書不紹於逸少的評價，也說明自己對於這種現象的肯定。

第四，虞龢專門談了王獻之的幾個典故，以媲美於王羲之的故事。王羲之有老姥題扇，道德經換鵝，書門生之几，王獻之則有掣筆不脫，帚沾泥書，書之袖緣，書群服帶，門生種蘫等等，可見王獻之的典章掌故絲毫不比王羲之少。

其次，南齊王僧虔《論書》通常將二王並舉，是為古今通例，但評論逸少說「崔、張歸美於逸少，雖一代所宗，僕不見前古人之迹，計亦無以過於逸少。既妙盡深絕，便當得之實錄，然觀前世稱目，竊有疑焉。」〔註31〕可見，王羲之在王僧虔眼中也是古今莫二，精盡絕倫。〔註32〕但王僧虔沒有對

〔註28〕 （唐）張彥遠《法書要錄》卷二，（明）毛晉校，津逮秘書本。

〔註29〕 （唐）張彥遠《法書要錄》卷二，（明）毛晉校，津逮秘書本。

〔註30〕 （唐）張彥遠《法書要錄》卷二，（明）毛晉校，津逮秘書本。

〔註31〕 （唐）張彥遠《法書要錄》卷一，（明）毛晉校，津逮秘書本。

〔註32〕 儘管王僧虔《論書》及《又論書》的真實性問題至今存在，但是如前所述，張彥遠在《法書要錄》中盡錄，相信在這之前早已流傳。相關考證見叢文俊《王僧虔〈論書〉考》，載《古籍整理研究學刊》，2001年6月，又見之《書法報》，2002年4月1日，15日。續考見張天弓：《〈王僧虔〈論書〉考〉讓我越讀越讀不明白》，載其《先唐書學考辯論文集》，榮寶齋出版社，2009年12月，227頁。其中脫誤之說源自遊、余紹宋：《書畫書錄解題》卷四《論書

二王之優劣與不同進行評議。

最後，蕭衍《觀鍾繇書法十二意》說：「又子敬之不迨逸少，猶逸少之不迨元常。學子敬者如畫虎也，學元常者如畫龍也。」〔註33〕以及蕭子雲《梁蕭子雲啟》有「逸少不及元常，猶子敬之不及逸少」。〔註34〕凡此二言，俱見之於《書譜》，是為孫過庭的評價來源，只不過孫過庭不贊成王羲之不及鍾張的說法，他認為只是王羲之比之鍾張要更廣博，而鍾則獨善隸，張獨善草。

其二、初唐至孫過庭以前對二王的評價

初唐至孫過庭以前，書論甚少，唯有唐太宗所作《王羲之傳》確信，成篇。其載於《晉書》中。其餘篇目，唐太宗與虞世南的相關書論內容相互交織並有重疊，故多有疑其真。

唐太宗說：「獻之雖有父風，殊非新巧。觀其字勢疏瘦，如隆冬之枯樹；覽其筆蹤拘束，若嚴家之餓隸。」〔註35〕他從用筆與結字章法等各個方面批判了王獻之。並且說字勢枯樹，雖有槎枒的感覺但是沒有屈伸張合；用筆似餓隸，受到拘束而羸贏就沒有放開縱勢。這二者兼有，則為書法之病。接著他還順便舉例蕭子雲的書以與比較，都是名過其實，濫名書史。詳察古今之書史，能夠研精篆素，盡善盡美的就只有王羲之了。他說：「觀其點曳之工，裁成之妙，煙霏露結，狀若斷而還連；鳳翥龍蟠，勢如斜而反直。玩之不覺為倦，覽之莫識其端，心慕手追，此人而已。」〔註36〕而其他的區區小輩，不足論之。

可見，唐太宗是揚王羲之，抑王獻之的，而且標準是具體的技術形式，用筆與結字章法等。

其三、孫過庭對二王評價的思想來源考察

「子敬之不及逸少，猶逸少之不及鍾張。」孫過庭贊成前半句，不贊成後半句。大體以為逸少與鍾張相比，是「博」與「專」的區別，他們之間並沒有一個標準來進行衡量。而針對王獻之與王羲之的比較，孫過庭的證明一共有四條：

第一，謝安輕子敬之書。

〔註〕 一篇——南齊王僧虔譔》，國立北平圖書館，1932年6月。
〔註33〕 （唐）張彥遠《法書要錄》卷二，（明）毛晉校，津逮秘書本。
〔註34〕 （唐）張彥遠《法書要錄》卷一，（明）毛晉校，津逮秘書本。
〔註35〕 （唐）房玄齡等撰《晉書》卷八十列傳第五十，清乾隆武英殿刻本。
〔註36〕 （唐）房玄齡等撰《晉書》卷八十列傳第五十，清乾隆武英殿刻本。

《晉書》有載：

> 謝安，甚欽愛之，請爲長史。安進號衛將軍，復爲長史。太元中，新起太極殿，安欲使獻之題榜，以爲萬代寶，而難言之，試謂曰：『魏時陵雲殿榜未題，而匠者誤釘之，不可下，乃使韋仲將懸橙書之。比訖，鬢鬢盡白，裁餘氣息。還語子弟，宜絕此法。』獻之揣知其旨，正色曰：『仲將，魏之大臣，寧有此事！使其若此，有以知魏德之不長。』安遂不之逼。安又問曰：『君書何如君家尊？』答曰：『故當不同。』安曰：『外論不爾。』答曰：『人那得知！』尋除建威將軍、吳興太守，徵拜中書令。〔註37〕

從該故事可知道兩點，其一，謝安是非常重視王獻之的書法的，不然也就不會以某種隱晦的方式讓王獻之題其榜額，雖然最終未能成其事，這並非像孫過庭說的謝安輕視子敬的書法；其次，關於王獻之與謝安的對話中，有一個非常微妙的用語，《晉書》載是「故當不同」，亦即王獻之說自己與乃父王羲之只是風格不同，並沒有說其勝過王羲之。

同樣的對話，虞龢《論書表》種的記載是「故當勝」，〔註38〕而《世說新語》則是「固當不同」。〔註39〕按：前已述及，只有「固當不同」才能在語義上與後文的對答：安云「物論殊否爾」，子敬回答「時人哪得知」有邏輯上的關係，亦即是說謝安問子敬：輿論是否認爲你們不同，子敬說他們不會知道其中的緣由的。

這樣看來，孫過庭或許使用了虞龢《論書表》中的文本，而且訛上加訛。

第二，「立身揚名，事資尊顯，勝母之里，曾參不入。」該條標準是個倫理性的，嚴格意義上說與書法水平無涉。而且，其理由是第一條，王獻之說勝父故爲不孝。據上分析，王獻之應該只是說過「固當不同」，第一條不成立，此亦不成立。

第三，假脫神仙之事。從現存典籍看，基本找不到相關的文獻作爲支撐。

第四，臨行題壁。「臨行題壁」之事，據本章隨後所議，清代包世臣之《藝舟雙楫》中《書譜辨誤》一文，推論右軍入都，最晚在永和十年（蘭亭序寫於永和九年），是時王獻之始十一歲，不可能有拭除其父之書而別作之

〔註37〕（唐）房玄齡《晉書》卷八十列傳第五十，清乾隆武英殿刻本。
〔註38〕（唐）張彥遠《法書要錄》卷二，（明）毛晉校，津逮秘書本。
〔註39〕（南北朝）劉義慶《世說新語》卷之下，四部叢刊景明袁氏嘉趣堂本。

事。〔註40〕該典故又見之於李嗣眞《書後品》：「又曾書壁而去，子敬密拭之，而更別題。右軍還觀之曰：『吾去時眞大醉。』子敬乃心服之矣。」〔註41〕李嗣眞（本文緒論方法論一節中已經證明李嗣眞與孫過庭屬於同時代人，或許《後書品》比《書譜》行文還要早）沒有王羲之「入都」的記載。所以，「入都」這一時間點來否定「臨行題壁」的典故，是有些問題的。傳說與軼聞，版本差異，其實眞實性也會大打折扣。「臨行題壁」的典故是否眞實存在，不得而知。

綜上，孫過庭使用的四條證據，前三條是不能成立的，而第四條則至少存疑。〔註42〕從證明的角度看，唐太宗分析用筆的縱橫捭闔，結字章法這樣的字勢形態，一種理性的條分縷析，而孫過庭則是要麼使用失實的典故，要麼使用倫理性、經學性的價值判斷，故意從於「今上」唐太宗。

唐以前對二王的評價，羊欣、虞龢是二王並重，並沒有偏好，而王僧虔雖然表明大王之妙盡深絕，亦未下判斷孰優孰劣。至蕭衍、蕭子雲，「子敬不及逸少」，但未詳其緣由始末。唐太宗李世民則明顯揚大王抑小王，並且呈現出偏激的傾向。孫過庭則延續唐太宗的批評主張，認爲未克箕裘，只是大概傳下了王羲之的法度。

第三節　書法技術理論

一、執使轉用

《書譜》中有兩處明顯的對有關具體技術執行層面進行的討論，其中之一是有關眞與草的點畫與使轉，形質與情性的關係，其二便是執、使、轉、用。孫過庭對執、使、轉、用的定義是：「執謂深淺長短之類是也；使謂縱橫牽掣之類是也；轉謂鉤環盤紆之類是也；用謂點畫向背之類是也。」

其一、執、使、轉、用的來源與意涵

第一、執，深淺長短之類。

〔註40〕（清）包世臣《藝舟雙楫》，載藝林名著叢刊，世界書局，1936年，94頁。

〔註41〕（唐）張彥遠《法書要錄》卷三，（明）毛晉校，津逮秘書本。

〔註42〕還有一條，是「子敬已下，莫不鼓努爲力，標置成體，豈獨工用不侔，亦乃神情懸隔者也」，這句話有兩種理解，其一是子敬神情懸隔，其二是子敬後來的人神情懸隔。不管怎樣，在這個地方，孫過庭才開始理性地分析一種得道與否的境界或義理。

按孫過庭之意，「執」就是指執筆之長短深淺。而其所見的傳衛夫人《筆陣圖》是「代有《筆陣圖》七行，中畫執筆三手，圖貌乖舛，點畫湮訛。」孫過庭所見的《筆陣圖》版本只有七行，以執筆之圖為主，與今之所見載於《法書要錄》六百餘字的版本差異較大。但是現存的《筆陣圖》版本除了含有筆劃的形象化比喻，如橫如千里陣雲等以外，也有較多內容是關於執筆的，比如：「凡學書字，先學執筆，若真書，去筆頭二寸一分，若行草書，去筆頭三寸一分，執之。」〔註43〕這便是依據書體的不同特徵來確定不同的執筆長短深淺。現存《書譜》尚未涉及到這一點，所以從這一點可證《書譜》為序，並非完整的一篇書論文章。

傳為衛夫人的《筆陣圖》關於執筆的還有一句：「執筆有七種。有心急而執筆緩者，有心緩而執筆急者。若執筆近而不能緊者，心手不齊，意後筆前者敗；若執筆遠而急，意前筆後者勝。」〔註44〕這說明當時或晉朝、南北朝所論書法中執筆深淺的問題，還與心之緩急有關係。〔註45〕例如蕭衍《答陶隱居論書》還有記載：「夫運筆邪則無芒角，執筆寬則書緩弱……」〔註46〕不知執筆的緩急、寬綽所代表的確切意義是什麼。

第二、使，縱橫牽掣之類。

在孫過庭這裡，「使」有一個特定性的指向，即縱橫牽掣。蕭衍《觀鍾繇書法十二意》：「平，謂橫也。直，謂縱也。均，謂間也。密謂際也。鋒，謂端也。力，謂體也。輕，謂屈也。決，謂牽掣也。補，謂不足也。損，謂有餘也。巧，謂布置也。稱，謂大小也。」〔註47〕可見，縱即豎向，橫即橫向。

關於縱橫之用法，傳蔡邕《筆論》：「若雲霧，若日月，縱橫有可象者，方得謂之書也。」〔註48〕成公綏《隸書體》：「或輕拂徐振，緩按急挑，挽橫引縱，左牽右繞，長波鬱拂，微勢縹緲。」〔註49〕傳為蕭衍作的《草書狀》：「縱橫如結，聯綿如繩，流離似繡，磊落如陵。」〔註50〕縱橫在蔡邕看來，是一種象，大氣如雲霧日月之象；成公綏則認為是一種挽引牽繞之勢。蕭衍

〔註43〕（唐）張彥遠《法書要錄》卷一，（明）毛晉校，津逮秘書本。
〔註44〕（唐）張彥遠《法書要錄》卷一，（明）毛晉校，津逮秘書本。
〔註45〕儘管看起來，這種論述似有不可理解的地方，但卻有所傳、有所議。
〔註46〕（唐）張彥遠《法書要錄》卷二，（明）毛晉校，津逮秘書本。
〔註47〕（唐）張彥遠《法書要錄》卷二，（明）毛晉校，津逮秘書本。
〔註48〕（宋）陳思《書苑菁華》卷一，宋刻本。
〔註49〕（唐）徐堅《初學記》卷二十一文部，清光緒孔氏三十三萬卷堂本。
〔註50〕（宋）陳思《書苑菁華》卷三，宋刻本。

則認爲是結繩流離之形。總體而言指的是一種形勢。

牽掣之法，庾肩吾《書品》：「眞、草既分於星芒，烈火復成於珠佩。或橫牽豎掣，或濃點輕拂，或將放而更流……」〔註51〕亦即牽就是橫向上的動作，掣就是豎向上的動作。蕭衍《答陶隱居論書》有言：「夫運筆邪則無芒角，執筆寬則書緩弱，點掣短則法擁腫，點掣長則法離漸，畫促則字勢橫，畫疏則字形慢；拘則乏勢，放又少則；純骨無媚，純肉無力，少墨浮澀，多墨笨鈍，比併皆然。任意所之，自然之理也。」〔註52〕所以掣就是一種動作，當然牽亦然。再比如傳王羲之作《書論》中有言：「每作一點，必須懸手作之，或作一波，抑而後曳。每作一字，須用數種意，或橫畫似八分，而發如篆籀；或豎牽如深林之喬木……。」〔註53〕在這裡，牽變成了豎向上的動作。總而言之，牽掣即在橫向或豎向上較爲長的直線型發力動作的描述。

孫過庭還說「伯英不眞，而點畫狼籍；元常不草，使轉縱橫」，「《太師箴》又縱橫爭折」，縱橫牽掣，也是一種縱橫方向上的運筆之形勢。

第三、轉，鉤環盤紆之類。

「轉」是一個動作，例如傳蔡邕《九勢》：「轉筆，宜左右回顧，無使節目孤露。」〔註54〕轉就是轉換線條方向的動作。衛恒《四體書勢》：「弘農張伯英者因而轉精其巧，凡家之衣帛，必先書而後練之。」〔註55〕傳虞世南《筆髓論·釋行》：「旋毫不絕，內轉鋒也。」〔註56〕同文《釋草》：「……起伏連卷，收攬吐納，內轉藏鋒也……蠻旋轉鋒，亦如騰猿過樹，逸蚪得水……」〔註57〕此處，「轉」指的是轉筆鋒，含有較轉變換筆劃方向之意。沒有證據表明是身體器官如手指或手腕的轉動。

孫過庭給「轉」的定義是「鉤環盤紆」，一種由動作而形成環紆之形態。鉤猶如鉤挑，索靖《草書勢》：「蓋草書之爲狀也，婉若銀鉤，漂若驚鸞……」；〔註58〕盤猶如纏繞，鉤與盤的動作形成環與紆的形狀。紆，按照《說文段注》：

〔註51〕 （唐）張彥遠《法書要錄》卷二，（明）毛晉校，津逮秘書本。

〔註52〕 （唐）張彥遠《法書要錄》卷二，（明）毛晉校，津逮秘書本。

〔註53〕 （宋）朱長文《墨池編》卷一，清文淵閣四庫全書本。

〔註54〕 （宋）陳思《書苑菁華》卷十九，宋刻本。

〔註55〕 （唐）房玄齡等撰《晉書》卷三十六列傳第六，清乾隆武英殿刻本。

〔註56〕 （宋）陳思《書苑菁華》卷一，宋刻本。

〔註57〕 （宋）陳思《書苑菁華》卷一，宋刻本。

〔註58〕 （唐）房玄齡《晉書》卷六十列傳第三十，清乾隆武英殿刻本。

「紆則曲之而已」。〔註59〕環則爲封閉圓形，紆則爲曲線貌。傳虞世南《筆髓論‧釋行》：「故覆腕搶毫，乃按鋒而直引，其腕則內旋外拓，而環轉紓結也。」〔註60〕《釋草》：「既如舞袖揮拂而縈紆，又若垂藤樛盤而繚繞……又生搩鋒，任毫端之奇，象兔絲之縈結，轉剔刓角多鉤，篆體或如蛇形。」〔註61〕可見，環與紆的論述是比較常見的有關草書的對象化描述。儘管虞世南的書論文獻的眞僞有許多值得懷疑的，但至少說明唐時的一種對草書的理解與闡釋。

第四、用，點畫向背之類。

「用」，在孫過庭看來是點畫的向背關係。傳王羲之《書論》：「先須用筆，有偃有仰，有攲有側有斜，或小或大，或長或短。」〔註62〕這個用筆指的是筆劃的俯仰形狀，大小長短，攲正斜側。再比如傳王羲之作的《書論》中有言：「每作一點，必須懸手作之，或作一波，抑而後曳。每作一字，須用數種意，或橫畫似八分，而發如篆籀；或豎牽如深林之喬木，而屈折如鋼鉤；或上尖如枯稈，或下細若針芒；或轉側之勢似飛鳥空墜，或棱側之形如流水激來。」〔註63〕在這裡，用筆是一種筆劃自身的彈性、力量、形狀，橫畫如八分，豎畫如鋼鉤，轉側之勢象飛鳥之墜，棱側則如流水之激，這可以看作是點畫向背的具體性比況與闡發。

總爲言之，點畫的向背關係可以理解爲：點或線條的大小（粗細或寬窄）、長短、正斜、線條的彎曲、線條與線條之間的呼應之勢——即所謂偃仰。

再如傳衛夫人《筆陣圖》：「又有六種用筆：結構圓備如篆法，飄揚灑落如章草，兇險可畏如八分，窈窕出入如飛白，耿介特立如鶴頭，鬱拔縱橫如古隸。」〔註64〕意思是篆書的結構圓備，章草的飄揚瀟灑，八分則兇險生畏，飛白之書則窈窕婀娜，鶴頭書特立耿介，古隸書縱橫鬱拔，顯示出各種書體對於結構以及結構由此帶來的風格不一。在這裡，用筆變成了字勢、結構、謀篇佈局的一種代名詞。

「用」就是一種筆劃的用法，包括自身形狀，位置經營，字勢結構等。

值得注意的是，雖然王羲之與衛夫人相關書論的眞實性尚存疑，但是畢

〔註59〕　（清）段玉裁《說文解字注》卷十三篇上，清嘉慶二十年經韻樓刻本。
〔註60〕　（宋）陳思《書苑菁華》卷一，宋刻本。
〔註61〕　（宋）陳思《書苑菁華》卷一，宋刻本。
〔註62〕　（宋）朱長文《墨池編》卷一，清文淵閣四庫全書本。
〔註63〕　（宋）朱長文《墨池編》卷一，清文淵閣四庫全書本。
〔註64〕　（唐）張彥遠《法書要錄》卷一，（明）毛晉校，津逮秘書本。

竟自晚唐宋初傳世至今，說明其篇章理論還是有一定的影響力，所以本文還是以之作爲某些觀點的參照。孫過庭所見王羲之或衛夫人書論，不知與今本所傳的書論文本相差幾何。就其中基本概念的使用而言，應該相差不遠。故在沒有別的文獻作爲佐證、詮釋的時候，必要時引用了傳爲王羲之或衛夫人的書論作爲參考。實際上，通過這些文獻，也更能清楚地知道孫過庭所論執使轉用的概念與邏輯結構。

其二、相互之間的邏輯關係

執是指執筆的技術；使是縱橫牽掣，橫向豎向的捭闔與發力及其形與勢；轉，鉤環盤紆，環爲圓形，紆爲曲線，轉即曲線圓形的動作與形狀；用，點畫向背，筆劃的用法，就是線條形狀，字勢結構等。可見，「執」爲一個範疇，「使」、「轉」爲一個範疇，「用」爲一個範疇。「執」是執筆，使轉爲直線（橫向豎向）與曲線的用力及其形與勢，「用」爲筆劃的適用，筆劃的用法，即針對點畫線條自身而言的概念。這三個概念範疇是並列關係。只不過後兩個概念的邏輯關係不易區分，「使」「轉」主要針對的是線條曲直而言，「用」則主要針對點畫形狀而言。

在對眞草書體的主要特徵進行歸納時，孫過庭說：「眞以點畫爲形質，使轉爲情性；草以點畫爲情性，使轉爲形質。」亦即眞書的主要特徵在於點畫向背，使轉這種縱橫牽掣、鉤環盤紆的形勢起輔助作用，而草書則以縱橫牽掣、鉤環盤紆爲主，點畫向背爲輔；所以孫過庭還強調「草乖使轉，不能成字；眞虧點畫，猶可記文。」即草書在使轉方面絲毫不能馬虎，否則不能成其爲字，眞書點畫不力，尙可以成文。

在對鍾張之優劣進行比較時，孫過庭還說「伯英不眞，而點畫狼籍；元常不草，使轉縱橫」，張芝主要擅長草書，鍾繇爲眞書，但是二者在眞草的相融相化方面都做得很好，張芝草書中也含有點畫這樣的主要體現在眞書上的書法特徵，鍾繇眞書則也融入主要體現在草書上的使轉的特徵。

一則說明點畫與使轉在孫過庭或者過去書家或書論家看來，是書法中兩個重要的基本概念範疇；二則說明眞草各自擅長，眞在於點畫向背，線條之用，即點或線條的大小（粗細或寬窄）、長短、正斜、線條的彎曲、線條與線條之間的呼應之勢，而草書則重點在於使轉，縱橫捭闔，迴環曲迂，一種直線與曲線的張力。三則體現書體之間的互補性，相生性，眞書中體現草書的使轉，草書體現眞書的點畫。

其三、餘論

在「緣情論」中，孫過庭以王羲之的不同作品用不同情感為例，來闡釋情深調合的重要性。其中有「《太師箴》又縱橫爭折」，有學者指出《太師箴》是嵇康對帝王之專權，以天下之私大加撻伐的作品，其文氣氣勢凌厲，孫過庭認為王羲之寫這幅作品時受內容感動，感化，力量外張，強力衝突。〔註65〕縱橫擺動，牽掣張力，氣勢連綿，扣人心弦。這也是一種「使」的表現。

在談論心與手、轉與用的關係時，孫過庭論到「詎知心手會歸，若同源而異派；轉用之術，猶共樹而分條者乎？」可知，「轉」「用」在孫過庭這裡已經成為書法基礎技術理論與概念範疇的重要元素。而且他們之間的關係是「共樹而分條」，即似心與手的關係一樣同源異派，根是一個，只是表現出不同的形式與用途而已。是故在總結執使轉用的關係時，孫過庭論到：「方復會其數法，歸於一途」，執使轉用的原則和宗旨是歸於一種原則，就是要明白書法的旨要，技術要領，雖各有各的使用方法，但是原理相通，這是學習書法的重要原則，如此「編列眾工」，「錯綜群妙」，繼往開來，分析其源頭流派，以簡單的方法把道理講清楚，讓學者心智通明，閱覽古蹟，下筆通暢。有些其他詭異諸說，並沒有把問題講明白，所以現在孫過庭在《書譜》這個論著中所要闡明的道理，就是要對學習書法的人有所裨益。

有些概念範疇其實後來已經發生變化，比如傳為歐陽詢《用筆論》有這樣的對用筆之法的定義：「夫用筆之法，急捉短搦，迅牽疾掣，懸針垂露，蠖屈蛇伸，灑落蕭條，點綴閑雅，行行眩目，字字驚心，若上苑之春花，無處不發，抑亦可觀，是予用筆之妙也。」這裡的用筆其實包含了孫過庭所言的傳統概念的執筆（急捉短搦），使轉（迅牽疾掣，懸針垂露），用（行行眩目，無處不發）的某些方面，是一個更加廣泛意義上的「用筆」之法了。可見概念在隨時代變化而變化，而反證出，孫過庭對於唐以前書論的忠實繼承。

二、心手關係

其一、孫過庭以前書論中「心手關係」的脈絡

趙壹《非草書》：「凡人各殊氣血，異筋骨。心有疏密，手有巧拙。書之好醜，在心與手，可強為哉？」〔註66〕趙壹的「心」表示一種思緒、情致、

〔註65〕鄭曉華：《書譜》，中華書局，2012 年 7 月，151。
〔註66〕（唐）張彥遠《法書要錄》卷一，（明）毛晉校，津逮秘書本。

格調、風格之所由。人與人之間，心所代表的思緒、情致等不同，則在手上所體現的工巧笨拙就有所不同，因而導致風格的差異。成公綏《隸書體》言到「工巧難傳，善之者少，應心隱手，必由意曉。」〔註67〕同樣，也是在闡述一種由心緒、情致而生的工巧之藝，應心就是產生於心，隱手，由手作為中介工具，而又消失於這個工具之中，形成於筆跡之上。始終是由「意」這種情致而通曉的。成公綏比趙壹更進一步的指明，工巧之事，實為難傳，善之者少，說明並不是簡單的技藝標準問題，而是需要用細心的體悟而後方可通曉的，當然也正好相合於趙壹的「在心與手」，不可強為的觀點。

傳衛夫人《筆陣圖》具體講心這種代表的情緒分為「急」與「緩」，她說：「有心急而執筆緩者，有心緩而執筆急者。若執筆近而不能緊者，心手不齊，意後筆前者敗；若執筆遠而急，意前筆後者勝。」〔註68〕心急心緩之不同，導致執筆的緊張度也不一樣。「執筆近而不能緊者」則導致心手不齊。只有執筆遠而急才能意前筆後。雖然不知此傳本具體所論執筆的急緩與遠近是什麼關係，〔註69〕但從文本可見，執筆這樣的用手的動作是受心這樣的情緒影響的，從而會有心手不齊而意後筆前的結果。

傳虞世南《筆髓論》同樣以心為筆的導向，「心為君，妙用無窮，故為君也。手為輔，承命竭股肱之用故也。」〔註70〕所不同的是，虞世南強調以心為君，手為輔。但都論心為手之先導，心的重要性比較大。亦或論到「遲速虛實，若輪扁斫輪，不疾不徐，得之於心，應之於手，口所不能言也。」〔註71〕此與成公綏之「應心隱手」同源異出，同時還表明書法的變化遲速虛實是得之於心的。同文還有「氣如奔馬，亦如朵鉤，輕重出於心，而妙用應乎手。」〔註72〕這裡闡明輕重出於心，而應之手，通過手這個中間環節表現傳達藝術感覺。虞世南的理論，重點也是在藝術感覺，輕重、遲速、虛實是導源於心的，並且通過手表達出來。手決定於心，圖式應之於手。與虞世南基本一致的是（傳）唐太宗《指意》篇中所論：「及其悟也，心動而手均，圓者中規，方者中矩，粗而能銳，細而能壯，長者不為有餘，短者不為不足，

〔註67〕（唐）徐堅《初學記》卷二十一文部，清光緒孔氏三十三萬卷堂本。
〔註68〕（唐）張彥遠《法書要錄》卷一，（明）毛晉校，津逮秘書本。
〔註69〕可能存在版本訛誤問題。文義較難釋通。
〔註70〕（唐）韋續《墨藪》，清十萬卷樓叢書本。
〔註71〕（唐）韋續《墨藪》，清十萬卷樓叢書本。
〔註72〕（唐）韋續《墨藪》，清十萬卷樓叢書本。

思與神會，同乎自然，不知所以然而然矣。」〔註73〕同樣在闡明心之所動，才能手均，從而做到合乎自然而然，在圓法圓，在方法方。也是另外一種意義上的心決定手論，藝術感覺應之於手論。

唯有傳王僧虔《筆意贊》中，達到了虛極的境界。心手固然是藝術創造、藝術形成的感官，但是王僧虔更加注重一種道的境界——心手相忘以致心手達情。他說：「必使心忘於筆，手忘於書，心手達情，書不忘想，是謂求之不得，考之即彰。」〔註74〕唯有心手兩忘，心忘之於筆，手忘之於書，達到一種技進乎道的境域，純粹的依賴於藝術感懷，才能心手俱達之於情。這其實是一種純任自然，物我兩忘的藝術境界。在王僧虔看來，從道理上看是很明白的，但是不易求得。很顯然，這樣的心手關係是一種境界論，比上述的心決定手論，應心隱手論在理論高度上又更進一步地推進了。〔註75〕

其二、孫過庭所論心手關係

孫過庭《書譜》通篇有數次在經意或不經意間觸及到心手的關係問題：

第一，「信可謂智巧兼優，心手雙暢；翰不虛動，下必有由。」

第二，「心昏擬效之方，手迷揮運之理，求其妍妙，不亦謬哉！」

第三，「詎知心手會歸，若同源而異派；轉用之術，猶共樹而分條者乎？」

第四，「心不厭精，手不忘熟。」

第五，「吾乃粗舉綱要，隨而授之，無不心悟手從，言忘意得；縱未窺於眾術，斷可極於所詣矣。」

第六，「非夫心閒手敏，難以兼通者焉。」

第七，「窮變態於毫端，合情調於紙上；無間心手，忘懷楷則。」

如上是根據心手關係在《書譜》中出現的順序加以羅列。從前後文的行文邏輯看，心有三層意思：

一是在情緒、情感上面。如「心閒手敏」，心閒則體現為一種情緒，心情閒雅，手上就會敏捷，可以盡情的表達自己的心境與風格，技術亦無障礙。以心為上，手隨從之。心決定了手的發揮，手依賴於心。這與「五乖五合」中的第一合與第一乖是一個道理，第一合為「神怡悟閒」，第一乖為「心遽體留」。神怡務閒即是心閒手敏，心不閒，情未達，剛柔遲速，無從知曉，心情

〔註73〕（宋）朱長文《墨池編》卷一，清文淵閣四庫全書本。

〔註74〕（宋）陳思《書苑菁華》卷二，宋刻本。

〔註75〕心手的概念還見於《莊子·秋水篇》。

窘迫，神情不在，無所相通。由心而致情致理，一種藝術心理規則、規律的表徵。當然「⋯⋯合情調於紙上，無間心手」中的心也是一種情緒。

二則代表一種的理性思考。如「智巧兼優，心手雙暢」即表明一種理性的智慧，加以技術的巧妙，心就會暢達的通過手這個外在工具表達出來。「心昏擬效之方，手迷揮運之理」則更表明不通理性的技法理論，所擬效的東西就會通過手上「糊塗」的揮運體現出來。

三則代表一種境界論。「心悟手從」則意味著從孫過庭學習的人心理面都明白了這個道理，所以言忘意得，技術雖然不完備，但是都往往能夠到達自己想要表達的境界。「心手會歸」，會歸一途，表情達意，二者宗旨一致，若同源異派。「心不忘精，手不忘熟」就是要達到運用精熟的程度，規矩方圓隨時聽候調用，自然徘徊，意先筆後，猶如庖丁解牛，技進乎道，純任自然。

其三、孫過庭與之前傳統書論中的心手關係的比較

第一，心為情感，心決定手論，手應之於心，這在孫過庭以前的書論中，是為比較普遍的論點。以趙壹《非草書》，（傳）衛夫人《筆陣圖》的觀點為代表。

第二，心手為理性，表達一種智慧，應該屬於孫過庭的一種創造，在之前的書論中難以找到線索。唯有傳為虞世南的《筆髓論》有輕重、遲速、虛實是導源於心的觀點，但是沒有提升到理性的理論高度。

第三，心手為境界，則從傳王僧虔《筆意贊》中有集中的體現。孫過庭說心悟手從，心手會歸，「心不忘精，手不忘熟」，規矩方圓，自然隨之，如庖丁解牛。這與王僧虔在乎心手兩忘，心手達情，求之不易得，考之即可彰的思想理路基本一致。

三、孫過庭對技術理論的推進

承上所論，執使轉用在唐以前書論文本中均有相關的理論存在，孫過庭應熟讀這些文本。一方面，體現出這些概念範疇的穩定性，另一方面，呈現出孫過庭對於過去書法技術理論與概念範疇的承繼以及推進。

此外，孫過庭對於抽象原則的追求，也是促成他想完成《書譜》的主要原因，他說要將執使轉用「方復會其數法，歸於一途；編列眾工，錯綜群妙。」他想通過《書譜》來分析技法理論及其源頭派別，「舉前人之未及，啟後學於成規」，進而概括出技法理論的一般性原則、抽象性原則，這正是孫過庭苦苦

追求的。

孫過庭把心手的關係融入到情感、理性和境界論各方面去進行闡釋。尤其是在理性論與境界論中，這樣的闡釋對於過去的書論系統有非常大的總結、概括與推進作用。

當然，此外像剛柔遲速與骨氣遒潤、書體間的細微差異等著墨較多，都可看作是孫過庭技術上升到「道」的層面，以「道」論「技」，以「道」指導「技」的理論總結。發前人之未發，「啓後學於陳規」。

第四節　書體與字體──藝術與非藝術

一、六書八體──弘道敷訓

孫過庭說「且六文之作，肇自軒轅；八體之興，始於嬴政。其來尚矣，厥用斯弘。但今古不同，妍質懸隔，既非所習，又亦略諸」。六書八體，是爲習字之書，是一種用以弘道的載體，非爲藝術。不是藝術所學習的對象，在他看來，是不需要在《書譜》裏面闡明的。有關六書八體在書論文中的敘述，見之於後魏江式《論書表》：「陳留邯鄲淳亦與揖同時，博開古藝，特善《倉》、《雅》，許氏字指，八體六書，精究閒理，有名於揖，以書教諸皇子。又建《三字石經》於漢碑之西，其文蔚煥，三體復宣。」〔註76〕六書八體是一種小學，早期書教皇子就是用此。許慎《說文解字序》：「《周禮》八歲入小學，保氏教國子先以六書……」。〔註77〕同又見之於朱熹《四書集注》：「人生八歲，……皆入小學，而教之以灑掃應對，進退之節，禮、樂、射、御、書、數」。〔註78〕《周禮》：「保氏掌諫王惡，而養國子以道，乃教之六藝，一曰五禮，二曰六樂，三曰五射，四曰五馭，五曰六書，六曰九數。」〔註79〕六書八體是大學的基礎，用以通向弘道的工具，歷代以來便是這樣，所以孫過庭用「其來尚矣，厥用斯弘」的概括。晉衛恒《四體書勢》中說：「……倉頡者，始作書契以代結繩，蓋睹鳥跡以興思也。因而遂滋，則謂之字，有六義焉。一曰指事，……二曰象形……三曰形聲……大晉開元，弘道敷訓，天垂其象，地

〔註76〕（唐）張彥遠《法書要錄》卷二，（明）毛晉校，津逮秘書本。
〔註77〕（漢）許慎《說文解字》卷十五上，清文淵閣四庫全書本。
〔註78〕（宋）朱熹《四書集注·大學章句序》，嶽麓書社出版社，1985年3月，1頁。
〔註79〕（漢）鄭玄《周禮注》卷四，四部叢刊明翻宋岳氏本。

耀其文。其文乃耀，粲矣其章，因聲會意，類物有方。……」〔註80〕在古人眼裏，六書是用以弘道布訓的。如此，更能理解孫過庭行文邏輯。

如此看來，六書八體是一種工具，是實用的文字。六書指事、象形、會意、形聲、轉注、假借，是爲造字方法；而八體指大篆、小篆、刻符、蟲書、摹印、署書、殳書、隸書。實際上書體其中只有大篆，小篆和隸書，其他如刻符（刻於金玉竹木等，對分兩半，相當於封泥印作用，因材質堅硬，故刻之不易，以直線條居多），摹印（刻印用字體，印章上實用），蟲書（旗幟或符節，裝飾性爲主，曲繞盤環），署書（匾額題字），殳書（兵器用文字）則都是因爲載體不同，用途不同而命名的字體樣式，並非書體。比如摹印應爲篆書，可能大小篆混雜，刻符蟲書等亦如此。衛恒說「漢因用之，獨符璽、幡信、題署用篆」。〔註81〕而隸書則是因爲奏事繁多，而篆字甚難，「即令隸人佐書，曰隸字。」〔註82〕隸字才是一種新生的書體。

孫過庭的觀點以爲，六書八體是用以弘道敷訓的，並非書學的內容，其中根本原因便是這些主要以造字方法或各種字體的方式呈現的文字對象，並非書法的研究對象。無論是經籍文獻如經書《周禮》，還是字書《說文解字》，亦或是書論如江氏《論書表》等都是一樣的觀念，小學之所學，實爲識文辨義，爲大學打下基礎，並非是從藝術的路徑進入的。從這點上看，就比較能清楚地理解孫過庭的行文脈絡與基本義理。

二、龍蛇雲露、龜鶴花英

《書譜》選擇標準中提到有關字體的議題：「復有龍蛇雲露之流，龜鶴花英之類，乍圖眞於率爾，或寫瑞於當年，巧涉丹青，工虧翰墨，異夫楷式，非所詳焉。」學者以爲南朝宋王愔《文字志》中記載三十六種書體，孫過庭之龍蛇雲露與龜鶴花英或部分從此處。〔註83〕其實在南梁庾元威《論書》中，有比較詳盡的論述。而恰恰孫過庭所要摒棄的這類書體，卻是庾元威所論「百體」中的幾種。庾元威爲正階侯書十牒屏風，作之以百體，間之以彩墨。其中有懸針書，垂露書、秦望書、……飛白篆、古頑書、……日書、月書、風書、雲書等等五十種，凡此種種都用純墨書之。其中還有璽文書、節文書、

〔註80〕（唐）房玄齡《晉書》卷三十六列傳第六，清乾隆武英殿刻本。
〔註81〕（唐）房玄齡《晉書》卷三十六列傳第六，清乾隆武英殿刻本。
〔註82〕（唐）房玄齡《晉書》卷三十六列傳第六，清乾隆武英殿刻本。
〔註83〕鄭曉華：《書譜》，中華書局，2012 年 7 月，124 頁。

真文書……芝英書、花草書、……雲篆、蟲篆、……龍篆、龜篆、……龍虎隸……雲隸……龍隸、龜隸……蛇龍文隸書、龜文書……龍草書、蛇草書，這五十種，用彩色。對其分析可知，這些書體實際上是一種變體，比如龍書，有龍隸，龍篆，龍虎篆、龍虎隸，蛇書有蛇龍文隸書，蛇草書，實際上應該是一種美術字，裝飾體。

　　梁庾肩吾《書品》中亦有類似的表達：「若乃鳥迹孕於古文，壁書存於科斗。符陳帝璽，摹調蜀漆。署表宮門，銘題禮器。魚猶捨鳳，鳥已分蟲。仁義起於麒麟，威形發於龍虎。雲氣時飄五色，僊人還作兩童。龜若浮溪，蛇如赴穴。流星疑燭，垂露似珠。芝英轉車，飛白掩素。參差倒薤，既思種柳之謠；長短懸針，復相定情之制。蚊腳傍低，鵠頭仰立，墳飄板上，謬起印中。波回墮鏡之鸞，楷顧雕陵之鵲，並以篆籀重複，見重昔人。或巧能售酒，或妙令鬼哭。信無味之奇珍，非趣時之急務。且具錄前訓，今不復兼論，惟草正疏通，專行於世。其或繼之者，雖百代可知。」〔註84〕庾肩吾用這麼一大段，講述的就是某個時期，以尚各種古文，蝌蚪文，符書，摹書，署書等，還有麒麟，龍虎，雲書，龜書，蛇書，垂露，芝英，飛白等等各式樣的裝飾字體。這些在庾肩吾看來，是無味的珍奇而已，並沒有什麼實際的用處或藝術價值，他舉了這麼多例子，最後還說「俱錄前訓」，不復兼論。只有草書或正書是所論的重點。這正好與孫過庭的「復有龍蛇雲露之流，龜鶴花英之類，……異夫楷式，非所詳焉」的邏輯相一致。

　　可見庾元威《論書》大加贊賞的，在庾肩吾和孫過庭看來都不是藝術。

　　關於龍蛇雲露與龜鶴花英之體，有學者對南齊蕭子良《古今篆隸文體》進行輯佚，其中唐徐堅《初學記》卷二十一《文字第三·勢對》也有類似的書體數十種，並且說它們「皆出於六義八體，而因事生變者也。」〔註85〕這更能體現出一種基本書體與應用字體的關係，龍蛇雲露與龜鶴花英為應用字體，具有很強的美術性，並不是一種書體。而且蕭子良《篆隸文體》還有現存日本鎌倉時期（公元1192～1333年）手抄本，其中圖文並茂。詳細解說了什麼是一筆書，什麼芝英書、鵠頭書、垂露篆書、懸針篆書……〔註86〕從例

〔註84〕　（唐）張彥遠《法書要錄》卷二，（明）毛晉校，津逮秘書本。
〔註85〕　張天弓：《張天弓先唐書學考辨文集》，榮寶齋出版社，2009年12月，243頁。
〔註86〕　張天弓：《張天弓先唐書學考辨文集》，榮寶齋出版社，2009年12月，264～274頁。

圖可見，確實爲裝飾體意味很重的美術字，是爲一類字體，藝術性無從談起。

孫過庭提出龍蛇雲露與龜鶴花英之類，「乍圖眞於率爾，〔註87〕或寫瑞於當年，巧涉丹青，工虧翰墨」。這從庾元威《論書》中討論有相似的地方，「宗炳又造畫瑞應圖，千古卓絕」。〔註88〕從這點一看，孫過庭所論圖眞與寫瑞，是否更加強調說如上的那種美術字體配合圖畫一起出現，字與圖畫相互配合，活龍活現，逼眞比肖？而並不是單獨說這類美術字獨立呈現時的感覺或追求。所以庾元威說到「其後繪事逾精，丹青轉妙……雜體既資於畫，所以附乎書末。」〔註89〕巧涉丹青之意就是美術字與畫形成的特殊場景——一種類似清宮的「通景畫」（歐洲通窗畫）的神妙。此類字體與傳統書法的抒情性相差甚遠，只是一種實用的裝飾字罷了。

三、藝術與非藝術

關於六書八體，一爲造字方法，一爲實用中的書體字體混雜的名稱。尤其六書造字法，「其來尚矣，厥用斯弘」，是爲小學中識字辨別文義的基礎工夫，一種弘道敷訓的基本功。而產生於秦代的八體基於實用目的，其中只有大篆、小篆、隸書爲書體，實用而已，無從談其情感性與藝術性。歷來的書家書論，如後魏江式《論書表》，晉衛恒《四體書勢》也有同樣的主張。

龍蛇雲露與龜鶴花英之類，在庾元威看來似乎是一種別樣的藝術，他用長達八百餘字，近三分之一的篇幅去闡述這類美術字體。而庾肩吾和孫過庭都對此進行了否定，庾肩吾認爲是沒有味道的奇珍而已，並非「趣時之急務」，孫過庭則認爲巧涉丹青，於翰墨之藝有別，沒有書法的規範與體系——楷式的展開。

第五節　典故及習語的來源

一、有關書事典故來源考察

其一、假託神仙

「假託神仙」，馬國權認爲，見之於宋陳思所集《書苑菁華》中王獻之《論書表》，「隱林下有飛鳥左手持紙，右手執筆，惠臣五百七十九字。臣未經一

〔註87〕 「乍圖眞於率爾」，「率爾」爲輕易，不慎重，不細想之意。例如「率爾操觚」。
〔註88〕 （唐）張彥遠《法書要錄》卷二，（明）毛晉校，津逮秘書本。
〔註89〕 （唐）張彥遠《法書要錄》卷二，（明）毛晉校，津逮秘書本。

周，形勢彷彿，其書文章不續，難以究識」。〔註90〕但檢《書苑菁華》未見所謂王獻之的《論書表》一文，也未查到《書苑菁華》中有關「飛鳥惠王獻之」的故事。不知馬國權所據爲何種版本的《書苑菁華》。有學者指出，《佩文齋書畫譜》卷五《晉王獻之自論書》亦載，以爲好事者附會杜撰到王獻之頭上。〔註91〕檢視基本古籍庫，載有該故事的有明代李日華《味水軒日記》中的《進書訣表》，〔註92〕該文同時載嚴可均《全晉文》卷二十七。〔註93〕該故事多數學者認爲，殊不可信。但是其時，尤其孫過庭所在唐初或更早，確有相關的逸事相傳，只不過可能以訛傳訛，虛誕化了。相關的傳說是有，或許初始的故事形態，並不能證明確有「假託神仙」一事。

其二、臨行題壁

王羲之往都下之前臨行題壁的典故，《書譜》說：「後羲之往都，臨行題壁。子敬密拭除之，輒書易其處，私爲不惡」。同樣的故事，又見之於李嗣眞《書後品》：「又曾書壁而去，子敬密拭之，而更別題。右軍還觀之曰：『吾去時眞大醉。』子敬乃心服之矣。」〔註94〕

「臨行題壁」之事，據清代包世臣之《藝舟雙楫》中《書譜辨誤》一文，推論右軍入都，至遲在永和十年（蘭亭序寫於永和九年），這個時候王獻之始十一歲，不可能有拭除其父之書而別作之事。〔註95〕學者馬國權則進一步考證，詳細說明年代，亦認爲王獻之能書之時，斷無王羲之入都之理。〔註96〕

孫過庭與李嗣眞幾乎同時代，因爲據啓功推論，大約生於貞觀二年（627），六十餘歲生平，卒於大約 687 年，〔註97〕而李嗣眞生年不清楚，卒於萬歲通天年，即 696 年，〔註98〕所以二人確係同年代的人。孫過庭，曾任

〔註90〕馬國權《書譜譯注》，紫禁城出版社，2011 年 7 月，50 頁。

〔註91〕鄭曉華：《書譜》，中華書局，2012 年 7 月，26 頁。同又見（清）孫岳頒《佩文齋書畫譜》卷五論書五，清文淵閣四庫全書本。

〔註92〕（明）李日華《味水軒日記》卷三，民國嘉業堂叢書本。

〔註93〕（清）嚴可均《全上古三代秦漢三國六朝文》之《全晉文》卷二十七，民國十九年景清光緒二十年黃岡王氏刻本。

〔註94〕（唐）張彥遠《法書要錄》卷三，（明）毛晉校，津逮秘書本。

〔註95〕（清）包世臣《藝舟雙楫》，載藝林名著叢刊，世界書局，1936 年，94 頁。

〔註96〕馬國權《書譜譯注》，紫禁城出版社，2011 年 7 月，50 頁。

〔註97〕啓功：《啓功叢稿·論文卷》，中華書局，1997 年 7 月，82～84 頁。

〔註98〕（後晉）劉昫等撰《舊唐書》《列傳第 141·方伎·李嗣眞》載：「萬歲通天年，徵還，至桂陽，自筮死日，預託桂陽官屬備兇器。依期暴卒。」萬歲通天年即 696 年。

職右衛冑曹參軍，從八品下，率府錄事參軍，從八品上。都是太子東宮一種左右廂之周衛。〔註99〕陳子昂《陳伯玉集》中所載《率府錄事孫君墓誌銘並序》：「值凶孽之災，四十見君，遭讒慝之議」。〔註100〕如果按照上述推測，四十歲爲唐高宗李治儀鳳二年即 677 年，亦即所見之君爲唐高宗李治。而如前所述，右衛冑曹參軍與率府錄事參軍，皆爲東宮太子府之職。李嗣眞，在武則天永昌年間（689 年）任職於御史臺的右御史中丞，掌持邦國刑憲與典章，該職正品四下。任職期間正好距離孫過庭寫就於垂拱三年的《書譜》的時間（686 年）晚兩三年。孫過庭與李嗣眞的生活年代非常接近，又同任職朝廷，不知有沒有交集。無論怎樣，二人對同一個書法典章掌故都有記錄，說明當時有可能是相應的書籍流傳，只不過後來散佚了。

　　觀孫過庭與李嗣眞的有關典故描述，有所不同，即李嗣眞沒有王羲之「入都」的記載。所以，包世臣以及馬國權使用「入都」這一時間點來否定「臨行題壁」的典故，是不具有說服力的。「臨行題壁」，在什麼時候都可能發生，只要王獻之成人後，書法可以亂眞，不必待「入都」之時，也就是說孫過庭之「入都」可能是自己加入，或者爲該典故的另外一種版本。「臨行題壁」這個典章掌故的眞實性，並不能完全被否定。

　　王獻之認爲自己寫得好，幾欲亂眞，所以才敢除拭其壁，而後再書之，並自以爲「不忝」。宋朱長文《書苑菁華》將「私爲不忝」隸定爲「私爲不惡」，〔註101〕而元鄭杓《衍極》則隸定爲「忝」。〔註102〕啓功先生說「墨蹟第二筆緊頂橫畫中間，實爲天字，加心爲忝」。〔註103〕之後的學者中，馮亦吾〔註104〕、馬國權〔註105〕以及鄭曉華〔註106〕徑直認爲是「惡」。

　　《尚書·君奭》篇中說「惟文王聖德，爲之子孫無忝厥祖，大承無窮之憂」。〔註107〕忝就是辱，無忝則意味著無辱、不辱、不忝，意思相近。《尚書·

〔註99〕　（後晉）劉昫等撰《舊唐書》，中華書局，1975 年 5 月，1912 頁。
〔註100〕　（唐）陳子昂《陳伯玉集》卷六，《四部叢刊》景印明刻本。
〔註101〕　（宋）陳思《書苑菁華》卷八，宋刻本。
〔註102〕　（元）鄭杓（音進）《衍極》卷之四，清十萬卷樓叢書本。
〔註103〕　啓功：《啓功叢稿·論文卷》，中華書局，1997 年 7 月，112 頁。
〔註104〕　馮亦吾：《〈書譜〉解說》，國際文化出版公司，1992 年 10 月，14 頁。
〔註105〕　馬國權：《書譜譯注》，紫禁城出版社，2011 年 7 月，50 頁。
〔註106〕　鄭曉華：《書譜》，中華書局，2012 年 7 月，21 頁。
〔註107〕　（漢）孔安國傳，（唐）孔穎達疏《尚書正義》卷第十六，清嘉慶二十年南昌府學重刊宋本十三經注疏本。

召誥》「此服其命，言不忝。」〔註108〕《正義》說：「皆服行其君之命，由其亦能行敬，故得不忝其先祖」。〔註109〕「不忝」即不辱，是為常用語言。

　　隸定墨蹟為「不忝」，意即除壁而書，王獻之與乃父幾乎一個水平，如此不會有辱於乃父。若為「不惡」，並不醜陋不合上下文語境——因為只是不醜陋不壞，並沒有達到以假亂真的程度，則層次不高。

　　所以以「不忝」定之，則意味著不辱家門，不辱家門就意味著能夠和其父抗衡，這樣看來「不忝」的隸定比「不惡」在語意上要自洽一些。另外，「私為不忝」是王獻之自己認為的效果（當然是在孫過庭看來）——不辱門戶（既為王羲之子，又為其學生），還可以與孫過庭的否定評價——認為其不孝，形成鮮明對比。

　　故而本文以為釋為「不忝」更佳。

　　其三、惠侯好偽

　　「猶惠侯之好偽」出自虞龢《論書表》：「人間所秘，往往不少，新渝惠侯雅所愛重，……故惠侯所蓄，多有非真。」〔註110〕孫過庭用這個例子來做例證形容知音之難其實不太合適。惠侯本身雅愛二王真跡，只是由於客觀原因，晉室南渡，甚是狼狽。如桓玄與劉毅等，刻意搜求二王紙跡，桓玄被擒獲之後，所收集卷帙，莫知其所蹤，劉毅戰勝後是大有所得。而西南豪士，亦重金競相爭購。這樣諸法名跡，就散佚四方。東晉之室再難搜求。劉義宗惠侯雅好搜求，不計貴賤，真偽相雜，莫能分辨。其中有「輕薄之徒銳意摹學」，〔註111〕用茅屋漏汁將紙張做古，也有像謝靈運之母，為子敬外甥女，亦多王法，或被誤為二王之書者。惠侯懸金招買，只為搜求真跡，而真跡散佚，「故惠侯所蓄，多有非真。」虞龢的論述重點不在乎惠侯之辯別真偽，而在於說明二王書跡漸漸消失，為整個社會日趨重視。所說明的是一個文化的形成原因與重視「二王」書跡問題。

　　其後孫過庭所云的「加以靡蠹不傳，搜秘將盡，偶逢緘賞，時亦罕窺，

〔註108〕（漢）孔安國傳，（唐）孔穎達疏《尚書正義》卷第十五六，清嘉慶二十年南昌府學重刊宋本十三經注疏本。

〔註109〕（漢）孔安國傳，（唐）孔穎達疏《尚書正義》卷第十五六，清嘉慶二十年南昌府學重刊宋本十三經注疏本。

〔註110〕（唐）張彥遠《法書要錄》卷二，（明）毛晉校，津逮秘書本。

〔註111〕（南北朝）虞龢《論書表》，（唐）張彥遠《法書要錄》卷二，（明）毛晉校，津逮秘書本。

優劣紛紜，殆難觀縷」，就是指同一個典故中，二王眞跡迷失，世所重之，爭相購求，尤其是朝廷內部。虞龢《論書表》說「又是末年遒美之時，中世宗室諸王尙多，素嗤貴遊，不甚愛好。朝廷亦不搜求。人間所秘，往往不少……」而且這樣又導致「眞僞相糅，莫之能別，……多有獻奉，眞僞混雜。」所以市面所購求得所謂二王書跡，優劣參差不齊，難以區分好壞。可見孫過庭的行文與虞龢《論書表》有許多相同或類似的地方。

其四、門生獲書几

門生獲書几，虞龢《論書表》與《晉書‧王羲之傳》俱載。

「門生獲書机，父削子懊。」孫過庭此處「書机」應爲「書几」。〔註112〕根據虞龢《論書表》記載，一門生獲王羲之盛宴之報答，王羲之書於新棐床几。「新棐床几」指傢具。棐，傳統文獻中，例如《尙書》中多爲輔助之意，如「天棐沉辭」，此亦爲後起意。其基本意，段玉裁認爲，棐，蓋弓檠之類的東西。〔註113〕弓檠及矯正弓弩的器具。几，段玉裁說：「古人坐而憑几。」〔註114〕還說「几俗作机」，《左傳》中有「設机而不倚」，《周易》「渙奔其机」，皆是「机」爲「几」的俗字的例證。新棐床几應指幾種木頭做的工具或傢具。孫過庭所言「獲書机」應該寫爲「獲書几」，「机」爲「几」俗體，或訛變。「獲書几」就是指獲得王羲之書寫過的「新棐床几」。「門生獲書机，父削子懊」語義：門生獲得書寫的床几，其父不懂書法，從而削去字跡，因而驚懊數日。全句見虞龢《論書表》：「又嘗詣一門生家，設佳饌供億甚盛，感之，欲以書相報；見有一新棐床几，至滑淨，乃書之，草、正相半。門生送王歸郡，還家，其父已刮盡，生失書，驚懊累日。」〔註115〕

其五、老姥題扇

孫過庭說：「至若老姥遇題扇，初怨而後請。」老姥請扇之事家喻戶曉，虞龢《論書表》可見，同樣亦載之於《晉書‧王羲之傳》。

虞龢《論書表》：「舊說羲之罷會稽，住蕺山下，一老嫗捉十許六角竹扇出市，王聊問一枚幾錢？云值二十許。右軍取筆書扇，扇爲五字，嫗大悵惋云：『舉家朝餐，惟仰於此，何乃書壞。』王曰：『但言王右軍書字，索一百。』

〔註112〕學者馬國權、鄭曉華亦同。馬國權《書譜譯注》，紫禁城出版社，2011 年 7 月，125 頁。鄭曉華：《書譜》，中華書局，2012 年 7 月，262 頁。

〔註113〕（清）段玉裁《說文解字注》卷六木部，經韻樓藏版。

〔註114〕（清）段玉裁《說文解字注》卷十四几部，經韻樓藏版。

〔註115〕（唐）張彥遠《法書要錄》卷二，（明）毛晉校，津逮秘書本。

入市，市人競市去。嫗復以十數扇來請書，王笑不答。」〔註116〕《晉書・王義之傳》：「又嘗在蕺山見一老姥，持六角竹扇賣之。義之書其扇，各爲五字。姥初有慍色。因謂姥曰：『但言是王右軍書，以求百錢邪。』姥如其言，人競買之。他日，姥又持扇來，義之笑而不答。」〔註117〕是其二者皆大同小異。

　　儘管《晉書》亦載此二典故，是爲比較成形的民間掌故，是否足信，未可知之。但在孫過庭眼裏，這些都成爲一種用以演說自己書學理論的資源。尤其是將王獻之與王義之相比較的「假託神仙」與「臨行題壁」，不足爲信。亦可證，前文所論證二王的評價思想，是先有高低之別，再去找各種所謂流傳「證據」，或有書論裏面的典故，或有經學的「孝」經綱領，去牽強證明。總之，孫過庭論證之中的典故多源自前代書論。

二、源自唐以前書論的習語

　　其一、妙用自然之比況溯源

　　「觀夫懸針垂露之異，奔雷墜石之奇，鴻飛獸駭之資，鸞舞蛇驚之態，絕岸頹峰之勢，臨危據槁之形；或重若崩雲，或輕如蟬翼。導之則泉注，頓之則山安；纖纖乎似初月之出天涯，落落乎猶眾星之列河漢；同自然之妙有，非力運之能成。」這一段把書法與各種自然狀態進行了狀態體勢的相似性比較，體現出書法的生動性與多樣性。

　　傳爲王義之的《筆勢論十二章》有「懸針垂露之蹤，難爲體制；揚波騰氣之勢，足可迷人。」〔註118〕北朝王愔《古今文字志目》中有懸針書、垂露篆。〔註119〕懸針垂露本爲自然現象，但出現懸針書、垂露篆，可見已經化爲一種固定的書體形態。從上下文看，孫過庭此處，應是指向自然現象，不是某類線條筆劃。

　　「奔雷墜石」之語出衛夫人《筆陣圖》：「乀，崩浪雷奔。」〔註120〕「、，如高峰墜石，磕磕然實如崩也。」〔註121〕雷奔是指一種氣勢，墜石爲一種潛

〔註116〕（南北朝）虞龢《論書表》，（唐）張彥遠《法書要錄》卷二，（明）毛晉校，津逮秘書本。
〔註117〕（唐）房玄齡等撰《晉書》卷八十列傳第五十，汲古閣十七史本。
〔註118〕（唐）張彥遠《法書要錄》卷一，（明）毛晉校，津逮秘書本。
〔註119〕（唐）張彥遠《法書要錄》卷一，（明）毛晉校，津逮秘書本。
〔註120〕（唐）張彥遠《法書要錄》卷一，（明）毛晉校，津逮秘書本。
〔註121〕（唐）張彥遠《法書要錄》卷一，（明）毛晉校，津逮秘書本。

在的能量。

「鴻飛獸駭」，出自衛恒《四體書勢》：「或引筆奮力，若鴻鵠高飛，邈邈翩翩。」〔註122〕載於衛恒《草書勢》的崔瑗《草書勢》有「抑左揚右，兀若竦崎，獸跂鳥跱，志在飛移，狡兔暴駭，將奔未馳。」〔註123〕鴻飛有引筆奮力的義涵，獸駭有志在飛移，而將奔未馳的意象。形容一種具有張力的藝術感染力。

「鸞舞蛇驚」，索靖《草書勢》有「蓋草書之爲狀也，婉若銀鉤，漂若驚鸞。」〔註124〕鸞是爲鳳凰一類的鳥，鸞舞有優雅之感，宛若銀鉤，漂若驚鸞，鸞舞之美，猶如舞鶴在天。袁昂《古今書評》「臣謂鍾繇書意氣密麗，若飛鴻戲海，舞鶴遊天，行間茂密，實亦難過。」〔註125〕蛇驚之態，蘊含一種疾速之美，（傳）蕭衍《草書狀》：「疾若驚蛇之失道，遲若淥水之徘徊」。〔註126〕在蕭衍這裡，蛇驚與淥水成爲形容疾遲快慢這兩種意象的自然現狀。而當理解孫過庭「蛇驚」一語時，放在這個語境中便一目了然。（傳）王羲之《筆勢論十二章·啓心章第二》也有類似的比方：「如足行之趨驟，狀如驚蛇之透水，激楚浪以成文。似虯龍之蜿蜒，謂其妙也；若鸞鳳之徘徊，言其勇也。」

「絕岸頹峰」，袁昂《古今書評》「孟光祿書如崩山絕崖，人見可畏」，〔註127〕絕崖絕岸意思接近，都表示一種兇險。同文還有「崔子玉書如危峰阻日，孤松一枝，有絕望之意。」〔註128〕（傳）蕭衍《古今書人優劣評》也有幾乎一致的形容，「蕭子雲書如危峰阻日，孤松一枝，荊軻負劍，壯士彎弓，雄人獵虎，心胸猛烈，鋒刃難當。」〔註129〕危險的山峰，只夠阻擋住一個烈日，險峻不可言，「絕岸萬丈，壁立赮駮」。〔註130〕頹峰猶如即將崩塌之峰。亦可見孫過庭用此類詞語來表達一種險絕之勢。

「臨危據槁」，出自衛恒《四體書勢》：「或黑凌瀺懍栗，若據槁臨危，旁點邪附，似蜩螗捐枝。」〔註131〕據於槁木，面臨危險之地，可見也是一

〔註122〕 （唐）房玄齡等撰《晉書》卷三十六列傳第六，清乾隆武英殿刻本。

〔註123〕 （唐）房玄齡等撰《晉書》卷三十六列傳第六，清乾隆武英殿刻本。

〔註124〕 （唐）房玄齡等撰《晉書》卷六十列傳第三十，清乾隆武英殿刻本。

〔註125〕 （唐）張彥遠《法書要錄》卷二，（明）毛晉校，津逮秘書本。

〔註126〕 （宋）陳思《書苑菁華》卷三，宋刻本。

〔註127〕 （唐）張彥遠《法書要錄》卷二，（明）毛晉校，津逮秘書本。

〔註128〕 （唐）張彥遠《法書要錄》卷二，（明）毛晉校，津逮秘書本。

〔註129〕 （宋）陳思《書苑菁華》卷五，宋刻本。

〔註130〕 （晉）郭璞《江賦》，（南北朝）蕭統《文選》卷十二，胡刻本。赮駮，如赮之駮也。赮，古霞字。駮爲能吃虎豹之野獸，見《說文解字·馬部》。

〔註131〕 （唐）房玄齡《晉書》卷三十六列傳第六，清乾隆武英殿刻本。

種險境。「據槁」，上海書畫出版社整理本《歷代書法論文選》隸定為「據高」，
〔註132〕其所據版本為《晉書》，據查《晉書》武英殿本為「據槁」，〔註133〕
所以不知其據哪個版本《晉書》。《初學記》〔註134〕《全晉文》〔註135〕等傳抄
為「據高」。〔註136〕

　　重若崩雲與輕如蟬翼，是從南北朝鮑照的書論裏面化用而出。他的《飛
白書勢銘》說：「……超工八法，盡奇六文，鳥企龍躍，珠解泉分，輕如遊
霧，重似崩雲，絕鋒劍摧，驚勢箭飛，差池燕起，振迅鴻歸，臨危制節，中
險騰機，……絲縈髮垂……又安能匹君子品之，是最神筆。」〔註137〕輕重
的話題，只有傳王僧虔的《筆意贊》有有關輕重的描述：「粗不為重，細不
為輕」。〔註138〕其他諸家，不見涉足。泉注與山安的比喻，也在於一個輕盈，
一個重荷；這種用法，以前書家無例，屬於孫過庭從《周易》化用而出，見
本著易學淵源一章之闡釋。

　　孫過庭之「纖纖乎似初月之出天涯，落落乎猶眾星之列河漢」的比喻也
有書學傳統淵源，如傳梁蕭衍《草書狀》：「狀雲山之有玄玉，河漢之有列星。」
〔註139〕成公綏《隸書體》：「爛若天文之布曜，蔚若錦繡之有章。」〔註140〕
鍾繇所作的載於衛恒《四體書勢》中《隸勢》：「體象有度，煥若星辰，鬱若
雲布」。〔註141〕這些都是使用日月星辰來比喻書法的形狀與氣象。孫過庭所使
用的「纖纖」有輕盈優柔之意，「落落」有零落瀟灑之勢，是為一種自然天成

〔註132〕華東師範大學古籍整理研究室：《歷代書法論文選》，上海書畫出版社，1979
　　　　年10月，17頁。
〔註133〕（唐）房玄齡《晉書》卷三十六列傳第六，清乾隆武英殿刻本。
〔註134〕（唐）徐堅《初學記》卷二十一文部，清光緒孔氏三十三萬卷堂本。
〔註135〕（清）嚴可均《全上古三代秦漢三國六朝文》全晉文卷三十，民國十九年景
　　　　清光緒二十年黃岡王氏刻本。
〔註136〕「據槁」一詞，素有來歷，《莊子·德充符》「今子外乎子之神，勞乎子之精，
　　　　倚樹而吟，據槁梧而瞑，」莊子此處，就是指一中樹木，指依據倚靠槁梧之
　　　　意。另《莊子·山木》「孔子窮於陳蔡之間，七日不火食，左據槁木，右擊槁
　　　　枝」。槁為枯之意。《莊子·知北遊》：「形若槁骸，心若死灰，真其實知，不
　　　　以故自持。媒媒晦晦，無心而不可與謀。彼何人哉？」此處的槁就是指枯槁。
　　　　所以不知衛恒或孫過庭之「據槁」是否據枯槁之意，還是據槁梧之意。
〔註137〕（南北朝）鮑照：《鮑明遠集》，鮑氏集卷第十，四部叢刊景宋本。
〔註138〕（唐）韋續《墨藪》清十萬卷樓叢書本。
〔註139〕（清）嚴可均輯《全梁文·卷六》，中華書局，1999年9月，68頁。
〔註140〕（唐）徐堅《初學記》卷二十一文部，清光緒孔氏三十三萬卷堂本。
〔註141〕（唐）房玄齡《晉書》卷三十六列傳第六，清乾隆武英殿刻本。

之狀態。與蕭衍、衛恒與鍾繇的喻況相比，各擅勝場，殊相擬類。

其二、比況的內涵及成因

孫過庭用了如上各種比喻，有「異」、「奇」、「資」、「態」、「勢」、「形」等，其內涵上並不是在一個邏輯層級來分論書法的各種形勢姿態，而是一種從各個角度，總結自晉以來的書論中的妙用之句，以自己的語言形式展現出來。懸針垂露，主要是在論述筆劃線條要有差異化；奔雷墜石，重在蓄勢待發的能量，一種驚奇感；鴻飛獸駭，志在飛移，而將奔未馳的意象與張力；鸞舞蛇驚，鸞舞之美，蛇驚之態，優雅與疾速各相擅長；絕岸頹峰，崩山絕崖，行將崩塌之峰，氣勢逼人；臨危據槁（高），據槁（高）而面臨危險之境。據上，孫過庭主要用此排比的句式，形成一種語言的張力，鎔鑄內涵。其重點在於書法形態的形象化（意象化），差異化，張力化，美感化，幾相對照，形成對比。

成因方面，在本文易學淵源一章已有闡明建立意象的思想根源。從書法的角度看，衛恒在《四體書勢》中經過類似「或引筆奮力，若鴻鵠高飛，邈邈翩翩……」〔註142〕的類物比方後，提出「睹物象以致思，非言辭之所宣」，〔註143〕睹物象可以讓人思考，有具體的參照系，但是言語不能輕易表達出，宣示出其中的奧秘。這與孫過庭說：「夫心之所達，不易盡於名言；言之所通，尚難形於紙墨」是一致的。如此就只能通過具體物象的「眼中之竹」，力圖使讀者轉化為「手中之竹」，以至於「胸中之竹」，再以胸、手、眼的順序展現出來。從創作者、書寫者的角度來說，就可能做到智巧兼優與心手雙暢，從而能夠翰不虛動，每筆皆由因緣。一點一畫之內的鋒杪毫芒，都能明察秋毫，如此方能體現書法藝術的本體性。這便是孫過庭書學藝術思想的超前性與總結性。

其三、餘論

「折挫枉桅」之枉桅，也不是孫過庭首創。李世民《王羲之傳論》：「其枯樹也，雖槎桅而無屈伸。」〔註144〕有學者指出，出自《孫子·行軍》「鳥起者，伏也；獸駭者，覆也」。〔註145〕可能這還不是孫過庭的思想源頭，孫過庭

〔註142〕（唐）房玄齡《晉書》卷三十六列傳第六，清乾隆武英殿刻本。
〔註143〕（唐）房玄齡《晉書》卷三十六列傳第六，清乾隆武英殿刻本。
〔註144〕（唐）房玄齡等撰《晉書》卷八十列傳第五十，清乾隆武英殿刻本。
〔註145〕鄭曉華：《書譜》，中華書局，2012年7月，34頁。

應該更多是從古書論或唐初書論中去尋找這種「奇巧比況」。鮑照為著名詩人，虞炎《鮑照集序》未對書事有提及，〔註146〕針對書法的論述僅有百餘字，而《鮑明遠集》有兩萬三千餘言，可見書法對鮑照僅僅是一種餘事。但這樣百言的「餘事」卻被孫過庭捕捉到。從「龍躍」、「泉分」、「絕鋒」、「驚勢」、「燕起」、「鴻歸」、「臨危」、「中險」等關鍵詞語看，孫過庭或許受到了鮑照這篇賦體類書論《飛白書勢銘》較大的影響和啟發。

　　如上三例，均可以說明，孫過庭之句式字字有出處，句句有來源，亦可見他博覽群書，不擇科目。〔註147〕

　　值得指出的是，有學者指出「懸針垂露」是指書法術語，〔註148〕儘管懸針垂露的確後來是指某一特定類型的線條筆劃，但是在孫過庭《書譜》的語境下，只能指向針與露這類客觀自然現象。否則，「懸針垂露」就與後文的各種自然現象如「奔雷墜石」、「鴻飛獸駭」等這樣的比附不在一個邏輯層面行文了。（傳）王羲之《筆勢論十二章》：「懸針垂露之蹤，難為體制；揚波騰氣之勢，足可迷人」；〔註149〕北朝王愔《古今文字志目》中有懸針書、垂露篆；〔註150〕庾肩吾《書品》：「流星疑燭，垂露似珠。芝英轉車，飛白掩素」，〔註151〕如上三者都不是指某一類筆劃線條。直到（傳）歐陽詢《用筆論》：「夫用筆之法，急捉短搦，迅牽疾掣，懸針垂露，蠖屈蛇伸，灑落蕭條，點綴閑雅」〔註152〕中，才能確認懸針垂露概念產生了變化，由自然現象而指向某一類別的具體筆劃線條。再比如，張懷瓘《書斷中》「曹喜字仲則……善懸針垂露之法，後世行之。」〔註153〕這個時候，懸針垂露確實是特定筆劃。亦從中可見，從唐代楷開始，書學的概念範疇開始發生抽象性、總結性的變化。

　　從「奔雷墜石」等這樣的語言與傳衛夫人《筆陣圖》的淵源關係可見，孫過庭雖然否認《筆陣圖》，但是語言及思想還是有繼承性。另外一個問題是，

〔註146〕（南北朝）鮑照：《鮑明遠集》，鮑氏集卷第十，四部叢刊景宋本。

〔註147〕現代學術科目的細分，恰恰導致了眼光的狹窄，從而制約了思維的提升，形成了研究某一學科某一方向，就閉於一環的學術與思維彰礙。如此的眼界，極大地阻礙了本身客觀上不分邊界的知識體系與思維能力的貫通。

〔註148〕鄭曉華：《書譜》，中華書局，2012年7月，34頁。

〔註149〕（唐）張彥遠《法書要錄》卷一，（明）毛晉校，津逮秘書本。

〔註150〕（唐）張彥遠《法書要錄》卷一，（明）毛晉校，津逮秘書本。

〔註151〕（唐）張彥遠《法書要錄》卷二，（明）毛晉校，津逮秘書本。

〔註152〕（唐）韋續《墨藪》，清十萬卷樓叢書本。

〔註153〕（唐）張彥遠《法書要錄》卷八，（明）毛晉校，津逮秘書本。

孫過庭所見的《筆陣圖》是否是今天的傳世版本，不得而知；從此處語言判斷，他所見的七行就含有傳世版本中這七個筆劃的內容。〔註154〕

除了以上所論典故與習語外，其他的行文句式、語言表述也有許多來自於以前書論，抑或有緊密的繼承性。將前文所未涉及到的列表如下：

書論名稱	以前書論句式	《書譜》表達
趙壹《非草書》	覽天地之心，推聖人之情。	陽舒陰慘，本乎天地之心。
衛恒《四體書勢》	狀似連珠，絕而不離，畜怒怫鬱，放逸生奇。	寫《樂毅》則情多怫鬱；書《畫贊》則意涉瑰奇。
虞龢《論書表》	……題勒美惡，指示媸妍，點畫之情，昭若發蒙。	旁通點畫之情，博究始終之理。
虞龢《論書表》	且二王暮年皆勝於少，父子之間又為今古，子敬窮其妍妙，固其宜也。	求其妍妙，不亦謬哉。
虞龢《論書表》	旬日之間，轉求精秘，字之美惡，書之真偽，剖判體趣，窮微入神，機息務閒，從容研玩。乃使使三吳、荊、湘諸境，窮幽測遠，鳩集散逸。	窮微測妙之夫，得推移之奧賾。
虞龢《論書表》	臣謝病東皋，遊玩山水，守拙樂靜，求志林壑，造次之遇，遂紆雅顧。	造次之際，稽古斯在。
虞龢《論書表》	惟陛下爰凝睿思，淹留草法，擬效漸妍，賞析彌妙。	能速不速，所謂淹留；因遲就遲，詎名賞會。
虞龢《論書表》	惟陛下爰凝睿思，淹留草法，擬效漸妍，賞析彌妙。	心昏擬傚之方，手迷揮運之理，求其妍妙，不亦謬哉！
虞龢《論書表》	然優劣既微，而會美俱深，故同為終古之獨絕，百代之楷式。	行臻會美之方。
虞龢《論書表》	然優劣既微，而會美俱深，故同為終古之獨絕，百代之楷式。	異乎楷式。
庾肩吾《書品》	若探妙測深，盡形得勢。煙花落紙，將動風采……	窮微測妙，得推移之奧賾。

〔註154〕這七條為「一，如千里陣雲，隱隱然其實有形。丶，如高峰墜石，磕磕然實如崩也。丿，陸斷犀象。百鈞弩發。丨，萬歲枯藤。乁，崩浪雷奔。乛，勁弩筋節。」正好可以說是七行。「右七條筆陣出入斬斫圖。」見衛夫人《筆陣圖》，（唐）張彥遠《法書要錄》卷一，（明）毛晉校，津逮秘書本。

書論名稱	以前書論句式	《書譜》表達
庾肩吾《書品》	余自少迄長，留心茲藝，敏手謝於臨池，銳意同於削板。	余志學之年，留心翰墨，……有乖入木之術，無間臨池之志。
庾肩吾《書品》	學者鮮能具體，窺者罕得其門。	當仁者得意忘言，罕陳其要；企學者希風敍妙，雖述猶疏。……偶逢緘賞，時亦罕窺……
庾肩吾《書品》	崔瑗《草書勢》、蔡邕《篆勢》、魏劉邵《飛白勢》、晉衛恒《四體書勢》、索靖《草書勢》，傳王羲之《筆勢論十二章》。	諸家勢評。

第六節　孫過庭對唐以前書學思想的繼承與推進

本章從二王評價思想、孫過庭書法技術理論與傳統書論的關係等各方面對孫過庭書學思想與唐以前書學思想之間的關係進行了考察。

對於二王的評介，孫過庭基本沿用了傳統書論中的語言模式。這說明孫過庭的品評觀還是從傳統中而來，並非閉門造車。「子敬不及逸少」，由蕭衍、蕭子雲肇始，唐太宗李世民尤為突出，孫過庭延續此類看法，認為未克箕裘，只是大概傳下了王羲之的法度。這是一種歷史發展，審美偏好的趨勢所致。

在書法技術領域，執使轉用，是孫過庭對零散的基本用筆技法的規律性總結。此四者都可以從唐前的書法理論文章中找到對應的論述。運用盡於精熟，加上心手的協調關係也莫不如此。孫過庭把各種技術進行了概括性的總結，並且在心手關係上有所推進。

在書體與字體方面，孫過庭堅決批判龍蛇雲露與龜鶴花英之類等在庾元威看來似乎是一種別樣的藝術的觀點。孫過庭認為巧涉丹青，於翰墨之藝有別，沒有書法的規範與體系——楷式的展開。

而有關書法的典故與事蹟，比況性的描寫比如「奔雷墜石」、「鴻飛獸駭」、「鸞舞蛇驚」、「絕岸頹峰」、「臨危據槁」等都可以從古典書論裏面找到對應的來源。

總之，孫過庭《書譜》在書法理論的傳承方面，無論是在行文語言還是思想層面都有很大的繼承性，可謂集古典書法理論之大成。最突出的是技法

層面的歸納和總結，美學認識的總結性。當然孫過庭對於書法理論的開創，不是局限於繼承古代書論，而是從經學、易學、道家與文學角度切入，擴充書學的內容，打開書學的局面，全面拓展了古代書學的研究視野。

第七章　文學式的理論建構

第一節　形式語言對於文學作品的繼承

一、源自文學作品或文論的語詞

孫過庭的語詞有許多出自文學作品。

在表明自然的意境時，孫過庭說「同自然之妙有」，此語出自孫綽《遊天台山賦》：「太虛遼廓而無閡，運自然之妙有。」〔註1〕接著他使用自然界的現象來取譬書法的各種形態，例如：「或重若崩雲，或輕如蟬翼」，出自南朝宋文學家鮑照的《鮑明遠集》：「輕如遊霧，重似崩雲。」〔註2〕日月星辰的比喻：「纖纖乎似初月之出天涯，落落乎猶眾星之列河漢」，則緣自一種古代傳統的認知模式，詳見本著易學淵源立象觀一節的相關論述。梁蕭衍《草書狀》有「狀雲山之有玄玉，河漢之有列星」〔註3〕一句；班固《西都賦》：「左牽牛右織女，似雲漢之無涯」；〔註4〕劉勰《文心雕龍・宗經》：「故子夏歎書，昭昭若日月之明，離離如星辰之行。」〔註5〕在文學作品上使用日月星辰的比況，枚不勝舉，或許與古人的認知宇宙圖式有關，孔穎達說「日月有運行之度，星辰有次舍之常。」〔註6〕緣由見本著易學淵源章立象一節的討論。

〔註1〕（南北朝）蕭統《文選》卷十一，胡刻本。

〔註2〕（南北朝）鮑照：《鮑明遠集》，鮑氏集卷第十，四部叢刊景宋本。

〔註3〕（清）嚴可均輯《全梁文・卷六》，中華書局，1999年9月，68頁。

〔註4〕（南北朝）蕭統《文選》卷一，胡刻本。

〔註5〕（南北朝）劉勰《文心雕龍》卷一，四部叢刊景明嘉靖刊本。

〔註6〕（唐）孔穎達：《禮記正義》，（清）阮元校刻《十三經注疏》，整理本，北京大學出版社，2000年12月，513頁。

另外，比如，在討論「緣情」時，他說「涉樂方笑，言哀已歎」，是來自陸機《文賦》：「思涉樂其必笑，方言哀而已歎。」〔註7〕表明一種情之多樣性，所謂樂就是之前所說的「怡懌」，哀即「怫鬱」。而且，藝術表現形式就是在感情波動時呈現出的多樣性，所謂「夫情變於內者，形見於外」，〔註8〕「信情貌之不差，故每變而在顏。」〔註9〕而相反面「豈惟……馳神睢渙，方思藻繪之文？」是來自陳琳《為曹洪與魏文帝書》：「蓋聞過高唐者，效王豹之謳；遊睢渙者，學藻繪之彩」。〔註10〕「遊」同於「馳神」，比如中國畫不以目視，適宜神遊，說明「遊」即神遊，這也是一種「異質同妍」。另如孫綽《遊天台山賦》有「騁神變之揮霍，忽出有而入無」，〔註11〕馳神、騁神、神遊都是一種「遊歷」。文即文采。孫過庭此處表達意思是，不僅僅單單只有「嘽緩」與「藻繪」之美，〔註12〕更有情感多樣性，要頤志而緣情。

除此之外，對於書法的取譬，例如，「枝幹扶疏……雲日相輝」等都是與唐以前的文學作品原文或注有密切關係。「枝幹扶疏」見於楊雄《太玄經》，晉范望注：「此本木行，……八月之時，枝枚扶踈，葉落歸本。」〔註13〕另《世說新語注》梁代劉峻作注：「譬若春圃，載芬載敷，條柯猗蔚，枝幹扶踈。」〔註14〕「雲日相輝」來自《文選》謝靈運詩：「雲日相輝映，空水共澄鮮。」〔註15〕而孫過庭對於骨力或骨氣與遒潤這樣的眾妙會歸，使用了「枝幹扶疏，凌霜雪而彌勁，花葉鮮茂，與雲日而相暉」的表達方法，按照現在的語言習慣，很難理解，孫過庭為什麼會有如此的「奇巧比況」。《陸士衡文

〔註7〕 （南北朝）蕭統《文選》卷十七，胡刻本。

〔註8〕 （南北朝）陶弘景《鬼穀子》卷中，明正統道藏本。

〔註9〕 （晉）陸機《陸士衡文集》卷一賦一，清嘉慶宛委別藏本。《文賦》原文有：「理扶質以立幹，文垂條而結繁，信情貌之不差，故每變而在顏。思涉樂其必笑，方言哀而已歎」。

〔註10〕 （南北朝）蕭統《文選》卷四十二，胡刻本。

〔註11〕 （南北朝）蕭統《文選》卷十一，胡刻本。

〔註12〕 全句為：「豈惟駐想流波，將貽嘽嗳之奏；馳神睢渙，方思藻繪之文？」此句正與「涉樂方笑，言哀已歎」對舉，形成兩個方向的對照。

〔註13〕 （漢）揚雄《太玄經》太玄經卷第三，四部叢刊景明翻宋本。全句為：「此本木行，今八木也，而在斂世八月之時，枝枚扶踈，葉落歸本，故大斂也。斂過十一，民財匱訖。故大顛也。」

〔註14〕 （南北朝）劉義慶《世說新語》卷上之上，四部叢刊景明袁氏嘉趣堂本。

〔註15〕 （南北朝）蕭統《六臣注文選》卷第二十六，四部叢刊景宋本。全句為：「雲日相輝映，空水共澄鮮，表靈物莫賞，蘊真誰為傳，想像崑山姿，緬邈區中緣。」

集》之《桑賦序》有「軍植桑一株，世更二代，年漸三紀，扶疎豐衍，抑有瑰異焉」〔註16〕一句。《桑賦》文本爲贊美世祖武皇帝司馬炎所植之桑，贊其枝繁葉茂，形其花縟。〔註17〕其中「扶疎豐衍」「矯千條而上征」，與孫過庭所說「枝幹扶疎，凌霜雪而彌勁」相類，「綠葉興而盈尺……映承明而廣臨」又與「花葉鮮茂，與雲日而相暉」相類似。陸機贊美桑樹的枝繁葉茂，佳樹洪麗，豐豔瑰異；孫過庭則用樹之枝幹與繁葉比喻書法的骨氣與遒潤相兼，從這個角度看，與其說孫過庭在撰寫《書譜》，不如說在撰寫《書賦》。理解孫過庭行文，如果從賦體文章去看，可能更能理解他的行文邏輯，不必拘泥於細節的「奇巧比況」而加以指責，批其繁縟。

　　還有，比如「心閑手敏」，見之於嵇康《琴賦》：「於是器冷弦調，心閑手敏。觸擽如志，唯意所擬。」〔註18〕李善注：「毛萇《詩傳》曰：閑，習也。」〔註19〕按照李善注，「閑」可謂「嫺習」之意，即熟悉。孫綽《遊天台山賦》：「於是遊覽既周，體靜心閑」。李善注：「王逸《楚辭注》曰：閑，靜也。」〔註20〕李善對「心閑」做出了兩種解釋。無論做「嫺習」或「閑靜」解，與「神怡務閑」「偶然欲書」有異曲同工之妙，都是一種藝術心理學上的從「琴」到「書」的借鑒。

　　當然，此類從文學賦體類作品中吸取的用語還有許多，比如「體五材之並用」，見於郭璞《江賦》：「諮五材之並用，寔水德之靈長」，〔註21〕《文心雕龍・程器》：「蓋人稟五材，修短殊用」〔註22〕等等。另《文心雕龍・序志》也有五材的用法：「夫人肖貌天地，稟性五才，擬耳目於日月，方聲氣乎風雷，其超出萬物，亦已靈矣。」〔註23〕

　　而孫過庭在文末「知音」一段說：「聞夫家有南威之容，乃可論於淑媛；有龍泉之利，然後議於斷割」，是引用曹植《與楊德祖書》：「蓋有南威之容，

〔註16〕　（晉）陸機《陸士衡文集》卷四賦四，清嘉慶宛委別藏本。
〔註17〕　劉運好：《陸士衡文集校注》，鳳凰出版傳媒集團，2007 年 12 月，257 頁。作者除贊美外，使用了「鴟鴞」「鳴鳥」等典故，隱隱表達了自己對亂世的憂慮之情和輔助晉室後希冀成就大業的渴望，相關注釋見劉氏著作。
〔註18〕　（南北朝）蕭統《文選》卷十八，胡刻本。
〔註19〕　（南北朝）蕭統《文選》卷十八，胡刻本。
〔註20〕　（南北朝）蕭統《文選》卷十一，胡刻本。
〔註21〕　（南北朝）蕭統《文選》，中華書局，第二冊，1986 年 8 月，557 頁。
〔註22〕　（南北朝）劉勰《文心雕龍》卷十，四部叢刊景明嘉靖刊本。
〔註23〕　（南北朝）劉勰《文心雕龍》卷十，四部叢刊景明嘉靖刊本。

乃可以論於淑媛。有龍泉之利，乃可議於斷割。」（當代各注家亦注出此用語淵源）引用的目的是起到打靶的作用，用意駁斥。

除了直接使用文學作品的語言，許多關鍵詞語或表達無不與賦體類文學作品密切相關。

二、源自文學作品或文論的句式

其一、「以」句式

孫過庭四個「以」句式，在易學淵源一章的剛柔節以及經學一章的比於音樂一節均有所涉及。其實，「以」句式在賦體文學作品中非常常見。例如陸機《文賦》：「奏平徹以閑雅，說煒曄而譎誑」，〔註24〕這和孫過庭最後一個「以」句式：「和之以閒雅」幾乎很相似。另郭璞《江賦》有「爾乃域之以盤巖，豁之以洞壑，疏之以沲汜，鼓之以朝夕」；〔註25〕鍾嶸《詩品》有「宏斯三義，酌而用之，幹之以風力，潤之以丹彩，使味之者無極，聞之者動心，是詩之至也。」此類例子非常多，可見孫過庭應該可能，除了從《周易·繫辭》或《史記·樂書》中「以」句式吸收養分外，還極大程度上，受到賦體文學作品之影響。「以」句式的使用，一般隨後都跟著抒情性字句：孫過庭說「達其情性，形其哀樂」；陸機《文賦》說「亦禁邪而制放」，即情感表達須無邪，也還要制約；而鍾嶸則說：「聞之者動心」。從這個角度看，或許更能理解孫過庭的內心情感與外在表達的流露。

其二、規矩方圓

孫過庭說「泯規矩於方圓，遁鉤繩之曲直」。陸機《文賦》：「雖離方而遁圓，期窮形而盡相。」〔註26〕意思即規矩法則不要外露，只要符合方圓曲直的規範，做到「乍顯乍晦」，「若行若藏」，就可窮變態於毫端，窮形而盡相。屈原《離騷》有「固時俗之工巧兮，偭規矩而改錯，背繩墨以追曲兮」〔註27〕一句，王逸注說：是去規矩造方圓，百工不隨繩墨之直道，隨從曲木。〔註28〕

〔註24〕（晉）陸機《文賦》，自（梁）蕭統編，（唐）李善注《文選》，胡刻本。
〔註25〕（南北朝）蕭統《文選》，中華書局，第二冊，1986年8月，571頁。
〔註26〕（南北朝）蕭統《文選》卷十七，胡刻本。
〔註27〕（南北朝）蕭統《文選》卷三十二，胡刻本。
〔註28〕（南北朝）蕭統《文選》卷三十二，胡刻本。原文與王逸注為：「固時俗之工巧兮偭規矩而改錯。偭背也，圓曰規，方曰矩，錯置也。言今時之工才，知強巧背，去規矩更造方圓，必不堅固，敗材木也。以言佞臣，巧於言語，背違先聖之法，以意妄造，必亂政化，危君國也。背繩墨以追曲兮。追隨也，

這與孫過庭說「無間心手，忘懷楷則」相類。規矩方圓，鉤繩曲直之論，還見於《淮南子》：「規矩不能方圓，鉤繩不能曲直」，﹝註29﹞以爲規矩方圓不能施於一種逍遙境界，﹝註30﹞這與孫過庭所論一致。

上述論中提到的孫過庭所言「窮變態於毫端」與陸機所說「窮形盡相」具有內在的邏輯，陸機還有「籠天地於形內，挫萬物於筆端」一句，亦可與其對應，嵇康《琴賦》則有「嗟姣妙以弘麗，何變態之無窮」，屬於在藝術領域即書法、文學、音樂上高度的美學認同觀念，而且這也屬於藝術創作、評論、欣賞等方面可以相通的地方，因而也可見孫過庭的藝術理論理念受到文學領域尤其是賦體文學極深的影響。

其三、其他句式

除了上述提到的句式外，還有許多來自於陸機《文賦》，劉勰《文心雕龍》及其他賦體類文學作品。

比如孫過庭所言「文鄙理疏」、「文約理贍」，而陸機《文賦》有「文繁理富」，「伊茲文之爲用，固眾理之所因」等文、理並舉的描述。而對於後一句，很可能就是孫過庭「固義理之會歸，信賢達之兼善者矣」的句式來源，「固眾理之所因」與「固義理之會歸」，無論從文字還是語言節奏來看，都極其相似。「文」「理」的對舉，較早應是從《周易‧繫辭》開始，「仰以觀於天文，俯以察於地理」。﹝註31﹞「天文」爲圖像，「地理」爲地勢。孔穎達疏說：「仰以觀於天文俯，以察於地理者，天有懸象而成文章，故稱文也，地有山川原隰，各有條理故稱理也。」﹝註32﹞因而後世文章包括賦體在內，文稱文章，理稱義理。此是其並舉緣由。

還比如孫過庭「猶挻埴之罔窮，與工爐而並運」一句，句式是源自《文

繩墨所以正曲者。競周容以爲度。周合也，度法也。言百工不隨繩墨之直道，隨從曲木，屋必傾危，而不可居也。以言人臣不修仁義之道，背棄忠直，隨從枉佞，苟合於世，以求容媚，以爲常法，身必傾危，而被刑戮。」屈原或王逸所議與孫過庭對此的引用恰恰相反，屈原或王逸是負面的評價，而孫過庭卻恰恰要去規矩，是正面的。原因是前者在論述王道政治，後者論之於藝術。

﹝註29﹞（漢）劉安撰，合江何寧集釋《淮南子》，中華書局，1998年10月，80頁。
﹝註30﹞（漢）劉安《淮南鴻烈解》卷第一，四部叢刊景鈔北宋本。
﹝註31﹞（魏）王弼《周易注疏》周易兼義卷第七，清嘉慶二十年南昌府學重刊宋本十三經注疏本。
﹝註32﹞（魏）王弼《周易注疏》周易兼義卷第七，清嘉慶二十年南昌府學重刊宋本十三經注疏本。

賦》「同橐籥之罔窮，與天地乎並育」〔註33〕。孫過庭之改編，有其來源根據。「埏埴」出自《老子・十一章》「埏埴以爲器」，〔註34〕以其無爲用，是故致廣大；亦可有《老子・第五章》所論「橐籥」「虛而不屈」「動而愈出」〔註35〕之勢，王弼注此說：「任自然，故不可得而窮」。〔註36〕可見「埏埴」與「橐籥」都可理解出「無窮」之意。而「工爐」與「天地」的關係可見於賈誼《鵩鳥賦並序》：「且夫天地爲爐兮，造化爲工。」〔註37〕李善注：「《莊子》，子黎曰：今一以天地爲大爐，以造化爲大冶，惡乎往而不可哉？」〔註38〕所以，工爐就是指涉天地。

其他如孫過庭說「除煩去濫」也是自《文賦》：「或清虛以婉約，每除煩而去濫」。而「躍泉之態」（見本著易學淵源一章，或爲「躍淵之態」，避李淵諱改淵爲泉），「導之則泉注」等常使用「淵」「泉」來行文比附，《文賦》也有類似的表達：「浮天淵以安流，濯下泉而潛浸」。孫過庭說「妍蚩雜糅」，《文賦》有「妍蚩好惡」。孫過庭說「莫不強名爲體，共習分區」，《文賦》有「雖區分在滋，亦禁邪而制放」。〔註39〕孫過庭說「挫萬物於筆端」，《文賦》則有「窮變態於毫端」，等等不一而足。

除此外，《文心雕龍》的句式字詞也是孫過庭的吸取養分之一。孫過庭：「鎔鑄蟲篆，陶均草隸。」《文心雕龍・鍊字》：「篆隸相熔，蒼雅品訓。」孫過庭：「神融筆暢」，《文心雕龍・養氣》：「理融而情暢」。孫過庭：「乍剛柔以合體，忽勞逸而分驅」，《文心雕龍・養氣》：「率志以方竭情，勞逸差於萬里」。孫過庭：「千古依然」「百齡俄頃」，《文心雕龍・徵聖》：「百齡影徂，千載心在。」《文賦》：「收百世之闕文，採千載之遺韻。」郭璞《江賦》：「倏忽數百，千里俄頃。」李善注：「楚辭曰：往來儵忽。何休公羊傳注曰：俄者，須臾之間。司馬彪莊子注曰：頃，久也。王肅家語注曰：俄，有頃也」。〔註40〕孫過庭有「若毫釐不察，則胡越殊風者焉」一句，《文心雕龍》有「肝膽胡越」類

〔註33〕（晉）陸機《文賦》，自（梁）蕭統編，（唐）李善注《文選》，（清）胡刻本。

〔註34〕（周）老聃《老子》老子道德經上篇，古逸叢書唐寫本。

〔註35〕（周）老聃《老子》老子道德經上篇，古逸叢書唐寫本。

〔註36〕（魏）王弼注，樓宇烈校注：《老子道德經注校釋》，中華書局，2008 年 12 月，26 頁。

〔註37〕（南北朝）蕭統《文選》，中華書局，第二冊，1986 年 8 月，607 頁。

〔註38〕（南北朝）蕭統《文選》，中華書局，第二冊，1986 年 8 月，607 頁。

〔註39〕（晉）陸機《文賦》，自（梁）蕭統編，（唐）李善注《文選》，（清）胡刻本。

〔註40〕（南北朝）蕭統《文選》，中華書局，第二冊，1986 年 8 月，570 頁。

似的描述多處。孫過庭說「假令運用未周，尙虧工於秘奧」，《文心雕龍・章句》：「情數運周，隨時代用矣」。劉勰此處的原意是指《詩經》與《離騷》在六言和七言上的交錯運用，至西漢時趨於成熟，即「六言七言，雜出詩騷；兩體之篇，成於西漢」（《文心雕龍・章句》）。「運周」就是指運用周詳，愼密。孫過庭在「假令運用未周，尙虧工於秘奧」一句中，使用「運用未周」一詞，也是指技術上的周詳一意。

在引用陸機《文賦》以及劉勰《文心雕龍》的關鍵字詞句式之外，孫過庭也還對其他賦體類文學作品有許多徵引。如嵇康《琴賦》有「忽飄搖以輕邁，乍留聯而扶疏」這種「忽」「乍」的並列句，孫過庭有類似「乍剛柔以合體，忽勞逸而分驅」，「乍圖眞於率爾，或寫瑞於當年」二句。班固《西都賦》「鳥驚觸絲，獸駭値鋒」，〔註 41〕孫過庭則有「鴻飛獸駭之資」。班固有「容與徘徊」，孫過庭「自然容與徘徊」。郭璞《江賦》有「妙不可盡之於言，事不可窮之於筆」〔註 42〕一句，孫過庭對應句爲：「夫心之所達，不易盡於名言；言之所通，尙難形於紙墨。」

三、孫過庭語言形式的文學化

本節所論主要從形式語言、形式美學的構成上去討論和闡明孫過庭《書譜》用語與文學作品尤其是賦體類字詞、句式之間關係。

第一部分所論多爲直接從賦體文學作品而來，比如「涉樂方笑，言哀已歎」源自《文賦》，「聞夫南威之容……」取於曹植《與楊德祖書》。「枝幹扶疏……雲日相輝」或自楊雄或自謝靈運詩。這樣的例子枚不勝舉，可見孫過庭對於賦體文學達到了爛熟於心的程度。

第二部分則從具體幾個例子出發去闡釋孫過庭《書譜》行文過程中對於賦體文學作品句式的各類表達的化用。通過《書譜》語言與文學作品關係的研究，可以更加明確看出孫過庭用語的特點——文學性極強，比如，四個「以」句式，規矩方圓的表達，「猶挺埴之罔窮，與工爐而並運」一句等等。如果以之與相應的文學語言進行比較，則對於理解孫過庭的書學意涵會有相當大的輔助作用。

一則是因爲其中用典——如上所舉三例，「以」句式在文學作品中常見，

〔註41〕　（南北朝）蕭統《文選》，中華書局，第一冊，1986 年 8 月，19 頁。

〔註42〕　（南北朝）蕭統《文選》，中華書局，第二冊，1986 年 8 月，571 頁。

但是來自於《周易・繫辭》，規矩方圓也常被賦提到，是來自於《淮南子》，「猶挺埴之罔窮，與工爐而並運」來自陸機《文賦》，但其中「挺埴」與「橐籥」則由《老子》出，「工爐」「天地」則語出《莊子》。（賈誼《鵩鳥賦》中語「且夫天地爲爐兮，造化爲工」。〔註43〕）在先秦典籍，南北朝賦體文學作品，孫過庭《書譜》中間就存在著一種後者從前者出的關係，當然孫過庭也肯定對先秦典籍尤其諸子應該是「庖丁解牛」，遊刃有餘的。通過這樣的脈絡性考察，就可以一方面知道孫過庭思想的形成淵源及路徑，另一方面，更加利於當代語境下，對於古典書學的「還原性」闡釋。

二則是因爲據上所論，孫過庭時常是從一種文學審美的角度，去對書法進行美學性的闡發。孫過庭這種論述，從一定程度上看，更多的成分是一種文論或美學的贊美，而非書法本體的美學論證與求眞過程。比如「枝幹扶疏……雲日相輝」，「猶挺埴之罔窮，與工爐而並運」。這本是賦體類文學作品的一個特點。孫過庭使用四六俳句，在書法贊美與書法原理的闡釋中間來回穿梭，交相輝映，相得益彰，其味無窮。說理的過程，本身就是審美的過程，這恰恰就是李澤厚所說的「立美」過程。〔註44〕試想如果僅使用枯燥無味，乾癟之詞去論證，沒有一點語言形式美的講究，則義理闡發的力量就會大打折扣。

當然，除此而外，孫過庭行文在引用、化用文學作品的言語時，其中還有一些審美思想的吸收和繼承，亦即使用這些語言的時候，同時呈現出孫過庭的書法美學主張。

關於語言方面，與賦體類文學作品的相似性，在本文中基於論文體例所限，未能盡數周全地詳細列出，故列表如下。所列示順序以文學作品作者的先後年代爲序。此亦更能顯示出孫過庭對於賦體文學作品的熟悉程度。反觀《書譜》及其通篇體例，在書法美學本身的闡釋之外，還體現一種文學性的語言美。與其說《書譜》是一篇書論著作，不如說就是張懷瓘一直想作的《書賦》。

〔註43〕（南北朝）蕭統《文選》，中華書局，第二冊，1986 年 8 月，607 頁。
〔註44〕李澤厚：《人類歷史學本體論》，天津社會科學出版社，2008 年 5 月，61 頁。

文學作品名稱 （賦體為主）	文學作品表達	《書譜》表達
屈原《離騷》	固時俗之工巧兮，偭規矩而改錯，背繩墨以追曲兮。	泯規矩於方圓，遁鉤繩之曲直。
劉安《淮南子》	規矩不能方圓，鉤繩不能曲直。	泯規矩於方圓，遁鉤繩之曲直。
楊雄《羽獵賦》	隋珠和氏。	隋珠和璧。
楊雄《法言·修身》	修身而後交，善其謀而後動，成道也。	謀而後動，動不失宜。
班固《西都賦》	左牽牛右織女，似雲漢之無涯。	纖纖乎似初月之出天涯，落落乎猶眾星之列河漢。
班固《西都賦》	鳥驚觸絲，獸駭值鋒。	鴻飛獸駭之資。
班固《西都賦》	容與徘徊。	自然容與徘徊。
張衡《東京賦》	山無槎枿。	或折挫槎枿，外曜鋒芒。
張衡《西京賦》	夫人在陽時則舒，在陰時則慘，此牽乎天者也。處沃土則逸，處瘠土則勞，此繫乎地者也。	陽舒陰慘，本乎天地之心。
張衡《南都賦》	隋珠夜光。	隋珠和璧。
陳琳《爲曹洪與魏文帝書》	蓋聞過高唐者，效王豹之謳；游睢渙者，學藻繪之彩。	馳神睢渙，方思藻繪之文。
曹丕《與吳質書》	而偉長獨懷文抱質，恬淡寡欲，有箕山之志，可謂彬彬君子者矣。	文質彬彬，然後君子。
曹植《與楊德祖書》	蓋有南威之容，乃可以論於淑媛。有龍泉之利，乃可議於斷割。	聞夫家有南威之容，乃可論於淑媛；有龍泉之利，然後議於斷割。
曹植《與楊祖德書》	魯連一說，使終身杜口。	杜將來之口。
曹植《與楊祖德書》	當此之時，人人自謂握靈蛇之珠，家家自謂抱荊山之玉。	隋珠和璧。
嵇康《琴賦並序》	於是器冷弦調，心閒手敏。觸箆如志，唯意所擬。	非其心閒手敏，難以兼通者焉。
嵇康《琴賦並序》	嗟姣妙以弘麗，何變態之無窮。	窮變態於毫端。
嵇康《琴賦並序》	忽飄搖以輕邁，乍留聯而扶疏。	乍剛柔以合體，忽勞逸而分驅。乍圖真於率爾，或寫瑞於當年。

文學作品名稱 （賦體為主）	文學作品表達	《書譜》表達
嵇康《琴賦並序》	穆溫柔以怡懌。	怡懌虛無。
嵇康《琴賦並序》	瑰豔奇偉，殫不可識。	意涉瑰奇。
嵇康《琴賦並序》	狀若崇山，又像流波。	駐想流波。
嵇康《琴賦並序》	疾而不速，留而不滯。	留不常遲，遣不恒疾。
嵇康《琴賦並序》	性絜靜以端理，含至德之和平。若和平者聽之，則怡養悅愉。	志氣和平。
嵇康《琴賦並序》	同歸殊途，或文或質。	文質彬彬，然後君子。
成公綏《蕭賦》	近取諸身。	近取諸身。
成公綏《蕭賦》	怫鬱衝流，參譚雲屬。	情多怫鬱。
成公綏《蕭賦》	唱引萬變，曲用無方。和樂怡懌，悲傷摧藏。	怡懌虛無。
左思《吳都賦》	理融整翰，容與自玩。	自然容與徘徊。
左思《吳都賦》	莫不衄銳挫芒，拉捭摧藏。	殊衄挫於豪芒。
左思《吳都賦》	斯實神妙之響象，嗟難得而覼縷。	庸聽驚其妙響。殆難覼縷。
左思《吳都賦》	指包山而為期，集洞庭而淹留。	能速不速，所謂淹留。
左思《吳都賦》	相與昧潛險，搜瑰奇。	意涉瑰奇。
陸機《文賦》	思涉樂其必笑，方言哀而已歎。	涉樂方笑，言哀已歎。
陸機《文賦》	奏平徹以閑雅，說煒曄而譎誑。	和之以閑雅。
陸機《文賦》	雖離方而遁圓，期窮形而盡相。	泯規矩於方圓，遁鉤繩之曲直。
陸機《文賦》	籠天地於形內，挫萬物於筆端。	窮變態於毫端。
陸機《文賦》	文繁理富。	文鄙理疏，文約理贍。
陸機《文賦》	伊茲文之為用，固眾理之所因。	固義理之會歸，信賢達之兼善者矣。
陸機《文賦》	同橐籥之罔窮，與天地乎並育。	猶挺埴之罔窮，與工爐而並運。
陸機《文賦》	或清虛以婉約，每除煩而去濫。	除繁去濫，睹跡明心者焉。
陸機《文賦》	妍蚩好惡。	妍蚩雜糅。
陸機《文賦》	雖區分在滋，亦禁邪而制放。	莫不強名為體，共習分區。

文學作品名稱 （賦體為主）	文學作品表達	《書譜》表達
陸機《文賦》	收百世之闕文，採千載之遺韻。	千古依然。百齡俄頃。
陸機《繁賦並序》	遁方圓於規矩，徒廣狹以妨。	泯規矩於方圓，遁鉤繩之曲直。
陸機《文賦》	立片言而居要，乃一篇之警策。	一點成一字之規，一字乃終篇之準。
陸機《文賦》	雖濬發於巧心，或受蚩於拙目。	假令運用未周，尚虧工於秘奧；而波瀾之際，已濬發於靈臺。
陸機《文賦》	藏若景滅，行猶響起。	乍顯乍晦，若行若藏
陸機《文賦》	或覽之而必察，或研之而後精。	察之者尚精，擬之者貴似。
陸機《文賦》	是蓋輪扁所不得言，故亦非華說之所能精。	著述者假其糟粕，藻鑒者挹其菁華。存精寓賞，豈徒然與？
陸機《弔魏武帝文》	觀其所以顧命冢嗣，貽謀四子，經國之略既遠，隆家之訓亦弘。	貽謀令嗣。
陸機《文賦》	遊文章之靈府，嘉麗藻之彬彬。	文質彬彬，然後君子。
陸機《羽扇賦》	翩姍姍以微披，風颸颸以垂婉，妙自然以為言。	同自然之妙有，非力運之能成。
郭璞《江賦》	諮五材之並用，寔水德之靈長。	體五材之並用，儀形不極。
郭璞《江賦》	爾乃域之以盤巖，豁之以洞壑，疏之以汜氾，鼓之以朝夕。	然後凜之以風神，溫之以妍潤，鼓之以枯勁，和之以閒雅。
郭璞《江賦》	倏忽數百，千里俄頃。	千古依然。百齡俄頃。
郭璞《江賦》	妙不可盡之於言，事不可窮之於筆。	夫心之所達，不易盡於名言；言之所通，尚難形於紙墨。
孫綽《遊天台山賦》	太虛遼廓而無閡，運自然之妙有。	同自然之妙有，非力運之能成。
孫綽《遊天台山賦》	笑夏蟲之疑冰。	豈可執冰而咎夏蟲哉。
劉義慶《世說新語注》梁代劉峻作注	譬若春圃，載芬載敷，條柯猗蔚，枝幹扶踈。	枝幹扶疏，凌霜雪而彌勁，花葉鮮茂，與雲日而相暉。
鮑照《鮑明遠集》	輕如遊霧，重似崩雲。	或重若崩雲，或輕如蟬翼。

文學作品名稱 （賦體為主）	文學作品表達	《書譜》表達
蕭衍《草書狀》	狀雲山之有玄玉，河漢之有列星。	纖纖乎似初月之出天涯，落落乎猶眾星之列河漢。
劉勰《文心雕龍·宗經》	故子夏歎書，昭昭若日月之明，離離如星辰之行。	纖纖乎似初月之出天涯，落落乎猶眾星之列河漢。
劉勰《文心雕龍·程器》	蓋人稟五材，修短殊用。	體五材之並用，儀形不極。
劉勰《文心雕龍·鍊字》	篆隸相熔，蒼雅品訓。	鎔鑄蟲篆，陶均草隸。
劉勰《文心雕龍·養氣》	理融而情暢。	神融筆暢。
劉勰《文心雕龍·養氣》	率志以方竭情，勞逸差於萬里	乍剛柔以合體，忽勞逸而分驅。
劉勰《文心雕龍·徵聖》	百齡影徂，千載心在。	千古依然。百齡俄頃。
劉勰《文心雕龍》	肝膽胡越。	若毫釐不察，則胡越殊風者焉。
劉勰《文心雕龍·章句》	情數運周，隨時代用矣。	假令運用未周，尚虧工於秘奧。
劉勰《文心雕龍·鎔裁》	剛柔以立本。立本和體。	剛柔以合體。
劉勰《文心雕龍·原道》	觀天文以極變，察人文以成化。	觀乎天文，以察時變；觀乎人文，以化成天下。
劉勰《文心雕龍·雜文》	窮瑰奇之服饌，極蠱媚之聲色。	意涉瑰奇。
劉勰《文心雕龍·時序》	故知暐燁之奇意，出乎縱橫之詭俗也。	縱橫爭折。
劉勰《文心雕龍·明詩》	春秋代序，陰陽慘舒；物色之動，心亦搖焉。	陽舒陰慘，本乎天地之心。
劉勰《文心雕龍·第十八論述》	雖復陸賈籍甚，張釋傅會，杜欽文辨，樓護脣舌。	藉甚不渝。
劉勰《文心雕龍·風骨》	若骨采未圓，風辭未練，而跨略舊規，馳騖新作，雖獲巧意，危敗亦多，豈空結奇字。	馳騖沿革，物理常然。貴能古不乖時，今不同弊。

文學作品名稱 （賦體為主）	文學作品表達	《書譜》表達
劉勰《文心雕龍·隱秀》	故自然會妙，譬卉木之耀英華。	同自然之妙有，非力運之能成。
劉勰《文心雕龍·體性》	性情所鑠，陶染所凝。	而東晉士人，互相陶染。
劉勰《文心雕龍·體性》	性情所鑠，陶染所凝。	性情不一，消息多方。
鍾嶸《詩品》	宏斯三義，酌而用之，幹之以風力，潤之以丹彩，使味之者無極，聞之者動心，是詩之至也。	然後凜之以風神，溫之以妍潤，鼓之以枯勁，和之以閒雅。
鍾嶸《詩品》	元嘉中，有謝靈運，才高詞盛，富豔難蹤。	且右軍位重才高，調清詞雅，聲塵未泯，翰牘仍存。
鍾嶸《詩品》	隨其嗜欲，商搉不同。	隨其性欲，便以為姿。
鍾嶸《詩品·阮籍詩》	厥旨淵放，歸趣難求。	徒立其工，未敷厥旨。
鍾嶸《詩品》	平叔《鴻鵠》之篇，風規見矣。	不激不勵，風規自遠。
鍾嶸《詩品》	彥伯《詠史》，雖文體未遒，而鮮明緊健，去凡俗遠矣。	不激不勵，風規自遠。
鍾嶸《詩品》	夫四言，文約意廣，取效《風》、《騷》。	取會風騷。
鍾嶸《詩品》	才高辭雅，舉體華美。有謝靈運，才高詞盛。	且右軍位重才高，調清詞雅。
鍾嶸《詩品》	魏陳思王植，其源出於國風，骨氣奇高，詞采華茂，情兼雅怨，體被文質。	質文三變，馳騖沿革。文質彬彬，然後君子。
陸厥《與沈約書》	意者質文時異，今古好殊。將急在情物而緩於章句。	貴能古不乖時，今不同弊。
蕭統《六臣注文選》謝靈運詩	雲日相輝映，空水共澄鮮。	枝幹扶疏，凌霜雪而彌勁，花葉鮮茂，與雲日而相暉。
蕭統《文選序》	今之所撰，又以略諸。今之所集，亦所不取。	今之所撰，亦無取焉。
蕭統《文選序》	今之所撰，又以略諸。	既非所習，又亦略諸。
蕭統《文選序》	自姬漢以來……詞人才子，則名溢於縹囊，飛文染翰，則卷盈乎緗帙。	空著縑緗。

文學作品名稱 （賦體為主）	文學作品表達	《書譜》表達
蕭統《文選序》	眇焉悠邈，時更七代，數逾千祀。	代祀綿遠。
蕭統《文選序》	若夫椎輪為大輅之始，大輅寧有椎輪之質。	反玉輅於椎輪者乎？
徐陵《玉臺新詠》	垂條逐絮轉，落蕊散花叢。	譬夫芳林落蕊，空照灼而無依。
徐陵《玉臺新詠》	遙遙天無柱，流漂萍無根。	蘭沼漂萍，徒青翠而奚託。

第二節　審美思想與文學作品的關係

一、「緣情」論源於《文賦》——「情深調合」

其一、陸機緣情論

陸機在《文賦》中說：「詩緣情而綺靡，賦體物而瀏亮⋯⋯」，〔註45〕緣情而抒情是陸機詩文的一個基本出發點。此處雖然沒有說賦也緣情，但是賦體文也肯定也要緣情抒情的。如《思歸賦》有「悲緣情以自誘，憂觸物而生端」一句，《歎逝賦》有「樂隤心其如志，哀緣情而來宅。託末契於後生，余將老而為客」，〔註46〕《述思賦》說「情易感於已攬，思難戢於未忘」，〔註47〕這些都是賦體文章，同樣也強調了緣情，情生於境的文學特徵。陸機之「詩緣情而綺靡，賦體物而瀏亮⋯⋯」〔註48〕一句重在強調各種文體的最突出特徵，而緣情抒情性卻是包括詩詞歌賦在內的文學體裁的最基礎特徵。

從情感發生的角度看，《文賦》有言：「悲落葉于勁秋，喜柔條於芳春」，〔註49〕陸機從所見所遇所感的角度來論證情感的必然性。如上所引的「樂隤心其如志，哀緣情而來宅」也同樣是一種佐證。鍾嶸《詩品》也說「氣之動物，物之感人，故搖盪性情，行諸舞詠⋯⋯夫四言，文約意廣，取效《風》、

〔註45〕　（晉）陸機《陸士衡文集》卷三賦三，清嘉慶宛委別藏本。
〔註46〕　（南北朝）蕭統《文選》卷十六，胡刻本。
〔註47〕　（晉）陸機《陸士衡文集》卷三賦三，清嘉慶宛委別藏本。
〔註48〕　（晉）陸機《陸士衡文集》卷三賦三，清嘉慶宛委別藏本。
〔註49〕　（晉）陸機《陸士衡文集》卷三賦三，清嘉慶宛委別藏本。

《騷》，便可多得。每苦文繁而意少，故世罕習焉。」〔註50〕所以在文藝領域，情生於境，觸境生情，是為一個美學原理。

　　其次，情感在陸機看來也是多樣性的，例如《赴洛陽二首》中：「載離多悲心，感物情悽惻。」〔註51〕《文賦》說「於是沉辭怫悅」，低沉，悲傷，怫鬱，高興各歸其根，形式多樣。鍾嶸說：「嘉會寄詩以親，離群託詩以怨。……或骨橫朔野，或魂逐飛蓬；或負戈外戍，殺氣雄邊……女有揚蛾入寵，再盼傾國。凡斯種種，感蕩心靈，非陳詩何以展其義；非長歌何以騁其情？故曰：『《詩》可以群，可以怨。』」〔註52〕情感隨著場合、境致不同，在詩歌上也會呈現出不同的或群或怨，或悲或喜的風格。這是緣情的又一層含義。

　　根據劉運好研究，「綺靡」有兩層意思，「綺」與「靡」。「綺」據《說文》，文繒之意，而段玉裁則注為：繒之有文者；《六書故·工事六》：「織采為文曰錦，織素為文曰綺」，〔註53〕即以素為底色，織出文的叫做綺。而「靡」，據《樂府》「辭靡於耳，累累如貫珠矣」，〔註54〕《釋名·釋樂》：「箜篌，此師延所作靡靡之樂也。」〔註55〕從而可見，綺靡或指色彩華美，或者是指調之圓潤和諧。〔註56〕所以綺靡的意思就是文辭要美，音韻也要佳。這是緣情論的深層要求。

　　其二、孫過庭緣情論

　　孫過庭在敘述完「執使轉用」四種技術之後，贊揚王羲之書「代多稱習」、「取立旨歸」，可以為之宗，原因是其一是會古通今，其二能情深調合。孫過庭隨後重點就是在闡釋書法是如何情深、調合的。比如寫《樂毅論》感情多怫鬱，《東方朔畫贊》則「意涉瑰奇」，《黃庭經》又「怡懌虛無」，《太師箴》則「縱橫爭折」，《蘭亭序》有「思逸神超」，《告誓文》會「情拘志慘」。亦即感情在不同作品的內容上會呈現出相當的多樣性。

　　這裡面有幾個層次的問題，如前述討論的陸機緣情論一樣：一是情感多樣性的必然性，如同詩歌、文賦，見怫鬱之「物」──如《樂毅論》之文體，

〔註50〕　（南北朝）鍾嶸《詩品》上，明夷門廣牘本。
〔註51〕　（晉）陸機，金聲濤點校《陸機集》，中華書局，1982 年 1 月，40 頁。
〔註52〕　（南北朝）鍾嶸《詩品》上，明夷門廣牘本。
〔註53〕　（宋）戴侗《六書故》卷三十，清文淵閣四庫全書本。
〔註54〕　（宋）郭茂倩《樂府詩集》卷第八十三，四部叢刊景汲古閣本。
〔註55〕　（漢）劉熙《釋名》釋名卷第七，四部叢刊景明翻宋書棚本。
〔註56〕　（晉）陸機著，劉運好校注整理，《陸士衡文集校注》，鳳凰傳媒集團，鳳凰出版社，2007 年 12 月，18 頁。

則某種悲沉的書寫感情被帶入其中。《黃庭經》則一種怡然閒情之致隨興而至。須指出的是，在文藝美學看來，觸遇自然之景，生情而作文；而在書法看來，這個「景」卻是文學作品之文本，因爲書法是對文學作品的二度創作。文學作品是心由境造，境由心生，一種交融互動的過程呈現；在孫過庭的幾個例子中，書法則是觸「文」——文學作品之意而造心境（也會受到外在情景、景致的影響），形式上看一種單向的情感傳遞，當然，從接受美學角度看，也是一種期待結構與本文之間的互動。

其次，不同作品內容，感情形式不同，並非千篇一律一種手法可以寫完所有作品。這在書法理論領域，至今仍是一個不可迴避的問題。形式與內容究竟是否有關？如果沒有關係，是否就陷入一種純視覺藝術的「困境」？這樣的一種看待傳統藝術的態度，大大的削弱了一種作爲修養抒情的抽象藝術門類。如果有關係，則是何種關係？孫過庭使用列舉的方式闡釋他關於形式與內容的直接關係。書寫內容與情感形式的高度相融，什麼樣的內容會帶動什麼樣的情感發揮，這是個藝術規律問題，只有遵循此規律，方可「情深調合」。

在此，孫過庭舉王羲之作品之例，闡釋情感類型，而大多也與賦體文學有著緊密的關係。比如提到王羲之書寫《樂毅論》，「情多怫鬱」，怫鬱在賦體類文學作平較爲常見。成公綏《蕭賦》有「怫鬱衝流，參譚雲屬」〔註57〕這樣的描述。孫過庭說「《黃庭經》則怡懌虛無」，成公綏《蕭賦》有「唱引萬變，曲用無方，和樂怡懌，悲傷摧藏」〔註58〕一句，嵇康《琴賦》則有「穆溫柔以怡懌。」〔註59〕提到書寫《東方朔畫贊》時，則「意涉瑰奇」，劉勰《文心雕龍·雜文》：「窮瑰奇之服饌，極蠱媚之聲色」，〔註60〕左思《吳都賦》「相與昧潛險，搜瑰奇。」〔註61〕另外，嵇康《琴賦》有「瑰豔奇偉，殫不可識」〔註62〕，李善注：「《高唐賦》曰：譎詭奇偉，不可究陳。」〔註63〕「瑰奇」可見就是奇特而美麗之意。孫過庭說：「《太史箴》又縱橫爭折」，劉勰《文心

〔註57〕 （南北朝）蕭統《文選》，中華書局，第二冊，1986年8月，868頁。
〔註58〕 （南北朝）蕭統《文選》，中華書局，第二冊，1986年8月，867頁。
〔註59〕 （南北朝）蕭統《文選》卷十八，胡刻本。
〔註60〕 （南北朝）劉勰《文心雕龍》卷三，四部叢刊景明嘉靖刊本。
〔註61〕 （南北朝）蕭統《文選》卷五，胡刻本。
〔註62〕 （南北朝）蕭統《文選》，中華書局，第二冊，1986年8月，844頁。
〔註63〕 （南北朝）蕭統《文選》，中華書局，第二冊，1986年8月，844頁。

雕龍·時序》：「故知暐燁之奇意，出乎縱橫之詭俗也。」〔註 64〕縱橫即縱橫變化。〔註 65〕

王羲之所書寫的文學作品是帶有各種情感的，而各種情感又不自覺的深入到書法的書寫性中，其一情多樣化，其次情之深切，比如「情多怫鬱」、「怡懌虛無」，都是至深之情。只有做到至深之情，才能有情深調合的可能性。

其三、孫過庭緣情論發生學問題

孫過庭說「涉樂方笑，言哀已歎」來源於陸機《文賦》：「思涉樂其必笑，方言哀而已歎。」表示一種情隨境遷，心由境生的感懷，孫過庭引用此，意在言書法的情感亦如此，隨外在的境遇而發生與變動。情之深如是，才能有如此的外在物理場與內在的心理場的交互。〔註 66〕這就是劉勰所說的：「隨物以宛轉」、「從心而徘徊」。

「駐想流波」，來自伯牙鼓琴的典故，〔註 67〕「伯牙鼓琴，鍾子期聽之方，鼓琴志在山，鍾子期曰：善哉，鼓琴巍巍乎如太山，志在流水，鍾子期曰：善哉，鼓琴洋洋乎若江河。」〔註 68〕流水即是流波，孫過庭此處表達應是情之至深的境界——駐想流波。另外，流波在賦體文學作品中也是常用的詞語，比如嵇康《琴賦》有「狀若崇山，又像流波。浩兮湯湯，鬱兮戔戔。」〔註 69〕而李善注引用《列子·湯問》之「伯牙鼓琴，志在登高山……」〔註 70〕一句，如此證實流波與流水有關。句式「駐想流波」的生成則與「馳神睢渙」有關，形成駢體文的節奏與韻律，流波對睢渙，比流水對睢渙的音韻要好，因為平仄相對問題——即「波」為平聲，與「渙」仄聲相對。而「水」為仄聲，與「渙」相同，音韻上看沒有「波」對「渙」平穩舒適。劉峻《廣絕交論》中

〔註 64〕（南北朝）劉勰《文心雕龍》卷九，四部叢刊景明嘉靖刊本。

〔註 65〕周振甫：《文心雕龍今譯》，中華書局，1986 年 12 月，398 頁。

〔註 66〕章慶炳：《中國古代的心理詩學與美學》，中華書局，2013 年 4 月，2 頁。

〔註 67〕鄭曉華：《書譜》，中華書局，2012 年 7 月，153 頁。所引自《列子·湯問》，「伯牙善鼓琴，鍾子期善聽，伯牙鼓琴，志在登高山，鍾子期曰：善哉，峩峩兮若泰山，志在流水。鍾子期曰：善哉，洋洋兮若江河」。與《韓詩外傳》文略稍異而義同。《列子》一書的成書問題歷來存疑。

〔註 68〕（漢）韓嬰《韓詩外傳》卷第九，四部叢刊景明沈氏野竹齋本。

〔註 69〕（三國）嵇康《嵇中散集》卷二，四部叢刊景明嘉靖本。

〔註 70〕（春秋戰國）列禦寇《列子》卷五，四部叢刊景北宋本。《列子》為一部在魏晉時期偽造輯佚的先秦道家著作。馬敘倫：《列子偽書考》，載《天馬山房叢書》，民國間刊本。又見楊伯峻：《列子集釋》，中華書局，1979 年 10 月，3 頁。

有「若乃匠人綴成風之妙巧，伯子息流波之雅引」〔註71〕一句，更可見流波確指伯牙鼓琴之流水。

「嘽嗳之奏」與「藻繪之文」分別來自不同的典故。如本著經學淵源一章類樂比較一節已經闡明，「嘽嗳」來自《禮記·樂記》，孫過庭將此與伯牙鼓琴的典故相綴成章。「藻繪之文」與「馳神睢渙」亦如前述，來自於陳琳《爲曹洪與魏文帝書》：「蓋聞過高唐者，效王豹之謳；游睢渙者，學藻繪之彩」。〔註72〕

如果說「涉樂方笑」，「言哀已歎」是一種情感多樣性產生的客觀刺激主觀的過程，那麼「駐想流波」與「馳神睢渙」就是一種情感生發的主觀過程，是從主觀的情感發生學的角度去討論文藝情感的形成。

孫過庭還引用《莊子·田子方》的「目擊而道存」，意思是：目才往，意已達⋯⋯〔註73〕說明情感的發生是一種玄妙的過程，一閃念之間就會存在——「目擊道存」，然而這種存在，在孫過庭看來也會「心迷義舛」。從而都強名之爲一種體勢，〔註74〕本應該區分對待的，卻共習不分。〔註75〕「目擊道存」語出莊子，賦論家們也常常使用，如郭璞「眼界軒豁，氣象爽麗，神怡性悅，⋯⋯然而至理，微妙末易，窺測要令，目擊道存，心領意會，非文字之可⋯⋯」〔註76〕目擊道存包含一種心領神會的意境。「心迷義舛」，王逸注《離騷·卜居》之序有：「心迷意惑，不知所爲」一句，「心迷義舛」與「心迷意惑」大致相類。「義」（「義」），安刻之前版本俱爲「議」，宋人錄文以及引文皆做「議」，唯安刻爲「義」，啓功《孫過庭書譜考》沒有偏向。〔註77〕實際上：「心迷義舛」才能承上文啓下文；「議」是要有對象的，根據上下文的語境，不存在與其對象討論的話題。因此根據典籍一句，以及文本語境之

〔註71〕（南北朝）蕭統《六臣注文選》卷第五十五，四部叢刊景宋本。

〔註72〕（南北朝）蕭統《文選》卷四十二，胡刻本。

〔註73〕（春秋戰國）莊周《莊子》南華眞經卷第七，（晉）郭象注，四部叢刊景明世德堂刊本。

〔註74〕（周）老聃《老子》老子道德經上篇，古逸叢書景唐寫本。「吾不知其名，字之曰道，強名之曰大。」——《老子·第二十五章》。

〔註75〕鄭曉華以爲「強名爲體，共習分區」應是針對學習二王而言。見鄭曉華著《書譜》，中華書局，2012年7月，157頁。

〔註76〕（晉）郭璞《葬書》，清文淵閣四庫全書本。

〔註77〕啓功：《孫過庭書譜考》，載《啓功叢稿·論文卷》，中華書局，1999年7月，110頁。

推測，「心迷義舛」更符合原意，縱不知墨蹟本中爲何多出一個淡墨的言旁。

綜上，「涉樂」與「言哀」只是孫過庭舉的兩個例子，用以說明觸景生情的產生原理。「駐想流波」與「馳神睢渙」乃是情感發生學上的主觀醞釀過程。而這種過程卻是一閃念之間的存在——心領神會，目擊而道存。

其四、由情入理——緣情論的美學依據

孫過庭說：「既失其情，理乖其實」，意思是，感情失範或沒有融入深厚情感在作品當中，就沒有道理。這一美學判斷的實際原理是：情感是文藝美學的根據，情感論、緣情論才是文藝成爲美學的道理之所在。這一判斷道出了一種審美主張，一種藝術論，藝術之理是導源於情感的。情即是理，由情入理，實乃美學史上的一個重大命題。李澤厚將中國哲學歸之爲「情本體」。〔註78〕

「既失其情，理乖其實」的原因是：不知道「情動形言，取會風騷之意」與「陽舒陰慘，本乎天地之心」。

「情動形言」見《毛詩序》，「情動於中而形於言，言之不足，故嗟歎之，……」。〔註79〕一種情感由內生，由外表達的思緒。正如陶弘景所論：「夫情變於內者，形見於外，故常必以其見者而知其隱者。此所謂測深揣情。」〔註80〕

「取會風騷」文見鍾嶸《詩品》：「氣之動物，物之感人，故搖盪性情，行諸舞詠……夫四言，文約意廣，取效《風》、《騷》，便可多得。每苦文繁而意少，故世罕習焉。」〔註81〕鍾嶸所說的物動之於氣，而人感之於物，所以搖盪其性情，且行且舞，正是體現了情感來源於外在物，形成情感，又表現於外的美學原理。「四言詩」取會效法於《詩》之《風》與《楚辭》之《離騷》，孫過庭據此很自然得到「情動形言」，「取會風騷」的體會。當然，「情動形言」，「取會風騷」很可能也受到《文選序》中有一段描述的影響而生發，「詩者，蓋志之所之也，情動於中而形於言。關雎麟趾，正始之道著……故風雅之道，粲然可觀」，〔註82〕在之前，蕭統還有一段「詩序云：一曰風……又楚人屈原，

〔註78〕李澤厚：《人類歷史學本體論》中第三章《心理本體與樂感文化》，天津社會科學院出版社，2008年5月。
〔註79〕（漢）毛亨《毛詩注疏》卷第一，清嘉慶二十年南昌府學重刊宋本十三經注疏本。
〔註80〕（南北朝）陶弘景《鬼穀子》卷中，明正統道藏本。
〔註81〕（南北朝）鍾嶸《詩品》上，明夷門廣牘本。
〔註82〕（南北朝）蕭統《文選》卷一，胡刻本。

含忠履潔……」〔註83〕關雎麟趾爲風，屈原所做爲騷體，「風騷」之體在此合德。鍾嶸《詩品》還有「洋洋乎會於風雅，使人忘其鄙近，自致遠大」〔註84〕一句。孫過庭的思想已經融會在當時的文學意境中。

「陽舒陰慘，本乎天地之心」，如易學淵源一章所述，源自《周易·復卦·彖辭》，復卦爲下震上坤，第一爻爲陽爻，其餘爲陰爻，從陰陽消息變化角度看，具有陽開始舒展，陰逐漸慘淡之勢，《彖辭》裏面有「……剛長也，復見其天地之心」一句。〔註85〕「天地之心」據王弼注：「……萬物雷動，風行運化……動息地中，乃天地之心。」〔註86〕「天地之心」即本心，萬事萬物的運行規律。《文心雕龍·明詩》「春秋代序，陰陽慘舒；物色之動，心亦搖焉。……情以物遷，辭以情發」〔註87〕一句中有類似的表述。另《文選·西京賦》也有：「夫人在陽時則舒，在陰時則慘，此牽乎天者也。處沃土則逸，處瘠土則勞，此繫乎地者也。」〔註88〕劉峻《廣絕交論》：「陽舒陰慘，生民大情，憂合驩離，品物恒性。」〔註89〕《文心雕龍·原道》：「惟人參之，性靈所鍾，是謂三才。爲五行之秀，實天地之心。」〔註90〕可見，陽舒陰慘爲賦體文學作品或文論文章常用的表達，意爲天人之同感的關係，情隨物遷，情以時變，自然之理。「乾坤兩位，獨制文言。言之文也，天地之心哉」，〔註91〕也表明人參與天地間的實踐活動，乃至人的文化活動是「性靈所鍾」，來自於天地五行之「秀」，本於天地之本心。

魏晉南北朝的文論，則天地之心已經變化，表示自然之性，源於天地，人的行爲活動亦受制於此。

孫過庭之意：人們自然會調動自己的本心，做到情自己動起來，而用語言來描述出來之後，就會取得如《詩經》與《楚辭》一般的意韻與境界。否則沒有到達自己的本心與眞性情，就會道理乖巧，背離實在，推敲其所能到達的地方的時候，就會發現沒有得到本體，有失其道。所以孫過庭一再地主

〔註83〕 （南北朝）蕭統《文選》卷一，胡刻本。
〔註84〕 （南北朝）鍾嶸《詩品》詩品中，明夷門廣牘本。
〔註85〕 （魏）王弼《周易》卷三，四部叢刊景宋本。
〔註86〕 （魏）王弼《周易》卷三，四部叢刊景宋本。
〔註87〕 （南北朝）劉勰《文心雕龍》卷十，四部叢刊景明嘉靖刊本。
〔註88〕 （南北朝）蕭統《文選》卷二，胡刻本。張衡著《西京賦》。
〔註89〕 （南北朝）蕭統《文選》卷三十八，胡刻本。
〔註90〕 （南北朝）劉勰《文心雕龍》卷一，四部叢刊景明嘉靖刊本。
〔註91〕 （南北朝）劉勰《文心雕龍》卷一，四部叢刊景明嘉靖刊本。

張，情之爲物，來自於自然性情，不可強爲之；而藝術創作，在孫過庭看來，更重要的是要有性情，反對無情之事與「理」。此爲「情之爲理，由情入理」的文論主張，也是一種美學哲學依據。

在詩學史上，鍾嶸《詩品》是以氣之動以物，而物以感動於人的觀點來激發創作熱情的。陽舒而陰慘，物色以動，心亦搖之，是故就能夠「情以物遷」，「辭以情發」。這種觀點，與孫過庭的緣情論具有相通之處，是一種崇尙於觀物致情、有感而發、由情入理、順應自然的文藝美學理論。鍾嶸的理論，反對聲病，反對用典，主張自然之眞美，對於南朝詩壇彌漫的雲霧，具有廓清的意義和作用。〔註92〕孫過庭的該類美學觀念，或許正如鍾嶸提出的詩學美學理念一樣，有其特殊的時代背景，抑或許是受到文論詩學類似主張的影響。

在反對勢論、浮華之論，反對龍蛇雲露之類、龜鶴花英之態的書風，反對巧涉丹青傾向的方面，孫過庭的緣情論——由情入理思想成爲一種有力的工具。這也是五乖五合的「神怡務閑」、「感惠徇知」與「偶然欲書」的應用：「神怡務閑」的反面「心遽體留」，「心遽體留」就是未有情發，「感惠徇知」的反面「意違勢屈」，「意違勢屈」就是情動未深，「偶然欲書」的反面「情殆手闌」，「情殆手闌」就是情已枯竭，手無感召，心手不應。

孫過庭在論爲學一節時提到，五十以知命，七十而從心，從而達「夷險之情」，體「權變之道」。此情主要強調審美對象的客觀性——所謂「風情萬種」，或夷或險，都要掌握，嫻習自然，中規而後中理。在孫過庭看來，這些，是王獻之沒有達到的，他除了用工不侔外，主要就是因爲體情不深，所以神情懸隔，窮其性欲，屈其情涯。因而，只要學習有關於夷險的情理，自然學而皆能。

其五、緣情與言志關係

緣情很容易與言志對立起來，這也是中國美學史上經常討論的主題之一。在孫過庭眼裏，情深調合，不同的作品會有不同的情感，這樣才能調動情感，由情入理，情設理立。本文也曾多次提到李澤厚所言的「立美」過程，實際就是情感動人，因而成理，與《論語》所論的「興於詩，立於禮，成於樂」是相通的。立美的過程就是教育、感化乃至教化的過程，此乃中國美學

〔註92〕郭紹虞主編，王文生副主編：《中國歷代文選論》，上海古籍出版社，1979年8月，320。

的道理精義之所在。所以緣情並非與言志有對立的關係，相反乃是一種順承，實現的關係，緣情可以幫助言志。孫過庭自己強調情感多樣性，情深的重要性，同時還重視「言志」，比如「得時不如得器，得器不如得志」、「志氣和平」等等。緣情與言志的關係，李善注《文賦》：「詩以言志，故曰緣情。……綺靡，精妙之言。」可見志之所在，言說而成緣情，是一種共生關係。

從這個角度看，緣情論並非「緣情棄道」。

二、選擇標準論——「除繁去濫」、「睹迹明心」

自「代有《筆陣圖》七行」到「非訓非經，宜從棄擇」，孫過庭在闡述一種《書譜》的選擇標準。從行文內容看，作者所要選擇的書家、作品、書論有一套書法的評定準則，但是從行文規律看，其中關鍵語句與行文邏輯，或是從蕭統《文選序》出，或與鍾嶸《詩品序》有著緊密的聯繫。在關鍵語句的使用上，比如，「今之所撰」、「亦無取焉」、「既非所習，又亦略諸」等等，都從《文選序》而來，而其中行文內容，比如「空著縑緗」、「代祀綿遠」、「藉甚不渝」、「位重才高」、「調清詞雅」這些用法，在文學作品中，或有比較明顯的典故，或為比較常用的句式。同例還有「藉甚不渝」、「殆難觀縷」、「聲塵未泯」、「貽謀令嗣」、「道叶義方」等這些語詞。通過還原其在文學作品中的表達，探究其典章事故、思想淵源，才能獲得相對準確的內在意涵與思想脈絡，才能較為深刻、清晰地理解和重新梳理孫過庭的書學思想。

其一、蕭統《文選序》選擇標準

《文選序》最後一段中，從「余監撫餘閒」到「義歸乎翰藻」，在論述《文選》所選取文章的標準，與《詩品序》有大體相類的手法。

第一種，姬公、孔父之書為經書，豈可「重以芟夷」、「加之剪裁」不錄？

第二種，老莊之書，管子、孟子，不是以文章為本，而是立意為宗，義理為上，故「今之所撰」，「又以略諸」。

第三種，賢人美辭、忠臣抗直、金相玉振，像「稷下」、「仲連」等這樣的事美一時，見於典籍，旁出子史，「今之所集」「亦所不取」。

第四種，記事之史，繫年史書等，「方之篇翰」「亦已不同」。

第五種，才是《文選》所輯之文，贊論、序述等，因其綜緝辭采，錯比文華，故「雜而集之」。〔註93〕

〔註93〕 （南北朝）蕭統《昭明太子集》卷四，四部叢刊景明本。

其二、孫過庭《書譜》選擇標準

孫過庭的選編原則，據學者研究共有數類，〔註94〕下文以此為基點，重點考察此類編選原則與《文選序》或其他文學表達的關係。

第一種，不收《筆陣圖》，因未知真偽，且一般人皆存，不用編入。

第二種，不收「勢評」類文章，浮華之詞，「今之所撰，亦無取焉」。此語，如上所論，正如蕭統《文選序》第二種所下判語，「今之所撰」，「又以略諸」，與第三種，「今之所集」「亦所不取」，二者的綜合成為孫過庭「今之所撰，亦無取焉」判斷用詞的來源。

第三種，師宜官、邯鄲淳之類，沒有真跡傳世的，「徒彰史牒」、「空著縑緗」當然亦不取。

案：「徒彰史牒」，顏延之《赭白馬賦並序》有：「訪國美於舊史，考方載於往牒。」〔註95〕李善注：「……西京賦曰：學乎舊史氏。方載，四方之事。漢書，柱下方書。……說文，箚，牒也。」〔註96〕六臣注本：「訪古先帝王為國之美者，於書史之中，……方常載則也，牒亦書史之流」。〔註97〕根據《說文解字注》：「按厚者為牘。薄者為牒。牒之言葉也，葉也，竹部，箋義略同。《史記》假諜為牒。」〔註98〕因此，史與牒，一個原意為記事者，〔註99〕一個原意為記事用的材料，後都演化借用作「史籍」之意。可見，牒在文獻中也常用，與史相對，並非如學者指出那樣，是「史諜」。〔註100〕相反《史記》中的「諜」，是假借「牒」，朱駿聲《說文通訓定聲》：「《史記・三代世表》：余讀諜記。《索隱》：記系謚之，書也。以諜為之。」〔註101〕而據《說文》「諜，軍中反間也」。〔註102〕從而可證，史牒是也。

「空著縑緗」的用法與《文選序》「自姬漢以來……詞人才子，則名溢於縹囊，飛文染翰，則卷盈乎緗帙」〔註103〕一語具有一定的相似度。縹囊與緗

〔註94〕鄭曉華：《書譜》，中華書局，2012 年 7 月，111～120 頁，130～134 頁。

〔註95〕（南北朝）蕭統《文選》卷十四，胡刻本。

〔註96〕（南北朝）蕭統《文選》卷十四，胡刻本。

〔註97〕（南北朝）蕭統《六臣注文選》卷第十四，四部叢刊景宋本。

〔註98〕（清）段玉裁《說文解字注》卷七篇上，清嘉慶二十年經韻樓刻本。

〔註99〕（清）段玉裁《說文解字注》卷三篇下，清嘉慶二十年經韻樓刻本

〔註100〕啟功：《啟功叢稿》論文卷，中華書局，1997 年 7 月，113 頁。

〔註101〕（清）朱駿聲《說文通訓定聲》《謙部》第四，清道光二十八年刻本。

〔註102〕（清）段玉裁《說文解字注》卷三篇上，清嘉慶二十年經韻樓刻本。

〔註103〕（南北朝）蕭統《昭明太子集》卷一，四部叢刊景明本。

峽，合而爲縑緗。孫過庭的語感或許與《文選序》，具有密切的關係。從文獻稽考來看，孫過庭之前，沒有看到緗縑二字連用的用法。

第四種，崔杜蕭羊以來，「代祀綿遠」，有的是憑藉非藝術因素提高了藝術上的地位，但是死後無人理睬，這類應該不錄。

案：其中孫過庭說「或藉甚不渝，人亡業顯；或憑附增價，身謝道衰」，有學者專門強調了後者「憑附增價」，「身謝道衰」即依靠非藝術而成名的不應該錄入，〔註104〕但是「或藉甚不渝，人亡業顯」應該如何理解？孫過庭在這裡，整段都是在說明哪些是他剔除的內容，此處突然出現一個「業顯」，應該不是不錄的內容。其實，孫過庭用了兩個「或」字，重點在後面一個「或」字引出的內容——「或憑附增價，身謝道衰」，前一個「或」字引出的內容——「或藉甚不渝，人亡業顯」，只是一個過渡，並不是文義上要強調的重點。這裡面存在一個行文節奏與邏輯的問題。第一個「或」字所引出的內容也並非突兀費解。

另外，「代祀綿遠」源自《文選序》：「眇焉悠邈，時更七代，數逾千祀。」〔註105〕有學者認爲孫過庭此類表達「代祀」是爲避唐太宗李世民諱，從「世」改爲「代」的。固然，「世祀」的說法在《文選》裏常見，〔註106〕但是從《文選序》此句可見，「代祀」也固非一定由「世祀」而來。馬國權釋說之，代爲世，祀即年，「殷人迷信鬼神，取四時祭祀一訖，所以商周稱年爲祀。」〔註107〕所以，代祀就是年代歲月之意。而且從孫過庭的「代祀綿遠」之「綿遠」與「眇焉悠邈」意義接近，在很大程度上，讓人產生其與《文選序》有密切關係的聯想。「代祀」的表達方法在唐以前已經存在，不必理解爲是爲避李世民諱而出現的詞語。

其次，「名氏茲繁」是孫過庭之前所說「除繁去濫」、「睹迹明心」的一個座標原點，正是因爲有這樣的繁縟文獻存在，所以才要「除繁去濫」。《文選序》在「若夫姬公之藉，孔父之書……」之後續以「豈可重以芟夷，加之剪裁？」可見孫過庭或許也受此類描述的影響。《文選》本身芟夷繁濫的編纂選集，也是要除煩去濫。

〔註104〕鄭曉華：《書譜》，中華書局，2012 年 7 月，111～120 頁，120 頁。
〔註105〕（南北朝）蕭統《昭明太子集》卷一，四部叢刊景明本。
〔註106〕（南北朝）蕭統《文選》卷六，胡刻本。原文有「固非有期乎世祀，陽靈停曜於其表，陰祗蒙霧於其裏。」
〔註107〕馬國權：《書譜譯注》，紫禁城出版社，2011 年 7 月，81 頁。

再次，「藉甚不渝」也與上述論及的「若夫姬公之籍，孔父之書，與日月俱懸，鬼神爭奧」有關。「藉甚」應爲「載藉爲盛」之意，即其名聲鵲起，而不變污、不衰落。馬國權引《漢書・陸賈傳》《廣絕交書》中有關「藉甚」的表達，如《漢書・陸賈傳》：「……賈以此遊漢廷公卿間，名聲籍甚」，〔註108〕其認爲「藉」通「籍」，「藉甚」又作「籍盛」，「藉甚」其主語應爲「名聲」，但一般行文中多省略。〔註109〕參《文心雕龍・第十八論述》：「雖復陸賈籍甚，張釋傅會，杜欽文辨，樓護脣舌。」〔註110〕《文心雕龍・第四十七才略》：「遺風藉甚，無日紛雜，皎然可品」。〔註111〕是故知，馬國權說是也，「藉甚」已然在彼時，是個常用形容詞。有學者認爲「藉」讀去聲，「借」，意爲甚大，卓著，同理，亦通。〔註112〕

第五種，其中有麋蠢不傳者，水平參差不齊，難以濾清詳言，不錄。

麋蠢，《詩品序》「遂乃句無虛語，語無虛字，拘攣補衲，蠢文已甚」。〔註113〕任彥升《王文憲集序》：「望衢罕窺其術，觀海莫際其瀾。」〔註114〕

關於「殆難覼縷」的出處與釋義。左太沖《吳都賦》：「斯實神妙之響象，嗟難得而覼縷」。〔註115〕胡紹煐《文選箋證》：「善注云：王延壽《王孫賦》曰：嗟難得而羅縷。羅或爲覼，是羅、覼古字通，羅縷、覼縷並一聲之轉。」〔註116〕清人善用聲訓，尤其是聲轉。朱駿聲《說文通訓定聲》只定「羅」假借於「覼」，舉例謝靈運詩「羅縷豈闕辭」，注曰：「羅」或爲「覼」（實際原版本爲覼，見胡刻本《文選》卷三十）。朱駿聲沒有將「羅縷」聲訓爲「覼縷」，而認爲是假借，「羅」下聲訓另有一條，位於其後。〔註117〕段玉裁《說文解字注》：「《玉篇》曰：覼縷，委曲也，古書亦作覼縷，詳言之意。」〔註118〕段玉裁直接從文獻角度出發，認爲覼縷即詳言之意。是故左太沖之「嗟難得而覼

〔註108〕（漢）班固《漢書》卷四十三，清乾隆武英殿刻本。
〔註109〕馬國權：《書譜譯注》，紫禁城出版社，2011年7月，81頁。
〔註110〕（南北朝）劉勰《文心雕龍》卷四，四部叢刊景明嘉靖刊本。
〔註111〕（南北朝）劉勰《文心雕龍》卷十，四部叢刊景明嘉靖刊本。
〔註112〕鄭曉華：《書譜》，中華書局，2012年7月，109頁。
〔註113〕（南北朝）鍾嶸《詩品》詩品中，明夷門廣牘本。
〔註114〕（南北朝）蕭統《文選》卷四十六，胡刻本。
〔註115〕（南北朝）蕭統《文選》卷五，胡刻本。
〔註116〕（南北朝）蕭統，（清）箋證，胡紹煐《文選箋證》卷六，清光緒聚軒叢書第五集本。
〔註117〕（清）朱駿聲《說文通訓定聲》隨部第十，清道光二十八年刻本。
〔註118〕（清）段玉裁《說文解字注》卷八篇下，清嘉慶二十年經韻樓刻本。

縷」就是，較難加以詳言之意，那麼孫過庭之「殆難覼縷」也是難以加以詳細言說之意。對於此類，亦不錄入《書譜》。

另，孫過庭「時亦罕窺」與《詩品序》「但自然英旨，罕值其人」也似有淵源關係。

隨之，孫過庭又說，「顯聞於當代」，但其「無俟抑揚」，「自標先後」。「無俟抑揚」，張衡《南都賦》：「允恭溫良，容止可則，出言有章，進退屈伸，與時抑揚。」〔註119〕抑揚是指評陟人物，「無俟抑揚」就是不用等待當前或抑或揚，或褒或貶的評價。「自標先後」，《詩品序》：「一品之中，略以世代爲先後，不以優劣爲詮次。」孫過庭的意思，所見存之遺跡，當代顯聞，不需要對其作出評論；其從邈遠年代所出者，藉盛不變，從靡蠹不傳中所幸存，無需褒貶抑揚，自見其年代之先後。

筆者以爲，如上這一點，並非如學者所論是指孫過庭同時代的著名書家，〔註120〕而是指古之遺存書跡。原因如下，「顯聞當代」之前有「其有」二字，說明與前句有聯繫。「暨乎崔杜以來……身謝道衰」，「加以靡蠹不傳……殆難覼縷」，「其有顯聞當代……自標先後」，孫過庭這三句並非獨立而存在，而是有一種語言的邏輯內在關係，第一句先說明總體情況，代祀邈遠，所存或顯或衰，第二句說有些已經靡蠹不存了，難以詳細說明，第三句說其中存在的，遺跡顯聞，不需過多評價，自有時代先後。從而可見，孫過庭並沒有眞正提到他同時代的書家或書跡。《詩品序》中有「所寓言，不錄存者。」〔註121〕就是對於活著的不加編錄，因爲只有過去的歷史人物，其才能才被大家認可，所謂「其人既往，其文克定」。〔註122〕

所以「其有顯聞當代……自標先後」並不單獨構成不加以編錄的一類。正且相反，孫過庭在此其實並不強調所謂錄與不錄，而是陳述一種歷史狀態。如上所述，「暨乎崔杜以來……身謝道衰」，這類作品或書家，是爲不錄，而「加以靡蠹不傳……殆難覼縷」，在客觀上已經不能夠錄入了，所以不存在主觀上想不想錄入的問題。因此，嚴格意義而言，如上所闡述的第五種，並不能單獨存在。只不過因爲《書譜》所輯錄究竟是作品或書論、書家，尚不明

〔註119〕（南北朝）蕭統《文選》卷四，胡刻本。

〔註120〕鄭曉華：《書譜》，中華書局，2012年7月，120頁。

〔註121〕（南北朝）鍾嶸《詩品》詩品中，明夷門廣牘本。

〔註122〕（南北朝）鍾嶸《詩品》詩品中，明夷門廣牘本。

確，如是的作品或書論，則肯定不能單獨爲不加編錄的一類，如爲書家，則存在不加編錄一類的可能性。如兩者兼而有之，則存在錄入困難，可以闡明是爲單獨不籍編錄的一類。

　　第六種，六文、八體，用以弘道，今古遞變，且非藝事，故「既非所習」，「又亦略諸」。六文八體，見諸《說文解字序》，六文即六書，造字用字法。八體：「自爾秦書有八體，一曰大篆，二曰小篆，三曰刻符，四曰蟲書，五曰摹印，六曰署書，七曰殳書，八曰隸書」。〔註 123〕關於八體，前已述及只有三體，大篆、小篆、隸書，其餘皆是因書寫載體不同而產生的風格體式而已。〔註 124〕「厥用斯弘」出自衛恒《四體書勢》：「厥用既弘，體象有度」。〔註 125〕而恰恰衛恒論述了六書八體之後採用此詞，孫過庭所言或許自此而出。「今古不同」與「妍質懸隔」在賦體文章中爲尋常思想，例如《文心雕龍‧時序》中有「時運交移，質文代變，古今情理……」〔註 126〕一句，古今時運推移，故而質樸與文華相異甚遠。「既非所習」，「又亦略諸」出自《文選序》在第二種標準「老莊之文」時所說的「今之所撰」，「又以略諸」。

　　第七種，龍蛇雲露之流，龜鶴花英之類，是爲丹青，沒有翰墨意趣，沒有法則，「非所詳焉」。龍蛇雲露與龜鶴花英之來歷見本著書學著作淵源一章。

　　第八種，傳王羲之《與子敬筆勢論十章》，文鄙理疏，愧之憲章，並非右軍所論。「非訓非經，宜從棄擇」。

　　「且右軍位重才高，調清詞雅」，鍾嶸《詩品》中有「才高辭雅，舉體華美」〔註 127〕這樣類似的表達，還有「……有謝靈運，才高詞盛」〔註 128〕一句，極其類似。說明孫過庭熟讀南北朝文學及其理論著作，對其中的語言表達爛熟於心，臻至化用之境。鍾嶸之才高詞雅或詞盛，均是指其文學修養，孫過庭以此比喻王羲之，說明對王羲之的文章也是推崇備至，推斷《與子敬筆勢論十章》爲僞作，因而這類不錄入《書譜》之中。

　　「聲塵未泯」源自南朝沈休文《冬節後至丞相第詣世子車中一首》：「高

〔註 123〕（漢）許慎《說文解字》卷十五上，清文淵閣四庫全書本。
〔註 124〕鄭曉華：《書譜》，中華書局，2012 年 7 月，123 頁。
〔註 125〕（唐）房玄齡《晉書》卷三十六列傳第六，清乾隆武英殿刻本。
〔註 126〕（南北朝）劉勰《文心雕龍》卷九，四部叢刊景明嘉靖刊本。
〔註 127〕（南北朝）鍾嶸《詩品》詩品中，明夷門廣牘本。
〔註 128〕（南北朝）鍾嶸《詩品》詩品上，明夷門廣牘本。

車塵未滅，珠履故餘聲」，〔註129〕原出自典故《史記》中有關春申君的記載，
「《史記》曰：春申君上客皆躡珠履，〔註130〕濟曰高車，車上蓋高也，珠履謂
門客皆以珠飾履也，車行則塵起，履步則有聲，塵未滅者，思昔日之車行若
在目，故也。餘聲者，思昔時之履步若在耳，故也。」〔註131〕所以聲塵未滅
或聲塵未泯，就是對故去的人事所走的軌跡與聲音印象還有記憶。

「貽謀令嗣」的說法，陸機《弔魏武帝文》文中也有，「觀其所以顧命冢
嗣，貽謀四子，經國之略既遠，隆家之訓亦弘。」〔註132〕李善注說出自《毛
詩》：「詒厥孫謀」。毛亨注引用成王將崩，傳位於康王，以周公畢公輔政，「順
天下之謀，安其敬事之子孫」。〔註133〕六臣注《文選》除此外，還引用《左傳》
等，並藉此說明魏武帝顧天下之命，以長子受之，並且遺謀於四子——丕、
植、彪、章等。〔註134〕貽，遺也。從文獻可見，貽謀乃傳之大業，孫過庭以
此說明書法類似大業，王羲之會將此事——傳藝於王獻之看得很重要，不會
隨便作類似閭里小兒之類的《筆勢論》。

「道叶義方」，見《文選・廣絕交論》劉峻言：「且心同琴瑟，言鬱鬱于
蘭茝，道叶膠漆，志婉孌於塤篪」。〔註135〕「叶」五臣本作「協」字。〔註136〕
根據《說文解字注》：「叶，古文協。字見《周禮・大史》，協事注，曰故書協
作叶。」〔註137〕檢《周禮・大史》經文為：「……與群執事，讀禮書而協事。」
〔註138〕「義方」，《文選》：「然而盤於游畋，作鏡前王，肆於人上，取悔義方」。
〔註139〕「義方」用語，《周易・坤卦・文言傳》：「君子敬以直內，義以方外。」

〔註129〕（南北朝）蕭統《文選》卷三十，胡刻本。

〔註130〕《史記》卷七十八，清乾隆武英殿刻本。

〔註131〕（南北朝）蕭統《六臣注文選》卷第三十，四部叢刊景宋本。

〔註132〕（晉）陸機《陸士衡文集》卷九，清嘉慶宛委別藏本。

〔註133〕（漢）毛亨《毛詩》卷十七，四部叢刊景宋本。

〔註134〕（南北朝）蕭統《六臣注文選》卷第六十，四部叢刊景宋本。

〔註135〕（南北朝）蕭統《六臣注文選》卷第五十五，四部叢刊景宋本。

〔註136〕此為六臣之注。

〔註137〕（清）段玉裁《說文解字注》卷十四篇上，清嘉慶二十年，經韻樓刻本。原
　　　　文又見（漢）鄭玄《周禮疏》卷第二十六，清嘉慶二十年南昌府學重刊宋本
　　　　十三經注疏本。經文為：「戒及宿之日，與群執事，讀禮書而協事。」鄭玄注
　　　　為：「協，合也。合謂習，錄所當共之事也。故書協作叶，杜子春云：叶協也。
　　　　書亦或為協或為汁。」

〔註138〕（清）段玉裁《說文解字注》卷十四篇上，清嘉慶二十年，經韻樓刻本。

〔註139〕（南北朝）蕭統《六臣注文選》卷第十四，四部叢刊景宋本。

〔註140〕孔穎達疏：「義者，宜也。……用詞義事，以方正外物。」〔註141〕《左傳》有「石蠟曰：臣聞愛子，教之以義方」。〔註142〕六臣注《文選》「義方」即道義之方。孫過庭用此語，可能源自《左傳》之意，即父教子之義方。「道叶義方」就是傳授協同之道，義理之方。據如上典故的分析，父傳子爲該詞內在意涵。

綜上可見，《書譜》的選擇標準既有基於歷史規律——遺跡見存與否的，也有一種審美主觀判斷的選擇；既有針對書論的，又有針對書法作品的，還有針對書家的。

孫過庭秉承如上的原則進行《書譜》的篩選。這種篩選的邏輯與《文選序》等具有極其相似的特徵。加之，從這段篩選的標準看，言辭例句，許多都自文學作品出。可以推斷，孫過庭受到《文選》等文學作品較深的影響。

三、音樂論——與《琴賦》的審美關係

有關音樂論的闡述，見本著經學淵源一章，其中討論了書法藝術美學與音樂美學在經學上相同之處，同時具有感動、教育、教化等功能。本節所論，在於從語言表達及其引發的審美思想層面，從文學作品的角度，橫向比較，探索和揭示《書譜》在藝術審美方面與音樂相似的美學觀念，從而窺探其思想來源。尤其是以嵇康《琴賦》的語言表達爲中心而進行闡明。孫過庭的許多字詞句式，審美思想都與之有緊密的關係。

嵇康《琴賦並序》有：「疾而不速，留而不滯」，〔註143〕與《書譜》「留不常遲，遣不恒疾」具有相似性——一種中國哲學、美學的審美模式。首先是有留有遣，兩者兼而有之；其次，留時不停滯，不遲澀，而遣時不是一直都快速、匆忙。「反者，道之動」的藝術哲學原理：一方面，相反的兩極都有；另一方面，一端走向極致時，必定迴旋。這種節奏，甚而化之爲語言，以「忽」「乍」等爲聯結詞的句式，例如嵇康有「忽飄搖以輕邁，乍留聯而扶疏」，孫

〔註140〕（三國）王弼《周易注疏》乾傳第一，清嘉慶二十年南昌府學重刊宋本十三經注疏本。

〔註141〕（三國）王弼《周易注疏》乾傳第一，清嘉慶二十年南昌府學重刊宋本十三經注疏本。

〔註142〕（晉）杜預注，（唐）孔穎達正義《春秋左傳正義》卷第三，清嘉慶二十年南昌府學重刊宋本十三經注疏本。

〔註143〕（三國）嵇康《嵇中散集》卷二，四部叢刊景明嘉靖本。

過庭有：「乍剛柔以合體，忽勞逸而分驅」，「忽」與「乍」不僅在語言上有一定此起彼伏的音樂感覺，而且在內容上，也強弱、剛柔等並舉，成為文藝美學審美對象的相反兩極的變幻之姿、盈動之態。嵇康之琴論，從飄搖輕邁到留聯扶疏，一種柔美到剛強的變化；孫過庭書論，從剛柔推移，到勞逸各用，一種層次的疊加互補。互相輝映，不可分離。這個構成同是音樂與書法的相類似的美學基本概念範疇。

當然，這就要求在技術上，要做到「心閑手敏」，《琴賦》有「於是器冷弦調，心閑手敏」，〔註144〕孫過庭則說「非其心閑手敏，難以兼通」。心閑之後才能做到超以象外，得其環中，不偏不倚，從而手敏，能剛則剛，能柔則柔，疾馳快慢亦可兼得。所以孫過庭才在性情論中闡釋剛柔遲速之論時感歎「非其心閑手敏」，則「難以兼通」，都有語言及審美意象的啟發意義。

其次，在審美意象的特徵上，在嵇康《琴賦》之中還有「狀若崇山，又像流波」的描述，這對孫過庭的「豈惟駐想流波」具有直接的啟發意義。一種源自於伯牙鼓琴的典故意象，也是源自於自然的審美參照。既具有與崇山這種類似崇高美，又有流波之優柔美，具有節奏性。關於嵇康所論「更唱迭奏，聲若自然」，在某種意義上講，也是一種審美的特徵性標誌，迭奏就是此起彼伏，層次疊加，錯落有致，節奏清晰。孫過庭所說「八音之迭起」，類此理，書法也同音樂一樣，層層迭起，如雷奏雨，鏗鏘有力，感會之至。陸機《文賦》也有「暨音聲之迭代，若五色之相宜」〔註145〕之句，文學可比擬於音樂，何況書法乎？但是這種節奏感正像嵇康所說，同如自然，非人力之所有意為之。《書譜》之語「同自然之妙有，非力運之能成」、「自然容與徘徊」，即同此理。孫過庭與嵇康所論的這個特徵，具有高度的內在審美情懷的一致性。通過此類比較，便更能理解孫過庭的「音樂情懷」。

另外，在情感類型方面，《琴賦》還有「瑰豔奇偉，殫不可識」，「穆溫柔以怡懌，委順敘而委蛇」的表述，其中瑰奇與怡懌都在本著上一小節——緣情論中的情感樣式被討論過，這並非偶然，一種可能是孫過庭深受嵇康影響，一種可能，如前所論，這些都是緣情論在文藝美學中常見的情愫類型。但是根本原因還在於，孫過庭所論書法情感與嵇康所述《琴賦》之音樂性情有相通之處。感情的之怫鬱悲傷，和樂怡懌，情之多樣，亦見諸於成公綏《蕭賦》：

〔註144〕（三國）嵇康《嵇中散集》卷二，四部叢刊景明嘉靖本。

〔註145〕（晉）陸機《文賦》，自（梁）蕭統編，（唐）李善注《文選》，（清）胡刻本。

「唱引萬變，曲用無方。和樂怡懌，悲傷摧藏。」李善注引用鄭玄注《論語》說：「方」是常的意思。〔註146〕一方面，這正與孫過庭所論的情感類型具有高度相似性，且情感之複雜，一應俱裏；另一方面，這種情感的應用，曲用萬變，感之無方，也與孫過庭在後續文中提到的「象八音之迭起，感會五方」相對照，形成從音樂到文學，再到書法的情感訴衷。

藝術之境界上看，嵇康說「性潔靜以端理，含至德之和平」，〔註147〕「若和平者聽之，則怡養悅愉。」〔註148〕「和平」在音樂上為一種鉤沉深遠，幽深杳冥的境界。同時含有德化之理。性情潔靜，含至德之理，方能臻至和平之境，而和平的境域也能夠頤養情形，使人悅目，恬淡雍容，和樂怡懌。《書譜》也有「志氣和平，風規自遠」，為書法美學至善之境。孫過庭之「和平」，如本著經學淵源一章所述，是藝術倫理化的產物，也是中國美學的至高境界。「風規」見之於鍾嶸《詩品》：「平叔鴻鵠之篇，風規見矣」，〔註149〕是為一種詩學的清風規制，兩晉以來玄學的清談所形成的審美風尚。這種風尚是孫過庭「和平」的德化之境一種偏好。「和平」是音樂、書法、甚至文學藝術追求的目標境界。

孫過庭的書法音樂論，或許是因為其在賦體類文學中吸取了營養，或許也是因為，他和兩晉、南北朝的文人一樣，同時受到了傳統藝術美學的薰陶而形成了同樣的審美模式與追求。例如《文選》王褒《四子講德論》：「有二人焉，乘駱而歌，……嘽緩舒繹，曲折不失節」，〔註150〕其中提到「嘽緩舒繹」，與《書譜》「將貽嘽嗳之奏」有異曲同工之妙。孫過庭所言「八音」等對音樂之音的比附，在文學作品中也常提到，比如《文心雕龍·樂府》：「八音摛文，樹辭為體。謳吟坰野，金石雲陛。」〔註151〕當然八音只是一種舉例，還有「五音」之類，如鍾嶸《詩品》：「嘗試言之，古曰詩頌，皆被之金竹，故非調五音，無以諧會。」〔註152〕還有不提八音、五音，只提「音」的，比如《文賦》：「塊孤立而特峙，非常音之所緯」，〔註153〕「文徽徽以溢目，音

〔註146〕　（南北朝）蕭統《文選》卷十八，胡刻本。
〔註147〕　（三國）嵇康《嵇中散集》卷二，四部叢刊景明嘉靖本。
〔註148〕　（三國）嵇康《嵇中散集》卷二，四部叢刊景明嘉靖本。
〔註149〕　（南北朝）鍾嶸《詩品》中，明夷門廣牘本。
〔註150〕　（南北朝）蕭統《文選》卷五十一，胡刻本。
〔註151〕　（南北朝）劉勰《文心雕龍》卷二，四部叢刊景明嘉靖刊本。
〔註152〕　（南北朝）鍾嶸《詩品》下，明夷門廣牘本。
〔註153〕　（晉）陸機《陸士衡文集》卷一賦一，清嘉慶宛委別藏本。

冷冷而盈耳」。〔註154〕「故蹴踔於短韻，放庸音以足曲。」〔註155〕另鍾嶸《詩品》：「於是庸音雜體，人各爲容。」〔註156〕「庸音」，孫過庭說「庸聽驚其妙響」。可見對於音樂的比況在文學作品中屢見不鮮，而孫過庭受到這類表達語言的深深影響。

四、文質論

《書譜》論文質：「質文三變」，古今不同。並且引用兩個例子：雕宮不易回穴處，玉輅不反之椎輪。前一個例，如本著易學淵源一章指出，來源於《周易・繫辭》，而後一例，則常見於南北朝的賦體類文學作品之中。如《文選序》：「……逮乎伏羲氏之王天下也，始畫八卦，造書契，以代結繩之政，由是文籍生焉。《易》曰：『觀乎天文，以察時變。觀乎人文，以化成天下。』文之時義遠矣哉！若夫椎輪爲大輅之始，大輅寧有椎輪之質……。」〔註157〕在蕭統這段話中有「書契」之言，孫過庭有「書契之作」，「適以記言」；而《易》曰天文與人文，孫過庭也有引用；椎輪與大輅的關係，孫過庭說「何必反玉輅於椎輪者乎」。蕭統所言「大輅寧有椎輪之質」就是在說古今不同，文質相變。「反玉輅於椎輪」的說法是因爲上古車用椎輪，近世則技術提升至「玉輅」，《爾雅・釋車》：「天子所乘曰玉輅，以玉飾車也，輅亦車也。」〔註158〕所以孔穎達說「故以爲太御中大夫，掌御玉輅之官。」〔註159〕「玉輅」與「椎輪」連用見陸機《羽扇賦》：「是故烹飪起於熱石，玉輅基於椎輪。」〔註160〕可見，使用生活中常見的實物來比喻古今文質不同，是文學作品中較爲常見的表達方式。孫過庭應是在較大程度受此影響。

文質之論在魏晉南北的文論和文學作品中十分常見，阮瑀與應瑒分別專門作有《文質論》，惜未傳世，僅有明張溥輯佚文。〔註161〕據傳世文獻，有許

〔註154〕 （晉）陸機《陸士衡文集》卷一賦一，清嘉慶宛委別藏本。

〔註155〕 （晉）陸機《陸士衡文集》卷一賦一，清嘉慶宛委別藏本。

〔註156〕 （南北朝）鍾嶸《詩品》上，明夷門廣牘本。

〔註157〕 （南北朝）蕭統《昭明文選序》，嘉慶胡克家重刻南宋尤袤本，世界書局，1935年。

〔註158〕 《爾雅・釋名・釋車》，清嘉慶年間影宋本，藝學軒藏。

〔註159〕 （唐）孔穎達：《尚書正義》，（清）阮元校刻《十三經注疏》，整理本，上海古籍出版社，2007年12月，765頁。

〔註160〕 （晉）陸機《陸士衡文集》，宛委別藏清抄本。

〔註161〕 （明）張溥輯佚：《漢魏六朝百三家集》，見《阮瑀》與《應德璉集》。

多零星文質論,比如曹丕《與吳質書》:「而偉長〔註 162〕獨懷文抱質,恬淡寡欲,有箕山之志,可謂彬彬君子者矣。」〔註 163〕李善注:「《論語》,子曰:文質彬彬,然後君子。」〔註 164〕文質彬彬在文學作品中已經成為習語。《文賦》有「遊文章之靈府,嘉麗藻之彬彬」一語。鍾嶸《詩品》:「東京二百載中,惟有班固《詠史》,質木無文……彬彬之盛,大備於時矣。」〔註 165〕由此可見,文質彬彬的使用在魏晉以來的文學作品中非常常見。孫過庭的文質論在很大程度上應該受到此影響。其次,文質之論,嵇康《琴賦》:「同歸殊途,或文或質。」李善注:「禮記曰:虞夏之質,殷周之文,至矣。」〔註 166〕陸機《五等諸侯論》:「昔者成湯親照夏后之鑒,公旦目涉商人之戒,文質相濟,損益有物。」〔註 167〕從而可見,文質論常與古之虞夏、殷周聯繫在一起,此從皇侃《論語義疏》亦可見得。而原始文獻應是從《論語》論有關夏商周文質論始,至董仲舒《春秋繁露·三代改制質文》為濫觴。義理方面,文質相變與通變的討論見本著經學淵源與易學淵源相關論述。

文質論通常與古今論交織在一起,孫過庭說「貴能古不乖時,今不同弊」。陸厥《與沈約書》:「意者質文時異,今古好殊。將急在情物而緩於章句。」〔註 168〕《文心雕龍·時序第四十五》:「時運交移,質文代變,古今情理,如可言乎,昔在陶唐,德盛化鈞。」〔註 169〕古今文質不同,好異殊時,這在文論作者們看來是一種共識,當然,書法作為一種文化傳承的載體,文風不同了,自然審美趨好偏向也肯定古今迴異。文質論同時如上所論,需要區別對待的同時要兼而採之,才能做到彬彬備盛,《詩品》有言「魏陳思王植,其源出於國風,骨氣奇高,詞采華茂,情兼雅怨,體被文質。」〔註 170〕曹植的詞采華茂,文質兼備而粲溢古今,從而卓爾不群。

古今論調,跨略舊制,馳騖而生。《書譜》說「馳騖沿革,物理常然」,《文

〔註 162〕 《魏志》:徐幹,字偉長……著《中論》二十餘篇,成一家之業,辭義典雅,足傳於後。(南北朝)劉勰《文心雕龍輯注》卷十,清文淵閣四庫全書本。

〔註 163〕 (南北朝)蕭統《六臣注文選》卷第四十二,四部叢刊景宋本。

〔註 164〕 (南北朝)蕭統《六臣注文選》卷第四十二,四部叢刊景宋本。

〔註 165〕 (南北朝)鍾嶸《詩品》上,明夷門廣牘本。

〔註 166〕 (南北朝)蕭統《文選》,中華書局,第二冊,1986 年 8 月,848 頁。

〔註 167〕 (晉)陸機《陸士衡文集》卷十議論碑,清嘉慶宛委別藏本。

〔註 168〕 (唐)李延壽《南史》卷四十八列傳第三十八,清乾隆武英殿刻本。

〔註 169〕 (南北朝)劉勰《文心雕龍》卷九,四部叢刊景明嘉靖刊本。

〔註 170〕 (南北朝)鍾嶸《詩品》上,明夷門廣牘本。

心雕龍・風骨》「若骨采未圓，風辭未練，而跨略舊規，馳騖新作，雖獲巧意，危敗亦多，豈空結奇字。」〔註171〕破古而運今，借古而開今，需要跨略舊規，馳騖而作。從文質論到古今之別，再到跨略馳騖，有一種內在的順承關係在裏面。只有做到馳騖跨略，才能從古爍今，古今異制，質文別之而兼採，做到文質彬彬。

　　無論從思想還是從語言的使用上看，孫過庭的古今文質論都與文論或文學作品有緊密的師承關係或取法關係。

五、自然觀──同自然之妙有

　　對於書法的豐富性，微妙性，《書譜》有著極其詳盡的闡釋，從「觀夫懸針垂露之異」到「同自然之妙有，非力運之能成」，極盡自然之「異」、「奇」、「資」、「態」、「勢」、「形」，重則如崩雲，輕則亦蟬翼，導流之似泉之注入，頓引之則若山之安祥，又如日月星辰之纖纖落落，總之，自然界的各種形態神情，鎔之於此。自然之意象，是為書法之根基。氣象萬千，變化無窮。點畫之內，變化起伏盡顯毫端。

　　其一、「自然之妙有」的語源

　　「同自然之妙有」語出孫綽《遊天台山賦》：「太虛遼廓而無閡，運自然之妙有。」〔註172〕相關闡釋見道家淵源一章。

　　「自然之妙」的表達在賦體類文學作品中比較常見，比如陸機《羽扇賦》「翩姍姍以微披，風飀飀〔註173〕以垂婉，妙自然以為言」〔註174〕這樣的描述，陸雲《與陸典書書》有「挺自然之妙質，稟淵姿之弘毅」。〔註175〕而劉勰《文心雕龍・隱秀》則有「故自然會妙，譬卉木之耀英華」。〔註176〕一方面，自兩晉以來的玄談之風以老莊易經為三玄，肯定受到道家思想的影響，另一方面，這種遺風直到唐初也影響很深。比如孫過庭說「同自然之妙有，非力運之能成」，還有可能是從嵇康之《養生論》而出，其中有言：「世或有謂神仙可以學得，不死可以力致者」，〔註177〕「夫神仙雖不目見，⋯⋯似特受異氣，稟之

〔註171〕（梁）劉勰：《文心雕龍・風骨》，四部叢刊景明嘉靖刊本。

〔註172〕（南北朝）蕭統《文選》卷十一，胡刻本。

〔註173〕原文寫作飆，是為飀之異體。以為疾風之聲。

〔註174〕（晉）陸機《陸士衡文集》卷四賦四，清嘉慶宛委別藏本。

〔註175〕（晉）陸雲《陸士龍集》文集卷第十，四部叢刊景明正德翻宋本。

〔註176〕（南北朝）劉勰《文心雕龍》卷九，四部叢刊景明嘉靖刊本。

〔註177〕（三國）嵇康《嵇中散集》卷三，四部叢刊景明嘉靖本。

自然，非積學所能致也。」〔註178〕孫過庭還說「功定禮樂，妙擬神仙」，神仙二字在儒家看來不易理解，因為鬼神屬於敬而遠之之列，不需談論，但是嵇康《養生論》中卻認定神仙之猶存。孫過庭所論妙擬神仙，或許與此有關。

其二、「猶挻埴之罔窮，與工爐而並運」與自然的關係

在發出「妙擬神仙」的感歎後，孫過庭繼續使用「猶挻埴之罔窮，與工爐而並運」的表達方式來詮釋書法的神妙性。如之前述已經論及，「猶挻埴之罔窮，與工爐而並運」的語言來自於陸機《文賦》之中「同橐籥之罔窮，與天地乎並育」〔註179〕一句。二者雖然表達方式不完全相同，但是思想是一致的，都表示藝術純任自然，無窮微妙的規律。

前已述及，「挻埴」出自《老子‧十一章》「挻埴以為器」，〔註180〕以無為用，可致廣大；王弼注《老子‧第五章》「橐籥」「虛而不屈」「動而愈出」〔註181〕為「任自然，故不可得而窮。」〔註182〕可見「挻埴」與「橐籥」都可理解出「無窮」之意。

賈誼《鵩鳥賦並序》：「且夫天地為爐兮，造化為工。」〔註183〕李善注：「《莊子》，子黎曰：今一以天地為大爐，以造化為大冶，惡乎往而不可哉？」〔註184〕其次，賈誼還說：「千變萬化兮，未始有極。」李善注：「列子曰：千變萬化，不可窮極。莊子曰：若人之形者，萬化而未始有極。司馬彪曰：當復化而為無。忽然為人兮，何足控摶。」〔註185〕天地為爐，造化為工，以自然為師法對象，自然千變萬化，不可窮極，自然就是道之所在，道之無窮微妙，書法亦法之。張衡《思玄賦》：「惟天地之無窮兮，何遭遇之無常」。李善注：「楚辭曰：惟天地之無窮，哀人生之長勤。」〔註186〕不僅「挻埴」「橐籥」不可得而窮，天地亦如此。書法也同文學作品中所描繪的那樣，法自然之罔

〔註178〕（三國）嵇康《嵇中散集》卷三，四部叢刊景明嘉靖本。

〔註179〕（晉）陸機《文賦》，自（梁）蕭統編，（唐）李善注《文選》，（清）胡克家重刻宋淳熙本。

〔註180〕（周）老聃《老子》老子道德經上篇，古逸叢書唐寫本。

〔註181〕（周）老聃《老子》老子道德經上篇，古逸叢書唐寫本。

〔註182〕（魏）王弼注，樓宇烈校注：《老子道德經注校釋》，中華書局，2008 年 12 月，26 頁。

〔註183〕（南北朝）蕭統《文選》，中華書局，第二冊，1986 年 8 月，607 頁。

〔註184〕（南北朝）蕭統《文選》，中華書局，第二冊，1986 年 8 月，607 頁。

〔註185〕（南北朝）蕭統《文選》，中華書局，第二冊，1986 年 8 月，607 頁。

〔註186〕（南北朝）蕭統《文選》，中華書局，第二冊，1986 年 8 月，654 頁。

窮，並運於工爐。孫過庭之「猶挺埴之罔窮，與工爐而並運」就是在討論書法之道法於自然的問題。

六、知音論

《書譜》行文最後，從「聞夫南威之容」至「豈可執冰而咎夏蟲哉」，都在申說一種知音論，即知音難覓，能欣賞自己的人不易尋找。劉勰《文心雕龍·知音第四十八》，也在論述「知音其難哉」。〔註187〕

如前述，孫過庭之「聞夫家有南威之容，乃可論於淑媛；有龍泉之利，然後議於斷割」〔註188〕一句出自曹植的《與楊祖德書》，該文通篇其實也在闡明一種知音難覓的美學困境。曹植主要從歷史典故和自身的親身經歷入手，來說明「知己」之不易。歷史典故有「孔璋之才」，自比於司馬相如，然而卻是「畫虎不成，反為狗也。」〔註189〕還有如孫過庭也提到的《戰國策》中的「南威」與「龍泉」，也有「鍾期不失聽，於今稱之」〔註190〕「息流波」這樣的典故；有「劉生」、「田氏」、「仲連」的「人各有好尚」，「海畔有逐臭之夫」；〔註191〕也有「咸池六莖之發，眾人所共樂，而墨翟有非之論，豈可同哉」〔註192〕這樣歷史事實。曹植還舉例自己的親身經歷，丁敬禮常作小文，讓其加以潤飾，其不敢，敬禮回覆之以「……吾自得之，後市誰相知定吾文者邪」，〔註193〕意思即你我相知即可，何必又擔心別人不理解我們呢？

孫過庭這段知音論的行文，亦如法炮製，先說「南威」與「龍泉」之語過其實，但切中要害。然後舉自己親身經歷的例子，自己所書，認為相合，〔註194〕別人卻優缺點不分。巧目之處，不被欣賞，失誤敗筆卻被大家贊揚。並且以年職自居而狂放，不以「專業」定優劣——「輕致陵誚」。《文心雕龍·知音》中有「彼實博徒，輕言負誚，況乎文士，可妄談哉」〔註195〕一語，孫過庭由此化用出自己的句式。

〔註187〕（南北朝）劉勰《文心雕龍》卷十，四部叢刊景明嘉靖刊本。
〔註188〕關於「龍泉」對「龍淵」的避諱問題的討論，見本著易學淵源一章。
〔註189〕（南北朝）蕭統《文選》卷四十二，胡刻本。
〔註190〕（南北朝）蕭統《文選》卷四十二，胡刻本。
〔註191〕（南北朝）蕭統《文選》卷四十二，胡刻本。
〔註192〕（南北朝）蕭統《文選》卷四十二，胡刻本。
〔註193〕（南北朝）蕭統《文選》卷四十二，胡刻本。
〔註194〕相合一語的深度闡釋，見本著經學淵源一章。
〔註195〕（南北朝）劉勰《文心雕龍》卷十，四部叢刊景明嘉靖刊本。

　　接著，孫過庭用三個典故說明知音難覓。其一爲伯子息流波，如上所論，曹植之《與楊祖德書》同引此典；第二，蔡邕（行文）不會謬賞；第三爲孫陽不加妄顧。蔡邕之才，在於文章，如劉勰《文心雕龍‧銘箴》所贊「蔡邕銘思，獨冠古今」。〔註196〕另如《誄碑》所述「才鋒所斷，莫高蔡邕，觀《楊賜》之碑，骨鯁訓典，陳郭二文，句無擇言。周乎眾碑，莫非清允。」〔註197〕按孫過庭此典之用法，更加可能借助於《後漢書‧蔡邕傳》中關於聽到有吳人燒桐木之聲，知其爲良木，隨裁之以琴的原材料，出其美音者。故以蔡邕之才，賞識皆在一般人之上，不會加以繆賞的。〔註198〕孫陽之才，在相馬上。劉越石《答盧諶詩並序》：「昔騄驥倚輈於吳阪，長鳴於良樂，知與不知也。」〔註199〕六臣注前半部分引李善注：「善曰：『《戰國策》，楚客謂春申君，昔騏驥駕鹽車，上吳阪，遷延負轅而不能進，遭伯樂，仰而鳴之，知伯樂知己也。今僕屈厄日久，君獨無意使僕爲君長鳴乎？……』」〔註200〕《戰國策》所呈現的故事具有一定的文學性，但也符合孫過庭所使用「孫陽不妄顧」的意涵。劉越石還說「後知聃周之爲虛誕，嗣宗〔註201〕之爲妄作也。」〔註202〕《書譜》的「妄顧之說」與劉越石此「妄作」有關。

　　其次，孫過庭使用反方向的論證：「向使奇音在爨，庸聽驚其妙響；逸足伏櫪，凡識知其絕群，則伯喈不足稱，良樂未可尚也。」亦即如果平凡的庸俗之輩都能像蔡邕那樣從燒木頭的聲音聽出木頭的好壞，能像伯樂孫陽那樣能從馬槽中識出良馬駿馬，〔註203〕那麼蔡邕和孫陽就沒有什麼可以稱道和崇

〔註196〕（南北朝）劉勰《文心雕龍》卷三，四部叢刊景明嘉靖刊本。

〔註197〕（南北朝）劉勰《文心雕龍》卷三，四部叢刊景明嘉靖刊本。

〔註198〕（南北朝）范曄《後漢書》卷六十下蔡邕列傳第五十下，百衲本景宋紹熙刻本。其中有：「吳人有燒桐以爨者，邕聞火烈之聲，知其良木，因請而裁爲琴，果有美音，而其尾猶焦，故時人名曰焦尾琴焉。」鄭曉華亦引此。見氏著：《書譜》，中華書局，2012年7月，262頁。

〔註199〕（南北朝）蕭統《六臣注文選》六臣注文選卷第二十五，四部叢刊景宋本。

〔註200〕（南北朝）蕭統《六臣注文選》六臣注文選卷第二十五，四部叢刊景宋本。

〔註201〕三國時阮籍之字。

〔註202〕（南北朝）蕭統《文選》卷四十二，胡刻本。

〔註203〕鄭曉華指出此處是出自《戰國策‧楚策四》的典故：「……春申君曰：善召門吏爲汗先生著，客籍五日，一見汗明曰：君亦聞驥乎？夫驥之齒至矣，服鹽車而上大行，蹄申膝折，尾湛胕潰，漉汁灑地，白汗交流。中阪遷，負轅不能上。伯樂遭之，下車攀而哭之，解紵衣以冪之，驥於是俛而噴，仰而鳴，聲達於天，若出金石聲者，何也，彼見伯樂之知己也」。亦同見上《文選》及注之所引《戰國策》。其注援引非完全原文。蓋意引而已。見著《書譜》，中

尚的了。意即能夠欣賞自己的很少，能夠找到知音很難。

「奇音在爨」的典故，前已述及。「庸聽」見之於陸機《演連珠五十首》中有：「臣聞絕節高唱，非凡耳所悲，肆義芳訊，非庸聽所善，是以南荊有寡和之歌，東野有不釋之辯。」〔註204〕「妙響」見左太沖《吳都賦》「斯實神妙之響象，嗟難得而覼縷」。〔註205〕「逸足」見之於傅毅《舞賦並序》：「良駿逸足，蹌捍凌越。」〔註206〕李善注：「駿馬也，逸疾也。爾雅曰：蹌，動也。蹌捍，馬走疾之貌，言馬駿逸，奔突而走，相凌越也。」〔註207〕「伏櫪」見《漢書・李尋傳》：「馬不伏歷，不可以趨道；士不素養，不可以重國。」〔註208〕曹操《步出夏門行》詩：「老驥伏櫪，志在千里。」〔註209〕「良樂」，同上述關於「孫陽」的典故，據六臣注（李善注俱同）：「良，王良也。王良無遇驥之事，因伯樂而連言之。」〔註210〕「翰曰：『騄驥，古之良馬也，良樂，孫陽也。……』」。〔註211〕可見在李翰看來，良樂不一定俱指王良和孫陽。而是因為伯樂之事而運用，而且還就指的是孫陽。孫過庭早於李翰百餘年，不知是否與李翰有一致的理解。從語言節奏看，「伯喈不足稱，良樂未可尚」，前半句係指一人，後半句指另一人，較為合理。當代學者中，鄭曉華認為是指王良和孫陽二人者。〔註212〕而馬國權〔註213〕與馮亦吾〔註214〕認為僅指伯樂。

再次，從王羲之的兩個典故出發，孫過庭以此作為例證說明書法上「知與不知」的問題。「知與不知」的說法可見之於劉越石《答盧諶詩並序》有「昔騄驥倚輈於吳阪，長鳴於良樂，知與不知也。」〔註215〕亦同見於《戰國策》

華書局，2012 年 7 月，262 頁。

〔註204〕（晉）陸機《陸士衡文集》卷八雜著，清嘉慶宛委別藏本。同見（南北朝）蕭統《文選》卷五十五，胡刻本。

〔註205〕（南北朝）蕭統《文選》卷五，胡刻本。

〔註206〕（南北朝）蕭統《文選》卷十七，胡刻本。

〔註207〕（南北朝）蕭統《文選》卷十七，胡刻本。

〔註208〕（漢）班固《漢書》卷七十五，清乾隆武英殿刻本。

〔註209〕（南北朝）沈約《宋書》卷二十一志第十一，清乾隆武英殿刻本。

〔註210〕（南北朝）蕭統《六臣注文選》六臣注文選卷第二十五，四部叢刊景宋本。

〔註211〕（南北朝）蕭統《六臣注文選》六臣注文選卷第二十五，四部叢刊景宋本。

〔註212〕鄭曉華：《書譜》，中華書局，2012 年 7 月，262。

〔註213〕馬國權：《書譜譯注》，紫禁城出版社，2011 年 7 月，125 頁。

〔註214〕馮亦吾：《〈書譜〉解說》，國際文化出版公司，1992 年 10 月，108 頁。

〔註215〕（南北朝）蕭統《六臣注文選》六臣注文選卷第二十五，四部叢刊景宋本。

中的「彼見伯樂之知己也」。兩個典故俱見之於《晉書·王羲之傳》：〔註216〕
老姥請扇之事家喻戶曉；「門生獲書机，父削而子懊」是講述其一門生不知是
羲之在几案所書，故削淨。二事亦載於虞龢《論書表》。〔註217〕

　　如此看來，「夫士屈於不知己，而申於知己；彼不知也，曷足怪乎？」此
一句應是針對前述所有故事，即孫過庭自己的親身經歷，蔡邕、孫陽以及王
羲之的故事而言，發乎喟歎。總而爲言，藝術層次高低，審美不同，知音難
尋。曹植《贈徐幹》：「彈冠俟知己，知己誰不然？」〔註218〕同樣是一種知己
難尋的喟歎。李善注與六臣注本皆引述《晏子春秋·內篇雜上第五》的原文：
「越石父曰：士者伸乎知己。」〔註219〕

　　最後，孫過庭分別使用莊子和老子的兩個道家言語來作爲例證，說明知
音的界限問題。知音難是由於不同的生活背景，不同的客觀條件，不同的藝
術水平所致。莊子《逍遙遊》所說：「朝菌不知晦朔，蟪蛄不知春秋」，〔註220〕
朝生暮死的生物不知道月初月終，寒蟬春生夏死，夏生秋死，不知道春秋之
交。《老子·第四十一章》所論「下士聞道，大笑之；不笑之則不足以爲道也。」
〔註221〕道之難理解，水平低下的人會笑話得道之人。接著所論的「豈可執冰
而咎夏蟲哉」也是出於《莊子》之《秋水》，意亦同上《逍遙遊》所說的朝菌
與蟪蛄之類，生活背景所限，不可語。

七、結論——審美思想中的文學淵源

　　情感的多樣性，是文學與書法的共同話題。孫過庭強調情深調合，由情
入理，這與文學上的主張是一致的。從《書譜》的選擇標準看，孫過庭參考
了《文選序》的行文方式。而輕重緩急、遲速、「心閑手敏」等這樣的審美或
者創作觀念都與《琴賦》之話語體系相當。今古文質論則在之前的易學與經

〔註216〕（唐）房玄齡《晉書》卷八十列傳第五十，清乾隆武英殿刻本。鄭曉華亦注
　　　　　明：《書譜》，中華書局，2012 年 7 月，262 頁。
〔註217〕馬國權注爲出自虞龢《論書表》，見氏著：《書譜今譯》，紫禁城出版社，2011
　　　　　年 7 月，126～127 頁。
〔註218〕（南北朝）蕭統《六臣注文選》卷第二十四，四部叢刊景宋本。
〔註219〕（南北朝）蕭統《六臣注文選》卷第二十四，四部叢刊景宋本。鄭曉華亦注
　　　　　出，見著《書譜》，中華書局，2012 年 7 月，262 頁。馬國權亦注出，見氏著
　　　　　《書譜譯注》，紫禁城出版社，2011 年 7 月，126 頁。
〔註220〕（春秋戰國）莊周《莊子》南華眞經卷第一，（晉）郭象注，四部叢刊景明世
　　　　　德堂刊本。
〔註221〕（周）老聃《老子》老子道德經下篇，古逸叢書景唐寫本。

學相關章節裏面都有所闡發，而在《文心雕龍》等文學作品中也是一個常見的審美主張。「同自然之妙有」，孫過庭自然觀的有關描述也與文學審美關係密切，許多語言直接來自《文選》之中。知音論也如出一轍。

總之，孫過庭除了上一節所議的形式語言從文學作品取材外，其審美思想也與文藝美學思想息息相關。

本節所論以《書譜》行文順序爲據，依次把握其中的語言形式、審美思想。從緣情到知音，是爲其中主要的幾類需要從文學淵源角度去理解和解釋的與文學作品之關係；此外，還有諸多內容的形成也與諸如《文心雕龍》的結構有淵源關係。

第三節　《書譜》行文結構與《文心雕龍》關係

從孫過庭所言「撰爲六篇，分成兩卷，第其工用，名曰書譜」可知，現存墨蹟的內容只是《書譜序》，而還不是《書譜》的內容。〔註222〕因爲這篇墨蹟論文尚未看見有「譜」的排列。因此現存墨蹟的內容實際上只能稱爲《書譜序》而不是《書譜》。只是孫過庭是否已經眞的完成《書譜》全文，還是完成後因各種原因遺失，不得而知。但是現存墨蹟的內容在撰寫上也可以說盡述書法的各個方面，而這個體大慮周的「體系」有相當多的段落都能從《文心雕龍》五十篇中找到對應關係。

其一、通變論、時序觀

該內容從「自古之善書者」至「無間臨池之志」。主要闡釋的是書法質文相變，審美風尚隨時代不同，「馳騖沿革，物理常然」，貴在於「古不乖時，今不同弊」，不贊成簡單回到過去的簡陋道路上去，而是古質今文都要兼顧到。此間孫過庭順帶評價鍾張二王之間的關係，是各有所長，不能簡單以「古」就是「上」爲定論。《文心雕龍・時序》篇：「時運交移，質文代變」，「質文沿時，崇替在選」，《通變》則說「望今制奇，參定古法」，時代的變化會引起質文審美風尚的變化，因而要古爲今用，執古御今。

其二、豐富性、微妙性

〔註222〕啓功：《孫過庭〈書譜〉考》，載《啓功叢稿・論文卷》，中華書局，1999 年 7 月，85 頁。馬國權：《書譜譯注》，紫禁城出版社，2011 年 7 月，1 頁。鄭曉華：《書譜》，中華書局，2012 年 7 月，20 頁。

自「觀夫懸針垂露之異」至「不亦謬哉」。書法的形狀各異，有如自然之妙有，變化萬千，一點一畫，鋒杪毫芒，有機一體。此爲書法特有，文學作品沒有對應。《文心雕龍‧鍊字》：「篆隸相鎔，蒼雅品訓」，有一定的相類似之處。

其三、原道論

自「然君子立身」至「猶共樹而分條者乎」。主要講明書法如「功定禮樂」般，具有載道的功能，並非如棋奕與垂釣般的小道。書法亦有「窮微測妙」與「推移奧賾」的原道性，形而上之道。孫過庭「功定禮樂」「窮微測妙」的定位與《文心雕龍》之《原道》有一定的相似度，「道心惟微，神理設教」，「天文極變，人文成化」，書道與文道都極盡精微，都能傳理設教。另外，孫過庭說「玩體勢之多方」，或許與《文心雕龍‧定勢》中如下論述具有相關性：「圓者規體，其勢也自轉；方者矩形，其勢也自安；文章體勢，如斯而已。」

其四、書體論

自「加以趨變適時」至「詎窺其奧者也」。其中涉及書體尤其是眞草之間的不同，以及與大篆小篆八分之間的融通性。鍾張二王各勝擅長，篆隸草章通、密、暢、便，各持特點。認識到這一點，加以風神、妍潤、枯勁、嫻雅，才能「達其情性，形其哀樂」。《文心雕龍》從第六到第二十五都是文體論，討論各自不同文體的特徵與用法。如說詩「四言正體，則雅潤爲本；五言流調，則清麗居宗」（《文心雕龍‧明詩》），然後在感人方面，「人稟七情，應物斯感，感物吟志，莫非自然」（《文心雕龍‧明詩》）。書法和文學作品某方面具有相似性，但畢竟是不同領域，所以書體與文體有各自特點。但在抒情這一點是相同的——達情性，形哀樂。

其五、創作環境論——主客觀條件高度融合

自「又一時而書」至「睹迹明心者焉」。主要內容：創作的主客觀環境，有五乖五合的原則。而這五個主客觀環境又與「時」、「器」、「志」有一定的對應關係。「神怡務閑」與「感惠徇知」與《神思》是對應的，只不過書法講「閑」且爲深思，而《神思》講「靜」「虛」而後能夠「疏瀹五藏，澡雪精神」，所謂「形在江海之上，心存魏闕之下」，文思需要遠，這與書法之「閑」側重點不同。「時和氣潤」與《養氣》相類，「時有通塞，沐則心覆」，時節與心神要適於創作，亦不要用心過度，「寫作」過於勞累。「紙墨相發」是講「器」，《文心》有《程器》，但主旨不同，孫過庭論工具，而劉勰則論人爲器，「人

稟五材，修短殊用」，要藏器「待時而動」。孫過庭「志」指「偶然欲書」、「神怡務閑」或「感惠徇知」。《文心》最後一遍為《序志》，講明寫作《文心》之志，這與孫過庭所說「得時不如得器，得器不如得志」相吻合。

其六、宗經論——《書譜》選擇標準

自「代有《筆陣圖》七行」至「非訓非經，宜從棄擇」。本段主要內容在前面都已經闡明，行文方式與《文選序》非常接近。就其選擇的潛意識而言，似乎遵循著「宗經論」的原則。與《文心雕龍》之《宗經》及《正緯》具有一定的相似性，《宗經》說「陶鑄性情，功在上哲」，《正緯》有：「經顯，聖訓」「聖訓宜廣」等。劉勰以為文學作品的宗經性很重要，因為文學與經學密不可分，而孫過庭選擇的範圍跟「訓」與「經」去比較，顯然是受到一定程度經學思維的影響，當然書法對於教化也有很重要的作用。孫此處的「訓」與「經」就是指經典作品與書論，這可以從他敘述的幾種標準與內容推論而出。

其七、技術篇——執、使、轉、用

自「夫心之所達」至「務裨學者」。主要內容為需要討論的技術內容：執、使、轉、用。作者也指明這並不是追隨一些詭辯之辭或異端學說，而確實是想要觸及前人都沒有碰及的，立一些規矩，窺探書法原本，分析書法流派。「技術篇」形式上可比擬於《文心》的《鍊字》篇。

其八、用情論：情深調合

自「但右軍之書」至「安有體哉」。以王羲之的不同作品表達不同情感為例，來說明書法需要「情深調合」，即所謂的「涉樂方笑，言哀已歎」，以至於「知情動形言，取會風騷之意；陽舒陰慘，本乎天地之心」，因為如果沒有情感進入，則「理乖其實」，很明顯，孫過庭屬於主張「由情入理」一路的。這也符合中國傳統藝術的人文精神。《文心》之《情采》說：「情者文之經，辭者理之緯」，可見劉勰對於感情也非常重視，並說「昔詩人篇什，為情造文，辭人賦頌，為文造情。」其主張情發而辭章，此為神理之數。餘論：孫過庭使用的「天地之心」出自《周易‧復卦》，但在《文心‧原道》裏面也出現過，「陽舒陰慘」也源自《周易‧復卦》，但在《文心‧物色》也用過，同樣的還有「情動形言」在《體性》中也有，「風騷」見之於《物色》。可見孫過庭的書法理論與文學的交融關係非常緊密。

其九、工夫論：運用精熟

自「夫運用之方」至「不見全牛」。主要內容：運用盡於精熟。有類《鎔裁》《總術》篇：「精慮造文，各競新麗」。

其十、學習階段斷論與至老會通

自「嘗有好事」至「斷可明焉」。少易學成規矩，老易思通楷則。要做到學有三時，有從平正至險絕再至平正的規律，至老則通會，權變不失宜，「志氣和平」。此屬於創作論的範疇，《文心》無對應。

其十一、性情論：消息多方

自「然消息多方」至「偏玩所乖」。主要內容：「消息多方，性情不一」。書法剛柔遲速要察者尚精，擬者貴似。否則剛柔不兼，或只存骨氣，沒有遒潤，或只有遒潤，沒有骨氣。遲速不識則會或爽絕倫，或詎名而不賞。總之眾妙不易兼有。劉勰《文心雕龍》有《體性》篇，「氣有剛柔，學有深淺，……並性情所鑠，陶染所凝……」，陳望道《修辭學發凡》將劉勰此文分類分為「四組八種」：一為形式與內容，簡約、繁豐；二為氣象剛柔，剛健與柔婉；三為辭藻多少，平淡與絢爛；四為工夫多少，謹嚴及疏放。〔註223〕文學與書法在某些方面相通，某些方面有差異。

其十二、「窮變態於毫端」

自「《易》曰：『觀乎天文……』」至「猶恡筌蹄」。主要講述氣象萬千，包羅萬象的特點，相當於總論部分。「儀形不極」、「感會無方」、「數畫並施，其形各異；眾點齊列，為體互乖」，「違而不犯，和而不同」，「留不常遲，遣不恒疾；帶燥方潤，將濃遂枯」，最重要的是要忘掉規矩法則，離方遁圓，得魚獲兔，忘掉筌蹄，這樣才能不用鍾張二王之功，也能與其同妍。「一點成一字之規，一字乃終篇之準」，類似於《文心雕龍》之《總術》篇，「務先大體，鑒必窮源，乘一總萬，舉要治繁」。

其十三、知音論

自「聞夫南家之容」至「豈可執冰而咎夏蟲哉」。主要內容為知音難覓。這與《文心雕龍》之《知音》篇雖然內容不同，但都「音實難哉，知實難逢，逢其知音，千載其一乎。」

其實《書譜》讀來一直在邏輯上呈現出很大的跳躍性，不像《文心雕龍》那樣雖然體大慮周，但是分幾大部分：總論（樞紐）、文體論、創作論與文學

〔註223〕陳望道：《修辭學發凡》，上海教育出版社，1997年12月，256～275頁。

評論（文學史觀、作家論、鑒賞論、作家品德論等），〔註224〕結構謹然有序。
本文試將《書譜》與《文心雕龍》的大綱進行一一對應，列表如下：

《書譜》段落	《書譜》概括觀念	《文心雕龍》篇目	《文心雕龍》部類
自「自古之善書者」至「無間臨池之志」	其一、通變論、時序觀	《通變》《時序》	創作
自「觀夫懸針垂露之異」至「不亦謬哉」	其二、豐富性、微妙性		總論
自「然君子立身」至「猶共樹而分條者乎」	其三、原道論	《原道》	總論
自「加以趨變適時」至「詎窺其奧者也」	其四、書體論	「文體」論	書體
自「又一時而書」至「睹迹明心者焉」	其五、創作環境論——主客觀條件高度融合	《神思》《養氣》《程器》	創作
自「代有《筆陣圖》七行」至「非訓非經，宜從棄擇」	其六、宗經論——《書譜》選擇標準	《宗經》《正緯》	總論
自「夫心之所達」至「務裨學者」	其七、技術篇——執、使、轉、用	《鍊字》	創作
自「但右軍之書」至「安有體哉」	其八、用情論：情深調合	《情采》	創作
自「夫運用之方」至「不見全牛」	其九、工夫論：運用精熟	《鎔裁》	創作
自「嘗有好事」至「斷可明焉」	其十、學習階段斷論與至老會通		總論
自「然消息多方」至「偏玩所乖」	其十一、性情論：消息多方	《體性》	創作
自「《易》曰：『觀乎天文……』」至「猶恡筌蹄」	其十二、「窮變態於毫端」	《總術》	創作
自「聞夫南家之容」至「豈可執冰而咎夏蟲哉」	其十三、知音論	《知音》	評論

〔註224〕劉勰：《文心雕龍・序志》篇。周振甫在《序志》篇基礎上進行再次歸納。

第四節　《書譜》構思源自《詩譜》

　　上文已經提及本文《書譜》實際上乃是一篇序文，陳志昂說他志竟不遂，「天竟不隨子願兮」，〔註225〕據推測，《書譜》這樣一篇宏文還沒有完成，就恨歸泉途。就上文所論而言，《書譜》是一篇關於書法總論、書體、創作等方面的散文式的著作，並沒有嚴格的體式，所以很難叫做是「譜」這樣一種文體。「譜」應該有圖表年代和詳細的有關作品或書論著作的介紹。意大利漢學家畢羅（Pietro De Laurentis）在其著作 *The Manual of Calligraphy by Sun Guoting of The Tang* 一書中分析了「譜」的詞源意義（「譜，布也，列見其事」）（劉熙：《釋名》），以及棋譜、詩譜等具體譜的應用，並且以孫過庭最後文中說的「第其工用」中「工」與「用」為出發點，闡明「書譜」的「技術指導性」（technique）與「實用性」（usage）含義。〔註226〕畢羅也注意到《文心雕龍·書記》中劉勰有關詩譜的論說，原話是：「故謂譜者，普也。注序世統，事資周普；鄭氏譜《詩》，蓋取乎此。」（《文心雕龍·書記》）周振甫在其《文心雕龍今譯》中已經指出：鄭玄之《詩譜》是根據《史記》之《三代世表》的表格方法，把《詩經》以國別年代分次編成。〔註227〕「譜」原意是藉錄之意，〔註228〕《詩譜》之「譜」，就是分類編錄、形成圖表，以供檢錄，如同《史記》中《三代世表》的編輯格式，《三代世表》中有語：「自殷以前諸侯不可得而譜」。〔註229〕此「譜」即編入之意，而格式是表，所以范文瀾注說「觀鄭玄語，知詩譜即詩表」。〔註230〕鄭玄原話說：「舉一綱而萬目張，解一卷而眾篇明。」〔註231〕可見圖表就閱讀方便性而言，擁有文字不可比擬的優勢。

　　《詩譜》是鄭玄箋注《毛詩》之外的一部著作，是獨立成篇的，後來孔穎達與王德昭等把鄭氏之譜各卷相對應的《詩譜》的文字內容置於各卷首，原來《詩譜》的表格形式也就失傳了，這正如陳振孫《直齋書錄解題》所說：

〔註225〕（唐）陳子昂：《陳伯玉集》卷六，《四部叢刊》景印明刻本。

〔註226〕Pietro De Laurentis: *The Manual of Calligraphy by Sun Guoting of the Tang*, IL TORCOLIERE · Officine Grafico-Editoriali d'Ateneo, Università degli studi di Napoli L'Orientale, finite di stampare nel mese di Dicembre 2011, pp 66～68.

〔註227〕周振甫：《文心雕龍今譯》，中華書局，1986年12月，236頁。

〔註228〕《說文解字》大徐本「言部」。

〔註229〕《史記》，中華書局，1959年9月，第一版，487頁。

〔註230〕范文瀾：《文心雕龍注》，人民文學出版社，1958年9月，482頁。

〔註231〕（唐）孔穎達：《毛詩正義》，（清）阮元校刻《十三經注疏》，整理本，北京大學出版社，2000年12月，11頁。

「《毛詩正義》四十卷。唐孔穎達與王德韶等撰。專述毛、鄭之學，且備鄭《譜》
於卷首，蓋亦增損劉焯、劉炫之疏而爲之也。」〔註232〕周中孚《鄭堂讀書記》：
「陳氏所見，乃《正義》原書，爲得其實，則知鄭《譜》散入各處，不得總
聚於《譜序》下者，後來合併經、注、《正義》時所改也，是本鄭《譜》與《譜
序》接連，所以復《正義》之舊，且足以正散入各處之失矣。」〔註233〕所以
鄭玄的原《詩譜》面貌已經不得而知。但是宋歐陽修《詩本義》十五卷中有
補注《鄭氏詩譜》一卷，其中所言「慶曆四年」所得殘本，故修補之。〔註234〕
（參見圖1：歐陽修：《鄭氏詩譜·齊詩》）

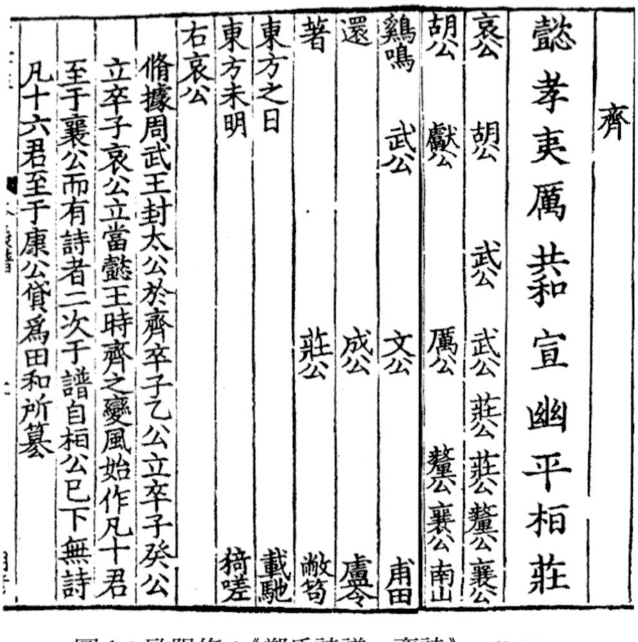

圖1：歐陽修：《鄭氏詩譜·齊詩》〔註235〕

「毛詩學史」上有很多據《毛詩正義》和「歐圖」補作的《詩譜》的著
作。如明鍾惺校《新刻詩譜》（《古名儒毛詩解十六種》本），清袁鈞輯《詩

〔註232〕（南宋）陳振孫：《直齋書錄解題》，武英殿聚珍版卷二《詩類》。陳振孫此書
　　　　目中恰記載有宋程大昌《書譜》一書，不過此書乃「本以解經，而不盡解，
　　　　有所發明，則篇爲一論。」
〔註233〕（清）周中孚：《鄭堂讀書記》（一），商務印書館發行，王雲五主編《萬有文
　　　　庫》之《國學基本叢書》，129頁。
〔註234〕（北宋）歐陽修《詩本義》，十五卷《毛詩譜》，《四部叢刊》本。
〔註235〕（北宋）歐陽修《詩本義》，十五卷《毛詩譜》，《四部叢刊》本。

譜》（《鄭氏遺書》），清吳騫《詩譜補亡後訂》（《叢書集成初編》本）等等。
〔註236〕清代胡元儀針對前人成果的錯訛，自編《毛詩譜》，他說：「《詩譜》一
卷，鄭君所作。或云二卷或云三卷，注本有所分也。唐賢奉詔撰定《正義》，
割《詩譜說》置風雅頌首，今不全滅，賴有此耳。北宋之時，其譜竟亡，歐
陽永叔稱得殘本，爲之補缺。今發其書，舛駁殊甚，檜鄭同譜，彼尚不知。
其餘乖方，不暇指謫。殘本欺人，羌不足據。……別爲總譜，略近鄭意，猶
未善也。」〔註237〕胡元儀考訂《詩譜》指出了前人包括歐陽修，戴震以及丁
晏等人的未善之處，所以自行再訂，更加明細化，尤其是在年代上。（參見圖
2：胡氏合譜式——胡元儀《毛詩譜》）

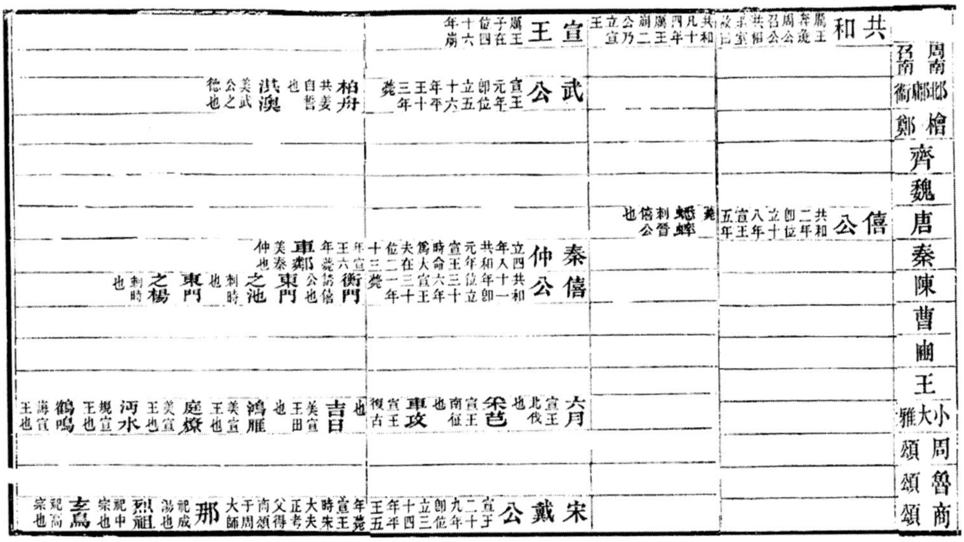

圖2：胡氏合譜式——胡元儀《毛詩譜》〔註238〕

　　關於《毛詩譜》的由來，《毛詩正義・詩譜序》說：「夷、厲已上，歲數
不明。太史《年表》自共和始，歷宣、幽、平王而得春秋次第，以立斯《譜》。」
〔註239〕「而謂之「譜」，譜者，普也，注序世數，事得周普，故《史記》謂之

〔註236〕具體輯佚與圖譜的記錄研究見周豔：《〈詩譜〉文獻考論》，載《文獻天地》，
　　　　　2008年第四期（總第67期）。
〔註237〕（清）胡元儀輯《毛詩譜》，《皇清經解續編》本，卷一千四百二十六。
〔註238〕（清）胡元儀輯《毛詩譜》，《皇清經解續編》本，卷一千四百二十六。
〔註239〕（唐）孔穎達：《毛詩正義》，（清）阮元校刻《十三經注疏》，整理本，北京
　　　　　大學出版社，2000年12月，10頁。

「譜牒」是也。」〔註 240〕譜就是譜錄，一種表的形式。而表的形式是來自於《史記・十二諸侯年表》或《三代世表》等。例如《梁書・劉杳傳》說「桓譚《新論》云，太史《三代世表》，帝行邪（斜）上，並效周譜。」〔註 241〕可見世表與譜的含義是類似的。（參見圖3：《十二諸侯年表》）。

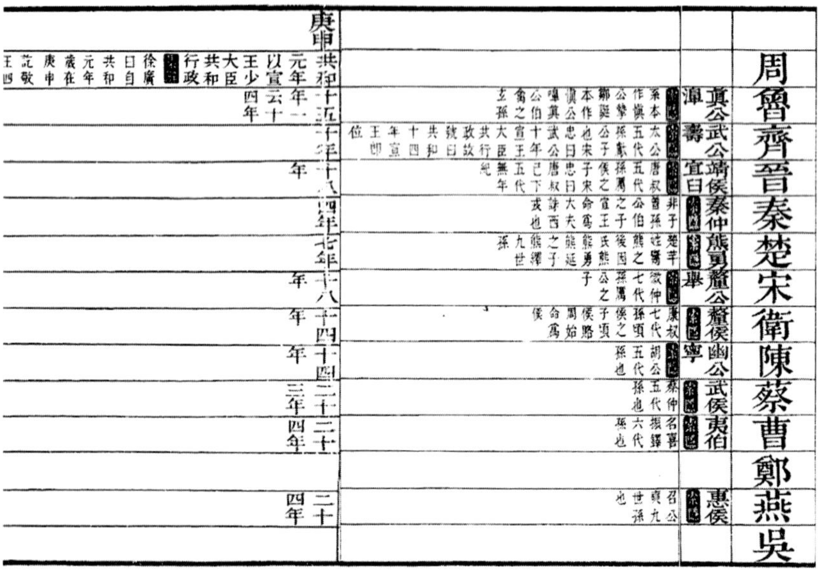

圖3：《十二諸侯年表》〔註 242〕

再結合所謂《書譜》之名，就能夠想像得到孫過庭所想要做的就是除繁去濫，列出各個書家的年代、譜表，作品包括書論（因爲像《筆陣圖》七行，不藉錄入，則說明另有書論文章編入）。孫過庭所處唐代初期盛世，《五經正義》已經編錄完成，鄭玄《詩譜》應該還有流傳，按照胡元儀的說法北宋之時才亡佚。孫過庭應是受到《詩譜》這種年表方式的啓發（孫過庭時在東宮擔職時應該與李善等人有交遊，所以其文學的造詣也是非常高，這一點還可以從《書譜》本身的文章氣質窺見一斑），想要根據自己的書學理想，編撰一部書法譜牒，以經典爲線，芟夷繁爛；而浮華之評論者、徒彰史牒者、空著縑緗者、巧涉丹青者、文鄙理疏者等等皆不予以錄入；這樣方得書法之要旨，

〔註 240〕 （唐）孔穎達：《毛詩正義》，（清）阮元校刻《十三經注疏》，整理本，北京大學出版社，2000 年 12 月，10 頁。
〔註 241〕 《梁書》，《列傳第四十四・劉杳傳》，武英殿本（同文局石印本），卷第五十。
〔註 242〕 《史記・十二諸侯年表》，武英殿本（同文局石印本）卷十四。

能至前人之所未及，啓後學於舊規，編成兼具「工」「用」、第其編次的「書法史」著作；讓學書者一目了然，知其輕重，明其法則，不至於徒費精神。

在《書譜序》的最後，孫過庭很明顯地道出了他寫這個書法史論著作的緣由，因爲漢魏以來的書論之作「妍蚩雜糅，條目糾紛」，讓學書者不知所以然，或者重述舊章，沒有新意，或有自己的議論闡發，但無益於後學。孫過庭想做的就是總結經典之大成，避免當仁者「罕陳其要」，想學者又「雖述猶疏」的問題，希冀能夠效經典之所明，啓其「將來器識」，讓大家能夠「睹迹」而「明心」。其實觀察歷史上現在能夠看到的書論著作，確實重複的很多（拙作《張懷瓘書學思想淵源考》會有圖表中得以證明）：從衛恒《四體書勢》到羊欣《採古來能書人名》、王僧虔《論書》、江氏《論書表》、蕭衍《古今書人優劣評》和庾肩吾《書品》等，就只有衛恒《四體書勢》有一些不同，其餘論述，主要內容都是千篇一律的從人名到書法評價的模式，而且還多有重複，當然這包括後來的李嗣眞《書後品》與張懷瓘《書斷》論文中也少不了大量重複前人的論述要點。孫過庭可能正是看到了這種論述模式的局限——不太直觀，魚目混雜，沒有新意，無益於學者等缺點，所以才萌生了寫作《書譜》的念頭。其中，孫過庭所批判的「巧涉丹青，工虧翰墨，異夫楷式」，很有可能就是指庾元威的《論書》這類作品，裏面大量的對「當下」的美術字體進行技法的分析與描述，有「十牒屏風」百體，包含懸針書……芝英書、花草隸……雲篆、蟲篆……蛇文隸書、龜文書等，還誇獎「宗炳造畫瑞應圖，千古卓絕」，「繪事逾精，丹青轉妙」（庾元威《論書》，載《法書要錄》卷二）等等，這些詞語一看就知道是孫過庭所要批判的對象——在他看來，就不應該出現在所謂的《論書》裏面。而從日本傳回的南梁蕭子良書來看，證明確實當時存在這種裝飾性很強的美術字體，他們的藝術性是在裝飾、實用的概念層面，是更加廣泛一些的藝術，而不能在書法藝術領域討論。

據鄭樵《通志·圖譜略》：「古之學者爲學有要，置圖於左，置書於右，索象於圖，索理於書，故人亦易爲學，學亦易爲功，舉而措之，如執左契。」〔註243〕古人的讀書習慣是左圖右書，即左邊圖表，右邊配以文字。《毛詩正義》中常有「左方中」之語，「故鄭於左方中」，〔註244〕「案，山井鼎云：『《譜》

〔註243〕　（南宋）鄭樵：《通志略》，中華書局，1995 年 11 月，1825 頁。
〔註244〕　（唐）孔穎達：《毛詩正義》，（清）阮元校刻《十三經注疏》，整理本，北京大學出版社，2000 年 12 月，383 頁。據統計有 12 處。

疏比比有之，恐鄭所著書名也。』其說非是。左方者，即《譜》之篇名君世也，以旁行斜上而列於左方，故《正義》謂之爲左方，非鄭別有所著書以左方爲名也。」（阮元《毛詩正義》校勘記）這樣看來，《詩譜》的模式應該是左圖右文的格式。或許孫過庭《書譜》也可能是左圖右文的直觀模式，學書者能清楚明瞭地瞭解歷代的書論以及作品的發展狀況。《書譜》呈現的具體格式或許與《詩譜》不同，《詩譜》的表格最右邊是像《十二諸侯年表》那樣的國別名，而《書譜》則不可能這樣排，只能以朝代作爲縱座標，從右至左依次往列出作者作品以及風格特點等。其實張懷瓘也首肯孫過庭這種行文脈絡與方式，才作出《書斷》這樣的書論巨製，《書斷·中》對於書家在神、妙、能上的排列就有這種表格圖示的意味，以神、妙、能作爲縱座標，依次按照順序列出書家名。換句話說，他們都不滿於現實的書論歷史史實，才在「開放的文化環境」中創造出相似的歷史「輝煌」。

從孫過庭《書譜》與《詩譜》的淵源關係，可以得到如下的啓示意義：

首先，對於《書譜》整個行文結構的認識更加全面直觀，比如現存所謂的《書譜》確實可以說是《書譜序》，是一篇總論性質的文章，不是《書譜》本身全貌。其次，對於《書譜序》文本的理解，很多不明白的地方就能一目了然。或者說行文之時，孫過庭總是說要啓「後學」，「睹迹明心」，有了這樣一個背景就能夠易於理解。因爲他行文的目標就在於《書譜》這個「譜牒」或「年表」本身。比如他在如上所論的第三部分「原道論」一段中說：「設有所會，緘秘已深；遂令學者茫然，莫知領要，徒見成功之美，不悟所致之由。」原意就是意味著他要做些事情來彌補這些缺憾，讓人學到眞正的本領，知其緣由，考其陳規。第四部分「書體論」最後說「不入其門，詎窺其奧者也」。背景是不懂他說的書體之細微差別，不知風神、妍潤、枯勁與閒雅，如何能夠輕易入門呢？這就意味著他想撰寫《書譜》這樣的著作。第六部分「選擇標準」中更能說明他有要寫個有代表歷代經典書家書法的論文的想法。還有第七部分「執使轉用」中，他說：「貴使文約理贍，迹顯心通；披卷可明，下筆無滯。詭辭異說，非所詳焉。然今之所陳，務裨學者。」第八部分「情感論」中他說：「雖其目擊道存，尚或心迷議舛。莫不強名爲體，共習分區。」只要從《書譜》與《書譜序》的關係入手，去理解這些問題，細品他所論何事，就比較容易讀懂孫過庭。

第五節　書法理論建構源自文學思想

本章從形式語言、審美思想、行文結構與《書譜》構思源頭等方面探討了孫過庭《書譜》用語與文學作品的關係。

孫過庭有大量的用語猶如「用典」從《文賦》、《文心雕龍》等著名的文學作品化用而來。閱讀者必須從「原典」出發，才能眞正從語言字詞上解決其思想內容問題，這是理解孫過庭的第一步。比如「猶挺埴之罔窮，與工爐而並運」，如果考明是從《文賦》而來，還原其語境，那麼就知曉孫過庭表達的是一種參天地之化育，取變化於無窮的內涵。

其次，對審美思想而言，從緣情論、選擇標準的論述到書法的音樂性、自然觀與知音論都可以看到書法與文學在審美上的一種交融。這正是建立在孫過庭書論的文學性基礎之上的。而書法與文學這二者又以道家思想爲方法論的要求，以儒家思想比如遲速緩急之平和，剛柔相濟等爲審美範式——唯有當處在這個哲學高度時，他們才建立起了共鳴與交融的可能性。

如上的共鳴與交融，在形式結構上看，也導致了《書譜》的行文內容與《文心雕龍》具有很強的相似性，從總論、書體論、創作論到文藝評論，莫不如此。孫過庭《書譜》（序）是一篇水平很高的文學作品，或可取名爲《書賦》——一部像嵇康《琴賦》一樣的「藝」、「文」雙棲的文論作品。而《書譜》這部本應該是像《詩譜》一樣的「譜」的書，因爲某種原因（比如孫過庭齎志而歿）而沒有呈現給世人，只留下《書譜序》這一小部分論文。

第八章　結束語：孫過庭書學思想與唐代書論

一、孫過庭書學思想結構

　　唐初的文化南北交融，基於《五經正義》（以南北朝劉炫、劉焯等注本爲底本）的科舉以及李善等注《文選》，南北朝以來《華林遍略》、《修文殿御覽》、《文思博要》以及《藝文類聚》等類書的傳播，是爲文化的空前繁榮期。透過孫過庭《書譜》行文語言，可見經學、文學等各種文化對於彼時文人的影響的確非常之深。

　　從「宗經」思想，「留心翰墨」的學習基調，到書法類於「樂」，「五合」與「動不失宜」，「志氣和平」等創作思想，無不顯示出「經學」是爲孫過庭書法思想的構建基調。

　　經學之中的易學，是孫過庭審美思想，審美意象的一個重要來源。比如關於變易的思想、取象比類的思想是源自易學。孫過庭對於易學思想最爲突出的應用是「性情論」。沒有易學思想的出發點，孫過庭的某些觀點很難理解，也不易深刻體會其所要傳達的準確與周全涵義。總之，孫過庭從易學思想中吸收到了書法上可以學習的審美意象，是對書法美學的一大貢獻。這是與其他書法理論家完全不同的一點。

　　與易學有緊密聯繫的道家思想，也是孫過庭取法之所在，天成之道，同自然之妙。法自然的兩個層次：取法自然；其次，在方法方，在圓法圓。

　　在此基礎上，孫過庭以前代書學爲內容，取長補短，對書法本體進行全

面的總結，尤其是對二王思想的評價，無論語言形式與內容，都直承虞龢、王僧虔以及羊欣以來的餘緒；此外，孫過庭最爲突出的理論推進，是對歷代的書法技法語言進行了深刻系統的總結，比如「執使轉用」、「心手關係」等；當然關於書體與字體，藝術與非藝術的辨明也是其理論貢獻。

《書譜》理論構建的完成與文學與密切關係。其大量的語言都來自《文心雕龍》、《文賦》以及《文選》中其他比如《琴賦》等文學作品。這樣的形式語言增強了《書譜》的說理力量和行文美感。《書譜》的內容構成參考了《文心雕龍》，比較龐雜，結構安排上幾經易稿。因爲從《墨蹟》本的刪改痕跡可以看得出，孫過庭的行文段落先後次序是有所更改的。比如「然消息多方」一段的性情論，曾經插入到「原道」一段中（「然君子立身」），另外「嗟乎，蓋有學而」等字也插入到「書體論」一段末尾，此誤抄的幾句話在原話與誤抄處相隔很遠，無意間抄錯的可能有不大，很有可能這個流傳的版本也是孫過庭的未定稿。從這個角度而言，也可以理解段落順序「不嚴謹」的某種緣由。

因此，宗經思想是孫過庭的理論基調，易學思想則爲其審美意象的主要來源，道家爲其形上取法依據，傳統書學是其主要內容來源，而文學則其理論得以建構的工具。

二、唐代初、中期書學理論的轉向

與孫過庭相比，張懷瓘書學思想中，易學是其文字書法理論的起點和基石，張懷瓘看來，文字書法起源於卦象，書法文字簡易性（以簡應繁）、變化性都具有易學的特點；「書以載道」的經學思想是理論基調，同孫過庭一致；文學則是審美意象與文體的取法手段；對傳統書法史論的繼承爲其本體內容；道家學說是其書學理論哲學性建構的依據。其中「書道」源自「道家」之「道」，以此出發，自然觀、性分論、玄冥論、無與無爲、立象思想以及形神論等，是爲抽象的「道」的認知構成，這些構成了張懷瓘的道家式書學思想體系。概括起來，張懷瓘思想淵源特點是：以易學爲起點，經學爲基調，文學爲取法，前代書論爲本體內容，而最終以道家哲學作爲其理論構建的依據（張懷瓘的書學思想會在將來的拙作《張懷瓘書學思想淵源考》中得以詳細揭示。）

唐代書論集中體現中國文化藝術的大融合特徵，哲學與文學對於孫、張

二人的影響非常深遠。其書學理論著作正是這種植根於哲學文化土壤的全面鋪開與繁複陳設，他們的論述具有哲學的高度、宏大的氣象、豐富的思想以及深微的卓識。正是由於他們對哲學文化的有效利用，才使得他們既處於書法理論的高峰，又得到中國文化世界中其他學科的充分重視或認可。比如清代段玉裁《說文解字注》曾指出張懷瓘的《書斷》中分大篆與籀文之非，而岑仲勉以及傅璇琮亦引張懷瓘書論中有關「事件」證明史實的相關部分。而當今學者如龔鵬程以張懷瓘書學爲唐代思潮的不可或缺部分，並認爲開啓了宋代理學的思維之先路。朱良志先生之《古典美學名著選讀》則將孫過庭《書譜》納入其中國美學詮釋的重點內容。故此，對於唐代書學的思想淵源的考察具有十分重要的書學、美學、哲學與文化意義。

　　孫、張二者的相同點是：都以經學爲一個基調，傳統書學爲其思想本體內容；不同的是，易學在孫過庭那裏是審美意象的來源，而在張懷瓘這裡則是文字書法理論的起點和基石；文學在孫過庭這裡是理論體系得以完成的形式框架和結構來源，在張懷瓘看來則是審美意象與文體的取法手段；道家思想是孫過庭技法的取法手段，卻是張懷瓘最終得以架構起其書學理論的邏輯結構來源。所以，可見易學、文學與道家思想從唐初到唐中期對於以孫過庭和張懷瓘爲代表的唐代書論家們的書學思想有不同的影響。即唐初，易學是孫過庭的審美意象的來源，文學是其論文的構建依據，而到唐中期張懷瓘，則以易學爲其書論的起點，道家思想爲其理論的建構依據。換言之，從唐初到唐中期，審美意象從易學式轉向文學式，而且趨於簡化；書學理論的基點從不明確突顯爲易學的卦爻象；而體系上從文學式構建過度到道家式構建，從平行式轉向立體化，從文學性上升到哲學性。

　　從書法本體的內容繼承看，孫過庭更多是從前代的書法藝術思想、書法技術等方面著手；與之相比，張懷瓘的重點顯然不在書法美學與技術上，而是在書法史論上，這從《書斷》中對人物、書體的品評便可看出；《六體書論》、《文字論》、《評書藥石論》、《書議》中的書學理論建構，也是「以史帶論」，列出書家實例來證明他的觀點。比如《六體書論》則以六種書體，一系列書家爲出發點來帶出理論主張——性分各異，天質獨巧等；《文字論》中以張芝與鍾王爲例來說明書法之自然天成的道理；《評書藥石論》主要是針砭時弊，「反樸歸眞」，但也是以「今之書者，背古名跡」爲緣由，是爲歷史比較的方法；《書議》是以「名跡俱顯」者出發來闡明他的書學主張——各有性識、變

化爲用、造化之理等。總之，從唐初孫過庭到唐中張懷瓘，從對藝術、技法的繼承轉向對書法史論的總結。在藝術、技法的繼承之外，孫過庭以易學哲學的方式建立起他的審美意象、書法美學；而張懷瓘在對書法史論的總結之中，運用了道家哲學的詮釋視角，以知識考古方式，全新解釋過去的書法史問題。

三、中晚唐書學理論

正如前文所論到的那樣，唐代書論的龐大體系除了以孫過庭、張懷瓘爲代表的唐初與唐盛世時期外，還有唐中期竇臮《述書賦》，其反對法度，提倡自由；他說：「歐陽在焉，不顧偏醜」，虞世南「無成如畫虎」，有類效顰，說孫過庭「閭閻之風」而「千紙一類，一字萬同」。認爲張旭則「逸軌神澄」，賀知章「落筆精絶」。〔註1〕其特點是：以一種規則的賦體來行文，比孫過庭與張懷瓘的說理性論文更加具有文學性，思想淵源的考證也可以循本文之路線探索下去。但在另外一方面恰恰是這種流於形式的文學性傷害了其說理的力度。

值得重視的是，竇臮提倡自由，反對規矩；他說要「不規不矩」，「……筆墨無在，眞率天然……」，反對「禮法」規矩，「方圓自窮，禮法拘性」，進入到純粹「造化莫竟」的自由藝術天地裏面，可見其在文學性的行文之外，強調了道家思想、莊子思想的逍遙自由之性，其間更有郭象的「性分」與「獨化」（獨運）的玄學思想蘊於文內。因而可以說，竇臮《述書賦》綜合孫過庭的文學性與張懷瓘哲學性特點，以道家、玄學思想來構造其書論。

自竇臮後，中期還有蔡希綜，其所作《法書論》，大體論述了前代書家的書法特點，如王羲之，鍾繇等，似爲讀書筆記的摘抄，眞僞混雜，思想性自不可與前述相比。稍後有徐浩《論書》，顏眞卿《述張長史筆法十二意》，韓方明《授筆要說》，唐晚期的盧攜《臨池訣》等多以技術爲核心，思想性完全不可與前述唐初、中期理論相比。

〔註1〕竇臮《述書賦》，載（唐）張彥遠《法書要錄》卷六，（明）毛晉校，津逮祕書本。

參考書目

一、文史哲古籍

1. （周）老聃《老子》，古逸叢書景唐寫本。

2. （春秋戰國）管仲《管子》，景印摛藻堂四庫薈要本卷二十。

3. （春秋戰國）列禦寇《列子》，四部叢刊景北宋本。（傳）

4. （春秋戰國）晏嬰《晏子春秋》，四部叢刊景明活字本。

5. （春秋戰國）莊周《莊子》，（晉）郭象注，四部叢刊景明世德堂刊本。

6. （春秋戰國）孟軻《孟子》，（漢）趙岐注，元盱郡重刊宋廖氏本（天祿琳琅叢書）。

7. （秦）呂不韋《呂氏春秋》，四部叢刊景明刊本。

8. （漢）伏勝《尚書大傳》卷三，〔漢〕鄭玄注，〔清〕陳壽祺輯校，四部叢刊景清刻左海文集本。

9. （漢）劉安撰，合江何寧集釋《淮南子》，中華書局，1998 年 10 月。

10. （漢）董仲舒《春秋繁露》，清武英殿聚珍版從書本。

11. （漢）劉安《淮南鴻烈解》，四部叢刊景鈔北宋本。

12. （漢）司馬遷《史記》，中華書局，1959 年 9 月第一版。

13. （漢）桓寬《鹽鐵論》，王利器校注，中華書局，1992 年 7 月。

14. （漢）劉向《五經通義》，載《漢魏遺書鈔》第四集，嘉慶三年刻本，清王謨輯。

15. （漢）楊雄《法言》，汪榮寶義疏，陳仲夫點校，中華書局，1987 年 3 月。

16. （漢）嚴遵著，王德有點校：《老子指歸》，中華書局，1994 年 3 月。

17. （漢）韓嬰《韓詩外傳》，四部叢刊景明沈氏野竹齋本。

18. （漢）班固：《白虎通義》，文淵閣四庫全書本，子部。

19. （漢）班固《漢書》，清乾隆武英殿刻本。

20. （漢）毛亨《毛詩注疏》，清嘉慶二十年南昌府學重刊宋本十三經注疏本。

21. （漢）許慎《說文解字・序》，見段玉裁《說文解字注》，經韻樓藏版。

22. （漢）鄭玄《禮記疏》，清嘉慶二十年南昌府學重刊宋本十三經注疏本。

23. （漢）鄭玄《周禮注》，四部叢刊明翻宋岳氏本。

24. （漢）王逸《楚辭注》，（宋）洪興祖補注，白化文、許德楠、李如鸞、方進校點，中華書局，1983 年 3 月。

25. （漢）何休《春秋公羊傳注疏》監本附音，清嘉慶二十年南昌府學重刊宋本十三經注疏本，〔漢〕何休解詁，〔唐〕徐彥疏。

26. （漢）劉熙《釋名》，四部叢刊景明翻宋書棚本。

27. （漢）趙岐《孟子注》，元盰郡重刊宋廖氏本（天祿琳琅叢書）。

28. （三國）王弼《周易注疏》，清嘉慶二十年南昌府學重刊宋本十三經注疏本。

29. （三國）嵇康《嵇中散集》，四部叢刊景明嘉靖本。

30. （魏）王弼注，樓宇烈校注：《老子道德經注校釋》，中華書局，2008 年12 月。

31. （魏）王弼撰，樓宇烈校釋：《周易注》，中華書局，2011 年 6 月。

32. （魏）王弼：《周易略例》，載於《周易注》。

33. （晉）杜預注，（唐）孔穎達正義《春秋左傳正義》，清嘉慶二十年南昌府學重刊宋本十三經注疏本。

34. （晉）陳壽《三國志》，百衲本景宋紹熙刊本。

35. （晉）郭象注，（唐）成玄英疏，曹礎基，黃蘭發校點：《南華真經注疏》，中華書局，1998 年 7 月。

36. （晉）陸機，金聲濤點校《陸機集》，中華書局，1982 年 1 月。

37. （晉）陸機《陸士衡文集》，清嘉慶宛委別藏本。

38. （晉）陸機《文賦》，自（梁）蕭統編，（唐）李善注《文選》，胡刻本。

39. （晉）郭璞《爾雅注》，四部叢刊景宋本。

40. （晉）郭璞《江賦》，（南北朝）蕭統《文選》卷十二，胡刻本。

41. （晉）郭璞《葬書》，清文淵閣四庫全書本。

42. （南北朝）范曄《後漢書》，百衲本景宋紹熙刻本。

43. （南北朝）劉義慶撰，（梁）劉孝標注，楊勇校箋：《世說新語校箋》，中華書局，2006 年 6 月。

44. （南北朝）鮑照：《鮑明遠集》，鮑氏集卷第十，四部叢刊景宋本。

45. （南北朝）沈約《宋書》，清乾隆武英殿刻本。

46. （南北朝）陶弘景《鬼穀子》，明正統道藏本。

47. （南北朝）劉勰《文心雕龍》，四部叢刊景明嘉靖刊本。

48. （南北朝）鍾嶸《詩品》，明夷門廣牘本。

49. （梁）皇侃撰，高尚榘校點：《論語義疏》，中華中局，2013 年 10 月。

50. （南北朝）蕭統，（清）箋證，胡紹煐《文選箋證》卷六，清光緒聚軒叢書第五集本。

51. （南北朝）蕭統《六臣注文選》，四部叢刊景宋本。

52. （南北朝）蕭統《文選》，中華書局，第二冊，1986 年 8 月。

53. （南北朝）蕭統《昭明太子集》，四部叢刊景明本。

54. （隋）蕭吉《五行大義》，（日）中村璋八《五行大義校注》，汲古書院，平成 10 年 5 月（1984）。

55. （唐）陸德明撰，張一弓點校：《經典釋文》，上海古籍出版社，2012 年 12 月。

56. （唐）姚思廉《梁書》，武英殿本（同文局石印本）。

57. （唐）歐陽詢《藝文類聚》，清文淵閣四庫全書本。

58. （唐）賈公彥：《周禮注疏》，（清）阮元校刻《十三經注疏》，整理本，北京大學出版社，2000 年 12 月。

59. （唐）孔穎達：《毛詩正義》，（清）阮元校刻《十三經注疏》，整理本，北京大學出版社，2000 年 12 月。

60. （唐）孔穎達：《周易正義》，（清）阮元校刻《十三經注疏》，整理本，北京大學出版社，2000 年 12 月。

61. （唐）孔穎達：《禮記正義》，（清）阮元校刻《十三經注疏》，整理本，北京大學出版社，2000 年 12 月。

62. （唐）孔穎達：《尚書正義》，（清）阮元校刻《十三經注疏》，整理本，北京大學出版社，2000 年 12 月。

63. （唐）房玄齡等撰《晉書》，清乾隆武英殿刻本。

64. （唐）魏徵等撰《隋書》，清乾隆武英殿刻本。

65. （唐）李延壽《南史》，清乾隆武英殿刻本。

66. （唐）陳子昂《陳伯玉集》卷六，《四部叢刊》景印明刻本。

67. （唐）成玄英《南華真經注疏》，古逸叢書景宋本。

68. （唐）李林甫等撰，陳仲夫點校《唐六典》，中華書局，2014 年 7 月。

69. （唐）李鼎祚：《周易集解》，臺灣商務印書館，1968 年 12 月

70. （唐）李商隱《李義山文集》，四部叢刊景稽瑞樓抄本。

71. （唐）《景刊開成石經》，皕忍堂刻，中華書局，1997 年 10 月。

72. （唐）司空圖《司空圖表聖文集·與極浦書》，四部叢刊本。

73. （唐）徐堅《初學記》卷二十一文部，清光緒孔氏三十三萬卷堂本。

74. （唐）韋續《墨藪》，清十萬卷樓叢書本。

75. （後晉）劉昫等撰《舊唐書》，清乾隆武英殿刻本。

76. （五代）徐鍇《說文解字繫傳》類聚卷三十七，四部叢刊景述古堂景宋鈔本。

77. （北宋）歐陽修等撰《新唐書》，清乾隆武英殿刻本。

78. （北宋）歐陽修《詩本義》，十五卷《毛詩譜》，《四部叢刊》本。

79. （宋）刑昺《爾雅疏》，清嘉慶二十年南昌府學重刊宋本十三經注疏本。

80. （宋）張載《張子語錄》中，四部叢刊景宋本。

81. （宋）郭茂倩《樂府詩集》，四部叢刊景汲古閣本。

82. （宋）朱熹《四書集注》，嶽麓書社，1985 年 3 月第一版。

83. （南宋）陳振孫：《直齋書錄解題》，武英殿聚珍版。

84. （南宋）鄭樵：《通志略》，中華書局，1995 年 11 月。

85. （南宋）戴侗《六書故》，清文淵閣四庫全書本。

86. （宋）黎靖德編，王星賢點校：《朱子語類》，中華書局，1986 年 3 月。

87. （元）脫脫《宋史》，清乾隆武英殿刻本。

88. （元）鄭杓《衍極》卷之四，清十萬卷樓叢書本。

89. （明）唐順之《荊川稗編》，明萬曆九年刻本。

90. （明）張溥輯佚《漢魏六朝百三家集》，卷 40，《張茂先集》。

91. （明）張溥輯佚《漢魏六朝百三家集》，見《阮瑀》與《應德璉集》。

92. （明）張丑《清河書畫舫》，清文淵閣四庫全書本。

93. （清）卞永譽《式古堂書畫彙考》，清文淵閣四庫全書本

94. （清）周廣業：《經史避名匯考》卷十四，北京圖書館出版社，影印清抄本，1999 年 8 月。

95. （清）姚鼐：《復魯絜非書》，載王先謙：《續古文辭類纂》卷八書類一，清光緒盧受堂刻本。

96. （清）邵晉涵《爾雅正義》，清乾隆刻本。

97. （清）永瑢等：《四庫全書總目》，清乾隆武英殿刻本。

98. （清）王念孫《廣雅疏證》，清嘉慶元年刻本。

99.（清）嚴可均《全上古三代秦漢三國六朝文》全晉文卷三十，民國十九年景清光緒二十年黃岡王氏刻本。

100.（清）嚴可均輯《全梁文‧卷六》，中華書局，1999 年 9 月。

101.（清）王引之：《經傳釋詞》，上海古籍出版社，2014 年 1 月。

102.（清）周中孚：《鄭堂讀書記》（一），商務印書館發行，王雲五主編《萬有文庫》之《國學基本叢書》。

103.（清）包世臣：《藝舟雙楫》，《藝林名著叢刊》系列書目，世界書局，1936 年。

104.（清）朱駿聲《說文通訓定聲》，清道光二十八年刻本。全

105.（清）胡元儀輯《毛詩譜》，《皇清經解續編》本，卷一千四百二十六。

106.（清）皮錫瑞：《經學歷史》，中華書局，1959 年 12 月。

107.（清）皮錫瑞：《孝經鄭注疏》，光緒乙未師伏堂刊本。

二、文史哲古籍

C

1. 陳鼓應：《老子注譯及評介》，中華書局，2009 年 2 月。

2. 陳望衡：《中國古典美學史》，湖南教育出版社，1998 年 8 月。

3. 陳來：《古代思想文化的世界——春秋時代的宗教、倫理與社會思想》，三聯書店，2009 年 4 月。

4. 陳夢家：《中國文字學》，中華書局，2006 年 7 月。

5. 陳望道：《修辭學發凡》，上海教育出版社，1997 年 12 月。

6. 成復旺：《神與物遊——論中國傳統審美方式》，中國人民大學出版社，1989 年 5 月。

D

1. 丁福保：《佛學大辭典》，上海書店，1991 年 12 月。

F

1. 范文瀾：《文心雕龍注》，人民文學出版社，1958 年 9 月。

2. 馮友蘭：《中國哲學的精神》，自《馮友蘭集》，陳來編選，上海文藝出版社，1998 年 10 月。

G

1. 高亨：《周易大傳今注》，齊魯書社，1998 年 4 月。

2. 龔鵬程：《唐代思潮》，商務印書館，2007 年 9 月。

3. 郭紹虞主編，王文生副主編：《中國歷代文選論》，上海古籍出版社，1979年8月。

H

1. 何俊編：《余英時學術思想文集》，上海古籍出版社，2010年10月。
2. 黃壽祺，張善文譯注：《周易》，上海古籍出版社，2007年4月。
3. 霍然：《唐代美學思潮》，長春出版社，1990年12月。

L

1. 李存山：《中國傳統哲學綱要》，中國社會科學出版社，2008年12月。
2. 李澤厚：《歷史本體論》，三聯書店，2003年5月。
3. 李澤厚：《論語精讀》，三聯書店，2004年3月第一版。
4. 劉剛紀：《周易美學》，武漢大學出版社，2006年10月。
5. 劉笑敢：《老子古今：五種校勘與析評引論》，中國社會科學出版社，2006年5月。
6. 劉笑敢：《詮釋及其定向》，《中國哲學與文化》（第3輯），廣西師範大學出版社，2008年11月。
7. 劉運好：《陸士衡文集校注》，鳳凰出版傳媒集團，2007年12月。

Q

1. 啟功：《啟功叢稿·論文卷》，中華書局，1999年7月。
2. 錢穆：《中國史學名著》，三聯書店，2000年9月。
3. 清華大學出土與文獻保護中心編，李學勤主編：《清華大學藏戰國竹簡（壹）》（上冊），中西書局，2010年12月。

S

1. 孫燾：《中國美學史·先秦卷》，葉朗主編，朱良志副主編，江蘇人民出版社，2014年1月。

T

1. 唐蘭：《中國文字學》，上海古籍出版社，2005年4月。

W

1. 汪榮寶：《法言義疏》，《新編諸子集成》系列，中華書局，1987年3月。
2. 王博：《老子思想的史官特色》，文津出版社，1993年。
3. 王彥坤：《歷代避諱字彙典》，中州古籍出版社，1997年5月。

X

1. 徐復觀：《中國思想史論集》，臺灣學生書局，1959年10月。

Y

1. 楊伯峻：《列子集釋》，中華書局，1979 年 10 月。
2. 楊立華：《郭象〈莊子注〉研究》，北京大學出版社，2010 年 2 月。

Z

1. 張岱年《中國哲學大綱》，見《張岱年全集》第二卷，河北人民出版社，1996 年 12 月。
2. 張世英：《哲學導論》，北京大學出版社，2002 年。
3. 張祥龍：《海德格爾與中國天道》，中國人民大學出版社，2010 年 1 月。
4. 張湧泉主編審定：《敦煌經部文獻合集》，許建平撰：第四冊《群經類孝經之屬》，中華書局，2008 年 8 月。
5. 章慶炳：《中國古代的心理詩學與美學》，中華書局，2013 年 4 月。
6. 周振甫：《文心雕龍今譯》，中華書局，1986 年 12 月。
7. 朱伯崑：《易學哲學史》，崑崙出版社，2005 年 4 月。
8. 朱光潛：《文藝心理學》，載《朱光潛全集》，第一卷，安徽教育出版社，1997 年 8 月。
9. 朱光潛：《音樂與教育》，載《朱光潛全集》，第九卷，安徽教育出版社，1993 年 2 月。
10. 朱謙之：《老子校釋》，中華書局，1984 年 11 月。
11. 宗福邦，陳世鐃，蕭海波主編：《故訓匯纂》，商務印書館，2003 年 7 月。

三、國外著作

1. （德）伽達默爾：《詮釋學 I——真理與方法》，洪漢鼎譯，商務印書館，2011 年。
2. （德）H.R.堯斯、（美）R.C.霍拉勃，周寧、金元浦譯：《接受美學與接受理論》，遼寧人民出版社，1978 年。
3. （德）瓦格納（Rudolf G. Wagner）：《王弼〈老子注〉研究》，楊立華譯，江蘇人民出版社，2009 年。
4. （美）艾朗諾《美的焦慮——北宋士大夫的審美思想與追求》，上海古籍出版社，2013 年。
5. （美）郝大維，安樂哲著，蔣弋爲，李志林譯：《孔子哲學思微》，江蘇人民出版社，2012 年。
6. （美）理查德·沃爾海姆著，傅志強，錢崗南譯：《藝術及其對象》，光明日報出版社，1990 年。
7. （日）京都大學圖書館藏宋本郭璞注：《爾雅》。

8. （日）中村彰八：《五行大義校注》，汲古書院，昭和五九年二月（1984年）。

9. （日）池田溫：《敦煌本に見 える王義之論書》，載《中國書論大系》，月報 5，1979 年

10. （英）李約瑟，何兆武等翻譯：《中國科學技術史》第二卷《中國科學思想史》，科學出版社，上海古籍出版社，1990 年 8 月。

11. Immanuel Kant, *Kritik der Urteilskraft*, der Philosophischen Bibliotheck Band 39, Leipzig, 1922 / Verlag von Felix Meiner

12. Georg Friedrich Meier, *Theoretical Doctrine of the Emotions*, 1744.

13. Moses Mendelssohn: *On the Main Principles of the Fine Arts and Sciences ——On Sentiments*, 1757.

14. Moses Mendelssohn, *Philosophical Writings*, 1761.

15. Johann Gottfried von Herder, *Auszug aus einem Briefwechsel über Ossian und die Lieder alter Völker, 1774.*

16. David L. Hall and Roger T. Ames, *Thinking through Confucius*, State University of New York Press, 1987.

四、書學理論著作

1. 孫過庭：《書譜》，臺北故宮墨蹟本。

2. 早稻田大學圖書館藏《書譜》刻本。

3. （唐）張彥遠《法書要錄》，（明）毛晉校，津逮秘書本。

4. （唐）張彥遠撰，劉石校點：《法書要錄》，遼寧教育出版社，1998 年 3 月。

5. （宋）朱長文《墨池編》，清文淵閣四庫全書本。

6. （宋）陳思《書苑菁華》，宋刻本。

7. 朱建新：《孫過庭〈書譜〉箋注》，中華書局上海編輯所，1963 年 4 月。

8. 馬國權：《書譜譯注》，紫禁城出版社，2011 年 7 月。

9. 馮亦吾《〈書譜〉解說》，國際文化出版公司，1993 年 3 月。

10. 朱關田：《唐代書法家年譜》，江蘇教育出版社出版，2001 年。

11. 朱關田：《唐代書法考評》，浙江人民美術出版社，1992 年 2 月。

12. 從文俊等：《中國書法史》，江蘇教育出版社，2002 年 1 月。

13. 華東師範大學古籍整理研究室：《歷代書法論文選》，上海書畫出版社，1979 年 10 月。

14. 張天弓：《張天弓先唐書學考辨文集》，榮寶齋出版社，2009 年 12 月。

15. 鄭曉華：《古典書學淺探》，社會科學文獻出版社，1999 年 5 月。

16. 鄭曉華：《書譜》，中華書局，2012 年 7 月。

17. 尹登龍：《道家哲學對張懷瓘書學理論的影響》，西南政法大學中國哲學專業碩士論文，2013。

18. Roger Goepper: Shu P'u Der Traktat zur Schriftkunst des Sun Kuo-ting, Franz Stener Verlag GMBH・Wiesbaden, Band II, 1974.

19. （日）西林昭一：《書譜》，株式會社二玄社，1988 年 2 月。

20. （日）桃山艸介：《孫過庭書譜》，株式會社マール社，1985 年 3 月。

21. Pietro De Laurentis: *The Manual of Calligraphy by Sun Guoting of the Tang*, IL TORCOLIERE・Officine Grafico-Editoriali d'Ateneo, Università degli studi di Napoli L'Orientale, finite di stampare nel mese di Dicembre 2011.

五、期刊論文

1. Eric C. Mullis, *The Ethics of Confucian Artistry*, in The Journal of Aesthetics and Art Criticism, Vol.65, No.1, Special Issue: Global Theory of the Arts and Aesthetics (Winter 2007), pp.99～107.

2. Derk Bodde, *Dominant Ideas in the Formation of Chinese Culture*, in Journal of the American Oriental Society, Vol62, No.4 (Dec.1942), pp. 293～299.

3. （韓）任光彬：《張懷瓘書法美學的哲學基礎》，載《理論學刊》，1999 年第 3 期。

4. 陳垣：《史諱舉例》，載《燕京學報》，1927 年 4 期。

5. 洪漢鼎：《譯者序言》，（德）漢斯─格奧爾格・伽達默爾著，洪漢鼎譯：《詮釋學 I──真理與方法》，商務印書館，2011 年 3 月。

6. 黃惇：《書法神采論》研究，載《書法研究》，1986 年第 3 期。

7. 黃玉順：《制度文明是社會穩定的保障──孔子的「諸夏無君」論》，載《學術界》，2014 年第 9 期。

8. 江新：《春秋繁露・三代改制質文》真偽考，信陽師範學院（哲學社會科學版），第 32 卷第 1 期，2012 年 1 月。

9. 馬敍倫：《列子偽書考》，載《天馬山房叢書》，民國間刊本。

10. 啓功：《孫過庭書譜考》，載《文物》，1964 年 2 期。

11. 王葆玹：《論意象思維》，載《中國思維偏向》，張岱年，成中英等編，中國社會科學出版社，1991 年 5 月。

12. 王建：《唐諱升沉》，載《貴州社會科學》，2002 年 7 月，第四期，總 178 期。

13. 鄭曉華：《第三條道路──張懷瓘書學理論初探》，全國第五屆書學研討會。

14. 周豔：《〈詩譜〉文獻考論》，載《文獻天地》，2008 年第四期（總第 67 期）。

15. 朱良志：《「象」──中國藝術論的基元》，載《文藝評論》，1988 年 06 月。

後　記

　　本科階段主修財務、法律，從而對許多學科和語言都非常感興趣。碩、博士階段，我選擇旁聽了許多文史哲課程，一來是自己感興趣，二來論文也確實需要相關的知識。當然，這也使得精力被分散得太厲害。

　　我的閱讀與學習太過寬泛，不論是否與論文直接相關，總是想儘量去補缺以往文史哲各個知識門類之不足。也有人時常對我的學習方式提出質疑，有時自己也想收收，但還是情不自禁。

　　在美國，大學教育階段是通識教育，例如斯坦福本科學生必須在九個領域完成必修課程，包括文化與思想、自然科學、科技與實用科學、文學與藝術、哲學、社會科學與宗教思想。所以很多學生畢業時只拿一個或兩個學位，但是因為通識教育而擅長很多領域（吳軍《大學之路》）。

　　也曾在「語言研究」的微信公眾號（2015 年 10 月 15 日）裏看到胡竹峰對王力先生的回憶，他說，王力先生懂得法文、英文、俄文，他的研究生問他：「我研究漢語史你為什麼老要我學外文？」王力先生回答道：「你要學我拼命學外文。我有成就，就多虧學外文，學多種外文。」

　　曾讀到諾貝爾經濟學獎獲得者，自由主義經濟學者哈耶克的學習歷程，他在維也納大學專業是法律，最熱愛哲學與心理學，旁聽各種各樣的課程，深受物理學家兼哲學家馬赫德影響。他利用假期，去往蘇黎世大學一位腦解剖學家實驗室訪問了幾個星期。他對各個領域都興趣十足。到美國後，再度四處旁聽，除了在紐約大學進行學術研究，還跑到哥倫比亞大學聽米歇爾的經濟史課程和克拉克主持的比較經濟學研討課程，強大的學習能力和跨學科的研究背景，使他在法律經濟學領域站穩了腳跟，並最終獲得 1974 年諾貝爾

經濟學獎。

著名啓蒙哲學家卡西爾，最開始在柏林大學主修法學，後轉而研究哲學和文學，輔修歷史和藝術。最後在馬堡大學因萊布尼茲哲學論文獲博士學位。成爲梳理德國乃至大陸及英國哲學的哲學史家。

種種例子表明，寬博地學習，才能爲將來的知識與思維打下基礎，或許現階段或近段時間學的知識沒有用，不過在將來的某個時刻就會派上用場。這種用場或許並不是知識上，而是思維方式上的。我們現在受到的教育就是以一個螺絲釘的工種爲培養目標的，而不是思想上、創造力上的。所以需要那麼一點點的反叛與突圍。

在博士論文的撰寫過程中，有許多地方，就是不經意之間的知識積累才有靈感來源的，比如張懷瓘使用的「拔茅連茹」就出自《周易》，這激起了我對張懷瓘易學思想的另外一種深層次的認識；比如劉笑敢對道家的深度解讀與現代性詮釋（《思想史》課第一次接觸到這種分析方法），使得我對張懷瓘的道家思想另眼相看，也明白了其對「書道」高度的認知；再比如在文學院《詩經》課上對於《詩譜》的分析，啓發了我比較《書譜》與《詩譜》的關係，比較《書譜》與《文心雕龍》的關係。總之，知識史與思維的訓練，是平時要有積累的，方可在該用上的時候才能用上。

如此看來，學術的研究、知識史的學習在一定程度看，無法明確界定範圍。總之，正是由於不擇「目的」的「上課」與求知，才會有寬闊的視野，才會有足夠的知識存儲，應對將來的研究需求。

個人的學術興趣太過廣泛，學術成績也不如同輩多。近日將博士論文前半部分修訂完成並付梓，感慨良多！

要感謝導師的辛勤栽培，博士論文的撰寫主要是以恩師的研究成果爲基礎展開的，沒有導師的前期教誨，本文的深度和廣度都會大打折扣。還要對陳傳席、陳池瑜、張同印、鄭工、牛宏寶以及王旭曉等老師致以誠摯的謝意，儘管本文最終定稿時還是沒有按照老師們的意見繼續修改完成，但這些意見已經是我下一步學術寫作計劃的一部分。同時還要感謝國學院梁濤、楊慶中、華建光、陳偉文、林光華等老師，本文寫作中的許多知識點都來源於他們所授課程之中。現在已經在海德堡從事博士後研究，也要感謝胡素馨（Sarah E. Fraser）老師提供這個機會，讓我繼續把唐代書論的研究做好。雷德候（Lothar Ledderose）教授和紀安諾（Enno Giele）教授也在論文的後續寫作上給予不少

指導，一併致謝！

　　也感謝自己過去的堅持，每天從家到學校的來回奔波足有六十公里，去聽各類課程與講座，算起來，地鐵都坐了萬餘公里的路程。幾年前決定放下穩定的所謂高管高薪，轉而投身學術，轉向藝術學、美學與哲學的研究。幾經周折，妻子王鑫書、父母、岳父岳母都始終給予同情與理解，感激涕零，無以回報。只能孜孜於學術，以學術成果報答家人無悔的支持。

　　本著作是由花木蘭文化事業有限公司贊助出版，感謝高小娟社長與楊嘉樂先生，沒有他們的伯樂之助，本文的出版面世還有待時日！

丁酉年三月廿一日

向淨卿識於海德堡海岱山下